该书出版得到国家社科基金青年项目（项目编号13CWW001）和中国马克思主义研究基金会资助的中央党校2013年度校级科研青年项目（项目编号DXQN201309）资助

克拉考尔的文化现代性批判理论研究

——以魏玛写作为中心

林雅华 著

中国社会科学出版社

图书在版编目(CIP)数据

克拉考尔的文化现代性批判理论研究：以魏玛写作为中心／林雅华著．—北京：中国社会科学出版社，2016.8

ISBN 978-7-5161-8863-7

Ⅰ.①克… Ⅱ.①林… Ⅲ.①法兰克福学派—文化理论—研究 Ⅳ.①B089.1

中国版本图书馆 CIP 数据核字(2016)第 213457 号

出 版 人 赵剑英
责任编辑 朱华彬
责任校对 胡新芳
责任印制 张雪娇

出　　版 中国社会科学出版社
社　　址 北京鼓楼西大街甲 158 号
邮　　编 100720
网　　址 http://www.csspw.cn
发 行 部 010-84083685
门 市 部 010-84029450
经　　销 新华书店及其他书店

印　　刷 北京君升印刷有限公司
装　　订 廊坊市广阳区广增装订厂
版　　次 2016 年 8 月第 1 版
印　　次 2016 年 8 月第 1 次印刷

开　　本 710×1000 1/16
印　　张 14.5
插　　页 2
字　　数 214 千字
定　　价 55.00 元

序　言

就国内学界而言，对齐格弗里德·克拉考尔（Siegfried Kracauer，1889—1966）作品的关注是从20世纪80年代才逐步开始的。与布洛赫或本雅明的作品在同时代引发的再解读热潮相比，人们对克拉考尔这位魏玛时代极为活跃的思想家的关注则显得十分有限。基于他后期的两部恢宏著作——《电影理论》（*Theorie des Films. Die Errettung der äußeren Wirklichkeit*，中译名为《电影的本性》）和《从卡利加里到希特勒》（*Eine psychologische Geschichte des deutschen Films*），学界大都仅将克拉考尔视为一个电影史学家或者一个电影批评家。而实际上，克拉考尔在流亡美国之前，尤其是在德国魏玛时期所写下的诸多作品，却很少为人所知，甚至在德国也曾一度被人遗忘；正是这种未知与遗忘造成了学界对克拉考尔的狭隘理解。此外，克拉考尔对批判理论的贡献，尤其是他对社会理论、现代性理论、大众文化理论的贡献也几乎在这种未知和遗忘中被掩埋进了历史的尘埃。

我们知道，魏玛时期是德国思想史上最为激荡的年代之一。在政治上，它处于一战溃败到民主制度创立，以及不久之后纳粹崛起的交界点上。在文化上，它又是一个极为混杂繁荣的时期，表现主义、相对主义、宗教复兴主义、马克思主义、保守主义……各种思潮交织缠绕。在这样一个思想史语境中，尤其能对德国现代性危机的诸种态势进行切近的观察。克拉考尔作为这一时代的产物，自然经历了那一时代知识分子共同的颠沛遭际：一战硝烟、魏玛共和、纳粹上台，流亡美国，以及二战后的欧洲复归等。不过，克拉考尔的独特之处在于，他在魏玛时期所进行的文化批判、现代性批判，并非借靠任何一种抽象的理论，而是立足于一个现实具体的社会化平台。当时，他供职于一份极富影响力的自由主义报纸《法兰克福报》（Frankfurter Zeitung）。这份报纸曾被奥地利作家约瑟夫·罗特（Joseph Roth，1894—1939）[①] 称作“一个德国的缩影”，认为它真实而深刻地勾画出了那个正处于重大历史转折时期的德国。这份报纸的副刊（Feuilleton）部门，是其作为时代先锋的搏动心脏。在诞生之初，它还只是一个纯文学论坛。不过，随着一战的风云变幻以及整个欧洲局势的动荡，它迅速转变成了一个探查德国以及欧洲社会文化的主阵地。如果用阿多诺的话来说，它变成了一个堆砌着符码文字的仓库，通过这些文字符码，我们就能判断并且解读出这一时代精神的历史状貌。借助这一平台，克拉考尔探入到了魏玛现代生活的方方面面，挥动笔杆，针砭时弊，写下了数千篇的评论文章。这不仅展示了他作为一个思想者的深虑与识断，更展示了他作为一个公共知识分子的胆略和洞见。在当时的德国思想文化界，克拉考尔是一个相当活跃的知识人，他虽然没有真正加入法兰克福学派，却对其主要成员产生了重要影响。例如，他从1918年开始，就成为了阿多诺的老师，指导他对康德的《纯粹理性批判》进行阅读。他与本雅明、霍克海默、洛文塔尔以及布洛赫之间的关系都极为密切。除此之外，他还与当时的宗教改革团体——犹太教拉比纳米亚·诺贝尔（Nehemia A. Nobel，1871—1922）的小圈子（其中包括宗教哲学家马丁·布伯、马克斯·舍勒、弗兰茨·罗森茨威格等人）有着复杂而密切的关系。可以说，他的身份是多元的，也正是由于这种多元性，让他身处魏玛现代性的思想洪流之中，成为勾连各种文化思潮、社会思潮的重要关节点。

20世纪70年代末期，西方学界开始了对克拉考尔的理论资源的发掘，力图重建其应有的学术地位，焕发其在当下的理论生命力。这一新的学术热点的标志性事件是1989年克拉考尔诞辰100周年的纪念活动。在这次活动中，克拉考尔生前未出版的大量原始

---

① 约瑟夫·罗特，奥地利著名小说家、新闻工作者，重要作品包括 Radetzky March（1932）、Juden auf Wanderschaf（1927）等，1921年之后开始在《法兰克福报》担任编辑，成为克拉考尔的同事。

文献第一次呈现在世人面前，一股克拉考尔再发现的热潮开始迅速发酵。在此后的十多年间，随着各种学术研究成果的相继推出，克拉考尔极富特色的现代性理论与大众文化批判理论的面貌也逐渐得以清晰。2008 年在德国汉诺威举行的克拉考尔研讨会，进一步推进了学界对克拉考尔思想的研究和接受。此外，克拉考尔的文化批判理论在后现代语境中所呈现的强大阐释能力，亦在不断得到学界的重新发现与认可。到目前为止，克拉考尔已经成为西方电影史、西方美学史以及西方文论史当中无法绕开的重要人物。克拉考尔的作品也已经被列为文化研究的精选篇目和参考资料。不过，在汉语学界，除了 1981 年邵牧君先生翻译的《电影的本性》以及 2008 年黎静女士翻译的《从卡利加里到希特勒》之外，克拉考尔的其他作品都尚未被翻译成中文，探讨克拉考尔思想理论的文章更是十分稀少。就笔者所掌握的材料来看，1984 年郑雪来发表于《电影评介》第三期上的《电影本性探讨》是国内期刊中首篇介绍克拉考尔电影理论的论文。随后伍菡卿翻译了 P. 尤列涅夫——《克拉考尔和他的〈电影的本性〉》；杨剑明在 1989 年发表了《论纪实性是电影特性美学进程的逻辑结果——兼论巴赞、克拉考尔的电影观》。进入 21 世纪以来，比较重要的几篇深入研究克拉考尔电影理论的文章有：2002 年胡星亮发表在《南京大学学报》上的《克拉考尔电影理论二提议》、2008 年肖峣在《电影艺术》上发表的《重回克拉考尔——初探克拉考尔之现象学倾向》、2009 年徐枫的《历史写作：见证、思想、方法论与文献——读〈从卡利加里到希特勒——德国电影心理史〉》，以及 2009 年肖平的《“我要给自己划定范围”——克拉考尔〈电影的本性〉自序新论》。但是，在这些文章中我们可以发现，国内学界对克拉考尔的认识仅限于电影理论，所依据的材料也仅仅是《电影的本性》这一中文译本，没有涉及克拉考尔其他方面的理论成就。如果说，对这一研究态势有一定突破的，就是 2003 年英国学者戴维 · 弗里斯比《现代性的碎片——齐美尔、克拉考尔和本雅明作品中的现代性理论》被译成汉语出版。自此，一个长期被电影理论家头衔所遮蔽的、作为现代性文化批评家的克拉考尔得以浮出水面。2011 年笔者的博士论文《作为理性批判的文化批判——克拉考尔在魏玛时期的写作》是对克拉考尔文化理论与现代性理论的首次系统研究。在此之后，李政亮的《柏林文化状况中的克拉考尔》、2012 年傅海勤的《克拉考尔的“现代人”观念研究》，以及 2015 年车致新的《“散心”的审美 政治学——从克拉考尔到本雅明》，都在一定程度上推进了国内学界对克拉考尔研究的深度。

应该说，克拉考尔在魏玛时期的写作，尤其是对现代性危机的考察，对现代大众文化现象的批判，对于理解他的整个知识分子存在及其在思想史上的贡献具有非凡的意义。他本人在其晚期的历史哲学著作中，也一再提醒我们关注他的早期作品。如果不了解他在这一阶段的写作，就无从解读他庞大思想体系的核心，如果仅仅将其视为一个电影理论家或者电影史家，更是对他思想的严重误读。因此，为了还原克拉考尔在学术史上的应有地位，全面系统地考察克拉考尔的思想体系，就必须将他在魏玛共和国的写作视为重中之重，必须对他这一时期作品的思想图景、主题以及写作特点进行研究和分析。具体观之，他在魏玛时期的写作题材十分庞杂——书评、影评、学术会议报告，甚至还包括对各种文化议题所展开的批评论争。面对这些包罗万象、灵动活泼的时代主题，克拉考尔采用了一种独具特色的解读模式：从一些具体的日常生活现象，一些稍纵即逝、无关宏旨的大众文化现象入手（诸如交际舞蹈、旅游运动、畅销书籍、建筑风格等），展开社会批判和哲学分析，并由此揭示出其背后所隐藏的未被扭曲的真理性内涵。这恰恰是此后风靡学界的文化研究的基本范式，也是克拉考尔文化现代性理论颇具当代意义与现实关怀的根由所在。

约瑟夫·罗特曾给《法兰克福报》的副刊主编本罗·莱芬贝格[①]（Benno Reifenberg，1892—1970）写过这么一封信：

> 克拉考尔逻辑清晰，根基扎实，批判尖锐入骨。他从空气

① 本罗·莱芬贝格，1964 年曾经获得歌德奖（Goethepreis der Stadt Frankfurt）。这是一项至高荣誉的德国文学奖（并不限于作家），以德国作家歌德命名。最初为一年一度颁奖，但后来改为三年一度。

> 中抓出的一个抽象事物，一经他的手马上变得栩栩如生。克拉考尔是一个运用新闻体裁的哲学诗人。①

这段话为我们进一步揭示了克拉考尔写作的基本特点——对于现实世界的精微捕捉和生动呈现。最重要的是，它为我们揭示了克拉考尔“表面化写作”内在的哲学性。在克拉考尔看来，“真理内容”只有借助对表面的“实在内容”进行重新审视和把握才能最终获取。因此，他早期写作的主要立足点，就是将观念和感觉的焦点放置在生活世界中的一些“未知领域”（unbekanntes Gebiet）② 和日常生活的“表面现象”（Oberflächenäußerungen）③ 之上。

正如克拉考尔在《大众装饰》（1927）一文的著名开场词所言：

> 要确立一个时代在整个历史进程中所占据的位置，分析其不起眼的表面现象比那个时代的自我评价要可靠得多。④

1930 年，克拉考尔将这一分析视角进行了更为精确的界定，他说：

> 整个空间所呈现出来的图景就像是一个具体社会的梦境，在任何一个空间的象形符码被破译的地方，就是彻底显露社会真相的地方。⑤

可以说，克拉考尔这种破译社会文化密码的方式，在某种程度上暗含了现象学的还原法，即着力考察“表面现象”之下藏匿的真

---

① Ingrid Belke/ Irina Renz, *Siegfried Kracauer* 1889–1966, Marbach am Neckar: Deutsche Schillergesellschaft, 1988, S. 43.

② 这一“未知领域”，实际上指的是以陌生化的视角重新审视的熟识世界。

③ 这是克拉考尔的重要学术概念，意指在魏玛现代化进程当中，忠实反映资本主义合理化生产模式，被掏空了具体性内涵的文化现象。克拉考尔认为，对这些文化现象的分析解读，能够帮助我们找到隐匿在其背后的真理线索。

④ Siegfried Kracauer, “Das Ornament der Masse”, in: *Das Ornament der Masse. Essays*, Frankfurt a. M.: Suhrkamp Verlag, 1977, S. 50.

⑤ Siegfried Kracauer, “Über Arbeitsnachweise 1930”, in: *Strassen in Berlin und anderswo*, Frankfurt a. M.: Suhrkamp Verlag, 1964, S. 12.

实本质。当然，在魏玛时代的德国，这些隐没于日常生活中的“未知领域”或者“表面现象”其实是伴随着现代都市出现后的产物，而现代都市恰恰是体验现代性的极佳场所。因此，我们可以看到，在克拉考尔的早期写作之中，他的探索足迹几乎覆盖了魏玛共和国大都市生活的方方面面——电影、街道、轻歌剧、公园、侦探小说、职业介绍所……在他的笔下，社会中不同阶层间的微妙联系和对立，各种日常生活夹缝中的隐秘文化现象，都变成了剖析魏玛现代性的尖锐武器，让我们能够在那些转瞬即逝的文化碎片中洞察现代世界的真相。

当今，法兰克福学派的大众文化批判与文化工业理论使得资本主义世界文化运作的内部秘密昭然若揭；伯明翰学派使得日常生活研究成了一个完全具备合法性的学术领域；罗兰·巴特也已经运用后结构主义将日常生活进行了“神话学”的充分解读。我们对文化研究的各种套路早已了然于心，甚至其分析阐释模式也已经内化到了我们的思维结构之中。因此，当我们回头再看克拉考尔的魏玛作品，就会惊叹，他在法兰克福学派、伯明翰学派以及罗兰·巴特的理论产生之前的几十年间就已经展开了如此具有启发意义的批判实践。也就是说，早在文化现代性批判、大众文化研究成为一种普遍的研究范式之前，克拉考尔就已经开风气之先，对其价值进行了充分的高扬。他认为，在魏玛时代的文化碎片之中包孕着整体救赎的思想意涵。通过对微观现实和各种“表面现象”的洞察，可以重新挖掘出一个隐匿在碎片化历史中的真实空间。这种对于现代大众文化的批判性潜能具有前瞻性的深刻阐释，非常值得我们关注。笔者试图在博士论文的基础上，进一步把握克拉考尔魏玛时期作品的内涵，从而系统性地还原其文化现代性批判理论的面貌。

从根本上来说，克拉考尔对魏玛时代那些短暂、单子化、非体系性的大众文化“表面现象”的分析，是为了找寻一个问题的答案。综观其魏玛时期的写作，我们发现，他最为关切的问题，就是在其作品中不断出现的现代性困境之问题。在克拉考尔看来，“现代”是一个理性化的历史过程，与此同时，这一历史过程又是一个不断失落、耗损严重的过程。面对这一现代性状况，克拉考尔并没有完全采用或者认同韦伯的“世界祛魅”说，或者西美尔的“文化悲剧论”等解释框架，而想要走出一条具有自身特色的理论道路。他深知，祛魅后的世界变成了一个思想的真空，在这令人恐惧的思想真空中，隐含着两种可怕的风险，其一就是弥赛亚救世主义的“复归蒙昧化”；其二就是资本主义工具理性的“再度神话化”（Remythologisierung）。因此，他将问题的关键转移到了如何在这个已经失落了形而上信仰体系，面临着理性瓦解的异化、碎片化的世界中，重新构筑起充满意义的模式上来。克拉考尔在魏玛时期数量庞大的写作，甚至可以说，他后半生的写作几乎都服务于这一意图。这是魏玛现代性投射在克拉考尔思想中无法绕开的核心问题。

魏玛现代性是一个建立在德国唯心主义思想废墟之上又缝合进了资本主义发展的特殊产物。在这个时代中各种思潮涌动混杂，构成了热闹非凡同时又动荡不安的时代景象。正是在这一特殊的历史语境中，克拉考尔的思想得以孕育与发展。在克拉考尔看来，魏玛时代的人群被困在一个无法实现自身个性本质的体系之中。一方面，原有的宗教信仰大厦已经倾覆，再也没有一个完整的意义体系继续支持人的价值与追求。为了得到精神的安顿，各种新型的弥赛亚救世主义给出了多种救赎之可能，但是，克拉考尔认为，这些宗教复兴运动所带来的却是一种更大的危险——那就是彻底颠覆理性的历史成果，将人类重新带回蒙昧世界的危险。可以说，正是对传统、信仰、族群的畸形强调，才导致德国在二战之中跌入了反理性的深渊。克拉考尔在魏玛时期对各种政治、文化弥赛亚主义的犀利批判，极富前瞻性地预见了此种潜在的危险。另一方面，资本主义所提供的形形色色的文化工业救赎，又因其对抽象性与工具理性的狂热崇拜，忽视了人的本质存在，甚至将抽离了具体内涵的僵化理性送上了神坛，造就了现代社会的“崭新神话”。不过，与当时多数激进的反资本主义论者（例如阿多诺）不同，克拉考尔对资本主义抱持着一种更为复杂的态度。在他看来，造成资本主义制度下各种非人性与异化现象的并非理性本身，而是丧失了具体性内涵的僵化的理性——也就是抽象性。因此，克拉考尔认为，对资本主义理性的批判，并非对理性的全盘否定，或是对“去神话化”（Entmythologisierung)[①] 历史成果的背弃，而应该抓住其根本性的缺陷——作为资本主义理性主要特征的抽象性。抽象性是启蒙理性战胜自然力之后的自我僵化。伴随着资本主义生产关系的不断确立，抽象的形式主义、科学主义大行其道，这就使得理性内部原有的反思性、批判性的力量逐渐耗散，从而导致了理性的僵化，乃至成为一种空虚而没有内在意义的形式。它要求将一切的具体性，或者说特殊性转化为平面化、可计算的普遍性。意即，资本主义社会用“错误的抽象性”取代了神话时代“错误的具体性”[②]。然而，矛盾的是，取得胜利的抽象性，却承继了神话的特点，将历史的发展进程——资本主义生产和社会关系——视为一个永恒不变的基础。在此意义上，那些被打败的自然暴力、自然神话以另外一种绝对性的方式在抽象理性的内部得以重生——这就是新的理性神话的诞生，也就是克拉考尔所说的“再度神话化”（Remythologisierung）。故而，克拉考尔认为，在资本主义时代，“去神话化”的历史进程并没有完结，启蒙理性的解放性力量也没有得到充分的发挥。就像他在《大众装饰》（*Das Ornament der Masse*）中所言，资本主义时代“并不是理性化过头了，而是压根没有足够理性化”[③]。在魏玛现代性困境中，值得人们思考的问题是，应该如何继续推进理性的向前发展？如果不能洞穿资本主义理性的本质缺陷，对其进行彻底变革，那么，理性就将永远受制于资本主义经济体系的运行。换言之，只有破除资本主义抽象性的新“神话”，才能释放出理性的真实力量。与抽象思维方式相对立的，就是对真实现象的具体观察，对实际内容的具体把握。因此，克拉考尔将目光投向了魏玛时代的大众文化——那些被抽象性所遮蔽的世俗生活的具体而直观的表达。他期望通过对其进行的批判性解读，与空虚的抽象性对抗，从而释放出资本主义

---

① 克拉考尔在其早期作品中，将现代性历史看作是对先前“意义充盈”时代的背离。而在唯物主义转向之后，他将其视为一个“祛魅”（Entzauberung）的过程，一个去统一性、去实体化的过程。在他的重要作品《大众装饰》中，克拉考尔将此过程描述为“去神话化”（Entmythologisierung）。

② Siegfried Kracauer, “Das Ornament der Masse”, in: *Das Ornament der Masse. Essays*, Frankfurt a. M.: Suhrkamp Verlag, 1977, S. 57.

③ Ebenda.

生产关系背后的革命性潜能。只有这样，资本主义时代才能终结于自身之手，真理性的意义才能最终得以显现。就此而言，克拉考尔认为，在意义空虚的现代世界中，绝不能出于对救赎的渴盼，就放弃启蒙理性的历史成果，遁入历史的前现代空间，重新捡起那些带着自然化色彩的“神话”之石；而应当充分地挖掘资本主义社会中各种大众文化“表面现象”背后的革命性潜能，以期带领人类走出现代性困境，探寻久被压抑的时代真理。

值得关注的是，克拉考尔对魏玛现代性危机所展开的理性批判、文化批判，就我们当前所处的后现代语境以及危机重重的全球化时代而言，仍旧具有十分重要的现实意义与指导意义。托马斯·列文在《大众装饰》（*Das Ornament der Masse*）英文版的导言中，就提到了克拉考尔魏玛作品中的这种令人“震惊的当下性”，他说：

> 1993—1994 年之间的柏林正是这种当下性的集中体现。在这个“精神上无家可归者”的中心地带，一个统一的德国重新复苏。令人惊讶的是，克拉考尔在 20 世纪 20 年代的《法兰克福报》上所写的文章，竟然再度出现在这个新的资本主义国家的日报上。正是这种重现，令人惊讶地证明了由于现代性危机所引发的各种问题在当下这一后现代语境中并没有完全消失。①

确实如此，在魏玛共和国落幕 80 多年后的今天，整个世界依旧陷落在意义空虚的现代性危机之中。一方面，资本主义文化工业所造就的文化景观愈加光影迷离，技术进步的速度更是大大超越了人所能预期和掌控的范围；另一方面，人们内心深处对于意义的焦灼与渴盼，随着时代的向前推进，愈演愈烈。各种各样的救赎性承诺，亦在这样的历史舞台中轮番上阵。不过，他们仍旧无法真正触及现代性危机的本质，并给出疗救的良方。如何重获意义，如何探

① Thomas Y. Levin, “The introduction”, in: Siegfried Kracauer, *The Mass Ornament, Weimar Essays*, ed. and trans. Thomas Y. Levin, Cambridge: Harvard University Press, 1995, p. 29.

寻时代的真理，依旧是这个世界不变的主题。因而，克拉考尔在魏玛时期所提供的一系列富有启发性的论断，就我们当下而言，仍旧具有可资参考的价值。

太阳底下无新事，对于意义的探寻，始终是人类历史发展进程中不可跨越的核心问题。

目　录

导　论

一个被遮蔽的思考者
——克拉考尔

作为德国魏玛时期最为活跃的知识分子和批评家，克拉考尔对魏玛现代性所进行的深刻而独到的文化批判，在某种程度上开启了法兰克福学派批判理论的先河。其融合了哲学、美学以及丰富文学表现力的文风，曾在魏玛时期引发了一股克拉考尔热潮。1964 年，作为克拉考尔多年好朋友的阿多诺，将其称为一个“好奇的现实主义者”（The Curious Realist），说他“带着一双充满好奇的眼睛来思考，刹那间就能照亮周围的一切”。[①] 阿多诺的这个评价在很大程度上揭示了克拉考尔写作的核心理念，那就是借助陌生化的视角，对现代世界中纷繁复杂的“表面现象”进行观察、分析与探究，进而挖掘并重现其深层次的意义内涵。克拉考尔在其晚年的历史哲学著作《历史，终结之前》（*Geschichte-Vor den letzten Dingen*）[②] 的前言中，对自己作为知识分子存在的一生进行了总结，并指出自己半个世纪以来最为关心的问题：

> 我此生所写的作品，从表面上看，好像内在并无什么连续性，但是所有这些作品其实都围绕着一个，并且是唯一的一个意图：那就是对那些至今尚未被人所知，而遭受忽视或者错误

---

① Theodor W. Adorno, “The Curious Realist: On Siegfried Kracauer, trans. Shierry Weber Nicholsen”, in: *New German Critique*, No. 54, 1991, p. 159.

② 这部作品在克拉考尔生前并未出版，是其遗孀伊丽莎白·克拉考尔在其去世之后与历史学家保罗·克里斯特勒（Paul Oskar Kristeller）编辑出版的。当时是用英文写作，后来被翻译成德文，其英文标题是 *History: The Last Things Before The Last*。

判断的对象和存在模式进行复原。①

当克拉考尔在20世纪60年代初期写下以上那段话的时候，能够理解这些话的读者已经不再存在——并且令人遗憾的是，在此后的很长时间里都没有再产生过能够理解他的新读者群。长期以来，学界对他的评价不过是一个“迂腐”、“幼稚”的现实主义电影理论家。这一定位根本无法全面反映其思想理论的复杂性与深刻性。那么，学界为何会对克拉考尔产生此种误读，而克拉考尔的被“遮蔽”究竟又缘于何处?

从一个方面来说，学界对克拉考尔的误读，来源于对其魏玛时期作品的忽视。美国著名电影理论家达德利·安德鲁（Duddley Andrew）曾在《经典电影理论导论》（*The Major Film Theories*: *An Introduction*）一书中，将克拉考尔和法国纪实电影大师巴赞进行过一番对比：

> 克拉考尔径直走进了图书馆，并且把自己封闭于真实的电影生产和电影批评之外，非常细致并且认真地构建自己的理论体系……与克拉考尔不同，巴赞总是与那些进行电影创作或者进行电影批评的人在一起。②

显然，安德鲁十分赞赏巴赞充满活力和实践色彩的电影理论研究方法，却并不欣赏克拉考尔构建电影理论体系的封闭性与形式感，认为他不过是一个学究气十足的电影理论家。不过，他对克拉考尔的这种评价却是有失偏颇的。其原因在于，他并没有将克拉考尔的早期作品，尤其是他发表在《法兰克福报》上的作品纳入研究的范畴。实际上，克拉考尔在魏玛时期的创作充满了安德鲁在巴赞

① Siegfried Kracauer, *History*: *The Last Things Before the Last*, New York: Oxford University Press, 1969, p. 4.

② Duddley Andrew, *The Major Film Theories*: *An Introduction*, New York: Oxford University Press, 1976, p. 135.

身上所看到的那种“活力、特殊性与即兴感”[①]。在这些作品中，克拉考尔不仅对魏玛时期的电影进行了具体而微的生动解读，更将研究的视野扩展到了魏玛现代生活的方方面面。尽管他在后期的写作中，曾有过更加理论化、体系化的思想尝试（例如《从卡利加里到希特勒》或者《电影理论》）；但是，他在魏玛时期的作品，却以广博深刻、活泼犀利的风格，奠定了其作为大众文化批判与现代性批判理论先行者的地位。

从另一个方面来说，克拉考尔之所以会被误读为一个刻板学究的德国理论家，是因为相关研究者忽略了克拉考尔前后期作品的不同历史背景。正像美国芝加哥大学教授米莲姆·汉森（Miriam Hansen）在《透视视角：克拉考尔早期电影和大众文化写作》（*Decentric Perspectives: Kracauer's Early Writings on Film and Mass Culture*）一文中所说：

> 克拉考尔被迫流亡美国这一历史事实，给他整全的知识分子存在造成了断裂性的影响。[②]

确实如此，克拉考尔在美国的25年间一直坚持用英文写作。但是，他对英文的使用无疑无法像德语那般自如流畅，这种语言上的差异无形中降低了他的作品的生动性、丰富性与吸引力。同时，这种语言上的隔阂，也导致了他在魏玛时期极为重要的德语作品，无法进入英语世界研究者的视野。那些作品中的深刻性也因为流亡事件而被淹没于历史的尘埃，消失于那片已经衰落的欧洲大陆。奇怪的是，克拉考尔仿佛对后世的评判有所预见一般，他在《电影理论》一书中曾经充满感慨地说道：

---

① 参见 Patrice Petro,“Kracauer's Epistemologica Shift”, in: *New German Critique*, No. 54, 1991, pp. 127-128。

② Miriam Hansen,“Decentric Perspectives: Kracauer's Early Writings on Film and Mass Culture”, in: *New German Critique*, No. 54, 1991, p. 48.

如果你想要走得更远，你的语言最好不要成为你的负担。①

此外，对克拉考尔的误读还体现在，他常常被人当作一个“幼稚”的电影批评家。从某种程度上来说，电影评论确实是克拉考尔的一种特殊的表达形式。但是，克拉考尔的本意并非仅仅进行电影批评，而是将电影视为一种工具用以对社会现实进行批判。因此，二维的电影空间并非克拉考尔作品的终点站，他想要呈现的是更为深刻的东西。就像他在魏玛时期担任《法兰克福报》编辑时，力图通过新闻报道传达现代性思想一样——克拉考尔想要借助电影批评这一形式，来表达其内在的批判性思想。他真正关心的并非银幕上的内容，而是真实世界和真实社会中的东西。因此，与其说他是一个电影批评家，毋宁说他是一个文化批判理论家。

总体而言，此前学界对于克拉考尔的关注，在很大程度上局限于他在美国流亡时期所完成的两部作品——《电影理论》和《从卡利加里到希特勒》。克拉考尔的早期作品，尤其是他在德国魏玛时期担任《法兰克福报》编辑时的作品，不仅在英语世界中很少为人所知，甚至在德国也已渐渐被人遗忘。他对现代性危机所进行的富有前瞻性的诊断，以及在文化现代性批判、文化研究领域的先锋实践也因此被人忽略。

不过，值得庆幸的是，随着一批原始文献的出现，克拉考尔魏玛时期的作品开始引发关注，一股重新发现克拉考尔的理论热潮亦在不断酝酿。这批文献正是1971年克拉考尔的遗孀伊丽莎白·克拉考尔向德国巴登州内卡河畔的德语文学档案馆（Deutsches Literaturarchiv）捐献的克拉考尔生前从未出版的作品。正是从此时起，对克拉考尔的研究开始全面复苏。几乎与此同时，苏卡普出版社第一次着手进行克拉考尔作品集的编辑和整理工作，计划出版9卷本的《克拉考尔文集》（*Schriften*）②。1977年约翰·贝瑟（Jochen Beyse）

---

① Siegfried Kracauer, *Theory of Film. The Redemption of Physical Reality*, New York: Oxford University Press, 1960, p. 290.

② Siegfried Kracauer, *Schriften*, Hrsg. von Karsten Witte, Frankfurt a. M: Suhrkamp Verlag, 1971 ff.

在科隆完成的博士论文《电影和反映，克拉考尔理论的批判与阐释》（*Film und Widerspiegelung. Interpretation und Kritik der Theorie Siegfried Kracauers*）[①] 是德语世界对克拉考尔进行系统研究的首部力作。1985 年因卡·穆德-巴赫（Inka Mülder-Bach）的博士论文《理论和文学之间的越境者，克拉考尔 1913—1933 年的早期作品》（*Siegfried Kracauer- Grenzgänger zwischen Theorie und Literatur. Seine frühen Schriften* 1913-1933）[②] 首次将目光投向克拉考尔在德国时期的文学写作与理论思考。克拉考尔研究的全面复兴，应该要从 1989 年 2 月 8 日克拉考尔的百年诞辰之日算起。当时，德语文学档案馆组织了一场大型的巡回展览，向公众展示了克拉考尔生前的大量手稿、书信、札记等原件。这场展览在学界内外掀起了一场“克拉考尔热”。为此，德语文学档案馆特别推出了一部纪念手册，即马尔巴赫杂志（*Marbacher Magazin*）第 47 期——《克拉考尔 1889—1966》（*Siegfried Kracauer* 1889-1966）[③]。全书以编年方式，为读者全景式勾画了克拉考尔波澜起伏的一生。在接下来的几年间，德语学界又接连推出了好几部研究力作，分别从大众文化批判、小说创作特色、现代性批判以及跨学科研究等方面，丰富和充实了 20 世纪 90 年代的克拉考尔研究。2004 年，苏卡普出版社决定对克拉考尔的作品进行增修，并计划推出最新版本的《克拉考尔作品集》（*Werke in neun Bänden*）[④]。

从英语学界来看，1990 年，在马尔巴赫德语文学档案馆、席勒博物馆以及纽约歌德之家（Goethe Hause）的大力支持下，克拉考尔百年诞辰纪念展览在哥伦比亚大学图书馆举行。此后，在德国学术交流中心（DAAD）以及马克思·卡德基金会（Max Kade Stif-

① Jochen Beyse, *Film und Widerspiegelung. Interpretation und Kritik der Theorie Siegfried Kracauers*, Köln, 1977.

② Inka Mülder Bach, *Siegfried Kracauer-Grenzgänger zwischen Theorie und Literatur. Seine frühen Schriften* 1913-1933, Stuttgart u. a.: Metzler, 1985.

③ Ingrid Belke/ Irina Renz, *Siegfried Kracauer* 1889-1966, Marbach am Neckar: Deutsche Schillergesellschaft, 1988.

④ Siegfried Kracauer, *Werke in neun Bände*, Hrsg. von Inka Mülder Bach. Frankfurt a. M.: Suhrkamp Verlag, 2004 ff.

tung）的协助下，德国之家（Deutsches Haus）举办了一场题为“克拉考尔：流亡中的批评”（Siegfried Kracauer：The Critic in Exile）的学术研讨会。这次研讨会的召开，是克拉考尔研究在英语学界的一个重大事件，一举打破了此前英语学界克拉考尔研究的藩篱，为此后的研究开辟了崭新道路。1995 年，克拉考尔研究学者托马斯·列文将克拉考尔 1963 年亲自编选的魏玛时期的文化批评文集《大众装饰》（*Das Ornament der Masse*）翻译成了英文。这个英文译本的出现，是英语学界在重新审视克拉考尔思想价值之途中，迈出的具有非凡意义的一步。达哥玛·巴诺夫（Dagmar Barnouw）在 1994 年出版的《批判现实主义：历史、摄影与克拉考尔的作品》（*Critical Realism*：*History*，*Photography*，*and the Work of Siegfried Kracauer*）① 是英语学界对克拉考尔进行系统研究的首部成果。南希·艾勒斯（Nancy Herrigel Eilers）在 1999 年出版的《都市漫游：约瑟夫·罗特、克拉考尔以及魏玛共和国的文学报道》（*Renderings of the City*：*Joseph Roth*，*Siegfried Kracauer and the Literary Reportage of the Weimar Republic*）② 是英语学界克拉考尔研究走向比较型研究与大众文化批判研究的重要转折点。2008 年 11 月 6 日，美国达特茅斯学院（Dartmouth College）召开了一场主题为“追寻克拉考尔”（Looking after Siegfried Kracauer）的国际学术研讨会。会上，来自各国的克拉考尔研究专家对过去数十年间的理论成果进行了全面总结。2010 年，克里斯汀那·兹格（Christian Sieg）发表在《新德国批评》上的文章《超越现实主义：克拉考尔和日常装饰》（Beyond Realism：Siegfried Kracauer and the Ornaments of the Ordinary）③，则焕发了克拉考尔理论在当下语境的全新活力。

克拉考尔研究在西方学界的全面复兴，让人们看到了一个长期

① Dagmar Barnouw，*Critical Realism*：*History*，*Photography*，*and the Work of Siegfried Kracauer*，Baltimore u. a.：The Johns Hopkins University Press，1994.

② Nancy Herrigel Eilers，*Renderings of the City*：*Joseph Roth*，*Siegfried Kracauer and the Literary Reportage of the Weimar Republic*，Ann Arbor：University Microfilms International，1999.

③ Christian Sieg，“Beyond Realism：Siegfried Kracauer and the Ornaments of the Ordinary”，in：*New German Critique*，Vol. 1109，No. 37，2010，pp. 99-118.

被遮蔽的、充满活力的现代性批判理论家。他对魏玛现代性危机与大众文化现象的批判性解读，不仅涉猎宽广，并且犀利深刻。电影、照相、马戏团、运动、歌剧、侦探小说、旅行、畅销书……所有这一切都被纳入了克拉考尔文化批判的视野。我们很难想象一个理论家能够对如此多元的文化现象始终保持不变的研究兴趣；我们也很难想象他在这些貌似琐碎的文化现象之中所展开的对于时代真理的不懈追求。可以说，克拉考尔对事物"表面现象"的讨论，对大众装饰群体与大众消费狂热所进行的分析，是一种现代性文化批判的全新分析框架。这一崭新的理论路径也让他成为一名对当代大众文化研究颇具启发意义的思想者。虽然克拉考尔的地位和贡献在其有生之年并未得到太多人的认可，但是他的文化现代性批判理论在当下语境中所凸显的崭新意义，势必将使其获得更多的关注。

不过，就目前汉语学界对克拉考尔的研究现状来看，除了《电影理论》和《从卡利加里到希特勒》这两部专著被翻译成中文之外，克拉考尔的其他作品至今都没有中译本。学界对克拉考尔的关注，几乎仅限于电影理论界，且视野基本限于纪实美学的狭小范围，少有突破。人们看到的并非一个独立的集哲学家、社会学家、媒介理论家于一身的克拉考尔，而只是一个处于纪实美学附属地位的克拉考尔。本书的主要任务就是在博士论文的基础上，继续推进对克拉考尔的系统性研究，将一个真实的克拉考尔从被遮蔽的状态中"复原"出来，重现其复杂而深刻的文化现代性批判理论建构。当然，"复原"的关键，是要进入克拉考尔的理论形成的重要阶段——魏玛时期。

从总体上来说，克拉考尔在魏玛时期的写作，独立于任何一种时代思潮，同时也拒绝任何形式的绝对性。例如，克拉考尔当时有两个相交颇深的朋友——阿多诺和本雅明①，尽管他对这二人的观点有一定程度的认可，但却从来没有完全赞同过他们。一方面他不赞成阿多诺对大众文化所持的轻视立场，另一方面他也不认同本雅

① 克拉考尔与阿多诺在20世纪早期结识，他曾担任阿多诺的哲学导师；而他与本雅明曾在1940年的流亡途中，并肩作战，但是后来本雅明无法忍受折磨，选择了自杀。

明对大众文化所抱有的狂热立场。但是，这并不意味着，他是一个常被人诟病的无立场的中庸者，或者用布莱希特的话说，是一个对现代性持冷漠态度的“可能”者。毋宁说，克拉考尔之所以拒绝扎营于任何一种极端理论，是为了能够客观审视现代性内部的矛盾张力，从中找寻突破现代性困境，重获意义的可能途径。对他而言，任何一种提供武断的“是”与“非”的答案，都无法真正解决时代危机，甚至可能会让这些危机轻易地消泯于简单的理论构造，从而封锁了通往真理的正确道路。那么，在克拉考尔这里，克服时代危机的可能方案是什么呢？这是一套建立在对资本主义与弥赛亚救世主义双重批判基础上的文化现代性批判理论——一方面，克拉考尔坚决反对各种形而上、唯心主义的弥赛亚救世论，时刻提醒人们对各种“复归蒙昧化”的反启蒙思潮保持警醒，甚至预言了其将给人类带来的巨大灾难；另一方面，克拉考尔坚决反对资本主义社会高度抽象化的合理性对人所造成的奴役与异化，亦不断提醒人们不要堕入工具理性所造就的“崭新神话”，从而失去理性的革命性力量。在此基础上，克拉考尔将研究的视角投向了大众文化的“表面现象”。在他看来，这些浅薄、抽象、无关宏旨的“表面现象”极为精准、深刻地描绘出了魏玛时代，或者说现代社会的本质特征——丧失了更高意义的空虚与匮乏。但也正是由于其空虚化的表达，使其逃脱了资本主义社会意识形态的污染，显露出了其后所隐藏的真理与人性的微光。可以说，克拉考尔在大众文化之中，看到了走出现代性困境的救赎潜能——在当下这样一个碎片化的现代世界中，原有的真理性意义不再隐身于完满的形而上理念之上，而寄身于同样碎片化的物质现实当中。因此，想要获取真理，便只能在具体的物质现实当中找寻。正如他在《天主教与相对主义》（Katholizismus und Relativismus）一文中所言，“当下，获取真理的道路只存在于世俗之中”[①]。就此而言，克拉考尔的文化现代性批判，是一种建立在物质救赎意义之上的唯物主义文化批判。意即，将物质现实视为

① Siegfried Kracauer, “Katholizismus und Relativismus”, in: *Das Ornament der Masse. Essays*, Frankfurt a. M.: Suhrkamp Verlag, 1977, S. 176.

意义救赎之载体，通过对大众文化“表面现象”的分析，重新焕发出理性内部的解放性力量，进而引导人们走出现代性困境，重获失落之意义。当然，在这一点上，克拉考尔始终保持着十分审慎的态度——虽则批判资本主义时代僵化的理性，却并未否定启蒙理性的积极历史成果；虽则肯定大众文化的解放性潜能，却始终对其“娱乐至死”的消极倾向保持警醒。

具体而言，全书将从如下几个章节展开：

第一章主要探讨克拉考尔与魏玛现代性困境之间的关系。其实，早在青年时代，克拉考尔就已深刻意识到原有意义世界的解体，以及现代性所生成的困境。但是由于整体时代之氛围以及克拉考尔自身思想的局限，此时的他尚未能够摆脱作为时代主流的文化悲观主义、宗教和形而上学的影响。不过，在其1922年的重要作品《等待者》中，克拉考尔的思想开始趋于成熟，通过对魏玛现代性困境的深入考察，他指出，对于整个世界“意义丧失”这一根本问题，资本主义或者各种形而上学建构根本无法提供任何出路。面对现代性内部的矛盾张力，必须采取一种直面现实、返归具体的批判性立场。这一立场奠定了其整体文化现代性批判理论的基石。

接下来的三个章节进一步阐释克拉考尔如何实践其在《等待者》中确立的返归具体现实的批判理念——通过对弥赛亚救世主义和资本主义合理性的逐一批判，将探寻意义之旅的源头放在日常生活的“表面现象”之上。对克拉考尔来说，不论是形而上的唯心主义还是强调片面理性观的资本主义，都具有一个非常鲜明的特点——那就是抽象性。对抽象性所进行的批判，是克拉考尔在1925年之后转向唯物主义的重要标志。在克拉考尔眼中，与抽象性相对的具体性，尤其是具体可见的物质现实是救赎意义的载体，那些隐匿在日常生活“表面现象”之下的碎片化的物质存在，蕴藏着某种消解资本主义社会单面化危机的真实可能。

具体而言，第二章主要探讨克拉考尔文化现代性批判的第一个维度，即对各种形而上的唯心主义弥赛亚救世论的批判，并由此阐发其唯物主义转向。克拉考尔认为，纳米亚·诺贝尔圈子给出的多种时代救赎方案，不论是马克斯·舍勒的天主教神学、马丁·布伯与弗兰茨·罗森茨威格的《旧约·圣经》翻译，还是布洛赫的革命乌托邦建构，都无法带领人们突破现代性困境，甚至可能让人陷入“再度神话化”（Remythologisierung）的泥潭，毁坏启蒙所带来的成果。因此，克拉考尔在行文过程中一再提醒人们对各种“再度神话化”的思潮保持警醒，并预言了其将给人类社会带来的巨大灾难。面对已经发生变化的社会经济状况，克拉考尔开始对马克思的著作，尤其是青年马克思的作品产生兴趣。在对马克思主义历史哲学的批判性解读中，克拉考尔逐渐形成了一套以“去神话化”（Entmythologisierung）为核心概念的唯物史观。就此，克拉考尔告别了原有的对于“意义充盈”时代的理论乡愁，将研究的重心转到了唯物主义的文化批判中来。

第三章主要探讨克拉考尔文化现代性批判的第二个维度，即对资本主义的抽象性和工具理性的批判。在《侦探小说》和《职员》这两部作品中，克拉考尔阐发了资本主义生产方式的合理性渗透到生活领域之后，对个体所产生的影响，以及新生的职员阶层在资本主义社会中所承受的物质与精神上的双重矛盾。具体而言，《侦探小说》是克拉考尔对资本主义抽象理性进行批判的重要尝试。它一方面包含着其早期创作中更富形而上意味的写作特点；另一方面又指示出了他对现代世界“各种不为人知的表面现象”进行批判性解读的文化转向；在《职员》这部作品中，克拉考尔见证了新兴职员阶层的诞生，并以一种特殊的文学方式对这一新兴阶层的生活状态以及文化意识进行了一番社会学考察。其重点是揭示被资本主义所深刻影响的职员阶层的物质存在和意识形态之间的矛盾，进一步实践其对资本主义合理性的批判。

第四章集中探讨克拉考尔对魏玛时期的大众文化所展开的批判。他认为，社会生活中的那些偶然生成的碎片、易被忽视的“表面现象”，一方面忠实反映了现代世界的一般特征，而另一方面又独自守护着久被压抑的真理与人性的微光。正是由于它们的无足轻重与微不足道，使其逃脱了社会意识形态的束缚，在原本严整的资本主义社会关系的缝隙处，为我们指示出了破解现代性困境的可能路径。当然，克拉考尔对这些大众文化“表面现象”所进行的批判性解读，并非一种机械式的比对参照，也非一些偶然的七拼八凑，而是运用一种解构的陌生化眼光来对其进行重新审视，以挖掘出其内在的解放性潜能。在这其中，克拉考尔高度赞扬了大众文化的价值，称其为一种能够帮助人们从日常生活压制，及其所从属的“为其职位提供一种虚假道德面纱的职业伦理”①中逃离出来的有效方式，也是带领人们进入“中间领域”承受现代性的风暴，并开启意义探寻之旅的重要介质与开端。

第五章主要围绕阿多诺在《好奇的现实主义者》中对克拉考尔的评价展开，借此揭示克拉考尔魏玛作品的“反体系性”、“非同一性”与“开放性”的特点。尽管克拉考尔的魏玛写作始终立足于真理的探索，但是他却未曾对此给出一个确定无疑的答案，也并未试图用任何一种带有终结色彩的方案来结束他的追寻。在他看来，只有在一个充满批判性同时不断保持由现代性危机所带来的内在紧张状态下，隐藏在大众文化“表面现象”之中的解放性潜能才有得以充分释放的可能。

结语部分对全文进行梳理，并进一步阐发克拉考尔魏玛时期的作品对当下的启发意义。

总之，笔者相信，通过阐明克拉考尔独特的文化现代性批判理论，一方面将有助于纠补目前国内学界对克拉考尔的片面理解，将其从狭隘的电影理论家的标签中解放出来，重获其应有的思想史和学术史的地位。另一方面，鉴于克拉考尔和法兰克福学派诸位干将之间的理论联系，对克拉考尔批判理论的研究，亦将有利于我们更加深入地认识法兰克福学派批判理论的发展，并对中国当下的大众文化研究产生积极意义。

---

① Siegfried Kracauer, “Langweile”, in: *Das Ornament der Masse. Essays*, Frankfurt a. M.: Suhrkamp Verlag, 1977, S. 322.

第一章

克拉考尔与魏玛现代性困境

早在青年时期，克拉考尔就已经在各种题材的写作中，生发出了突破现代性困境，找寻真实意义的思想萌芽。本章将主要介绍克拉考尔的早期写作和对现代性的诊断，指出他对原有“意义充盈世界”的解体，以及魏玛现代性所生成的困境之理解。

第一节　克拉考尔的早期写作——现代性体验之发端

克拉考尔在少年以及求学阶段一直是一个非常内向、敏感并且不断渴求着爱的孩子。由于自身生理上的一些缺陷（他一直都有口吃的问题，这导致他无法在大学谋得教职，也因为相同的原因，使得他在写作方面有了更加广阔的表现空间），导致他对孤独和寂寞产生了无限的恐惧，因而不断寻找着爱的认同，渴望着友情的滋润。在他幼年的日记本中不断出现的呼求是：

> 我的整个灵魂都在渴望着一个朋友，我全身心的唯一渴求就是：朋友。但是我在敲门的时候，我所看到的只是紧紧锁闭的大门以及充满排斥的脸庞。如此孤独无依，这实在是巨大的痛苦！①

---

① Ingrid Belke/ Irina Renz, *Siegfried Kracauer* 1889－1966, Marbach am Neckar: Deutsche Schillergesellschaft, 1988, S. 9.

这种呼求不仅仅体现了他个人对于友情和温暖的渴望，同时也体现了一战前夕整体的社会氛围对于青年人的压抑。对克拉考尔来说，唯一能够疏解孤独和排遣寂寞的方式就是写作。但是，这于他并非一件易事——

> 我希望能够一直写作、写诗。但是，我还是做不到。我目前尚且还不能做到。可能还需要时间，需要时间让我变得更加成熟和深刻。①

从这样一段文字中，我们可以看到一个内向却充满表达欲望的青年形象。尤其难得的是，他对于写作有着严格的自我约束和要求，希望锻造深刻与成熟的心智来支撑写作的单薄。

1907 年 10 月 9 日，克拉考尔将自己完成的中篇小说《春天里的节日》（*Das Fest im Frühling*）和《星期》（*Das Woche*）寄给了《法兰克福报》。这两篇小说以及随后发表的几篇传达其青年时代内心苦闷与对理想爱情追求的小说《怜悯》（*Die Gnade*）、《小城市》（*Die Kleine Stadt*）和《客人》（*Der Gast*），都在一定程度上反映了克拉考尔在一战之前的时代背景下，与同时代青年所共有的思想状态。这些在其遗稿中被重新挖掘出来的早期文学创作，不仅体现出了克拉考尔惊人的写作天赋，同时也有利于我们进一步了解克拉考尔作为小说家身份的形成与发展历程。1907 年 10 月 15 日克拉考尔到达柏林。在这里，他的生活与视野得到了重大提升。刚刚到达柏林之时，这座巨大的都市带给他的只是一种可怕的惶惑和不安之感，但是随着他叔叔的到来，带领他一起领略了这座现代大都市的各种文化场所，并帮助他逐步打开视野之后，克拉考尔不安和恐惧的心灵才得以逐渐平复。1909 年到 1912 年间克拉考尔来到了慕尼黑。在这一阶段，他进一步修读了大量哲学与社会学的课程。在完成学业进行博士论文写作以及建筑师实习之外，克拉考尔将大量的

---

① Ingrid Belke/ Irina Renz, *Siegfried Kracauer* 1889－1966, Marbach am Neckar: Deutsche Schillergesellschaft, 1988, S. 10.

精力放在了哲学思考之上。这一时期，他的思考重心主要放在如何将康德的认识论放置在一个更加宽广的基础之上，以及哪种认识论能够为心灵的认知提供真实可能等问题之上。应该说，这个阶段克拉考尔的哲学思考主要以新康德主义作为基础。建筑师只是其维持生活的必需，而并非内心与灵魂真正追求的东西。在这段时间内，他对现代人的生活形态及其内在匮乏的灵魂形成了自己的考察：

> 当下，人们已经完全丧失了体验的意愿。当下唯一有的就是一种职业道德。几乎所有的人，一旦获得一份工作之后，就丧失了其本能，唯一剩下的就是继续从事其职业的想法。这种职业道德完全不是叔本华意义上的“有独特光芒的恒星”（Fixsterne mit Eigenlicht）……我渴望着一种真正的生活！在我的头脑中一直有着这种思想，我不愿意过一种封闭的、狭隘的生活。①

由此可见，克拉考尔在其早期写作中，其实已经洞见到了现代社会中具体性与真实体验的丧失。在资本主义社会中，人们往往被职业的惯性所束缚，为了满足基本的生活需要，他们已经放弃了去思考、去批判的权利，只剩下对职业机械化的盲从。如果用马克思的话来说，就是人在理性化的工作链条中丧失了独有的本性，被对象化，被物化了。这一点是克拉考尔早期思想的一个核心概念，亦是其在后期展开资本主义批判的一个重要观点——“在意义散佚之后，人的被对象化”②。

应该说，一战之前克拉考尔主要还是在缅怀“意义充盈”时代的失落，渴望重新回到那个拥有一体化力量的世界。他的这种对有机共同体的热望和渴求，无疑受到了当时生命哲学的重要影响。当然，这其中也包括基尔凯郭尔宗教哲学的影响。此外，他从少年时代就一直存在的孤独感以及对凡俗生活的恐惧并没有随着年纪的增长而消失，相反的，由于一战的日渐逼近，它对克拉考尔的影响却

---

① Ingrid Belke/ Irina Renz, *Siegfried Kracauer* 1889-1966, Marbach am Neckar: Deutsche Schillergesellschaft, 1988, S. 18.

② Ebenda.

在日益加深，他甚至在自己的日记中这样大声呼喊：

> 毫无希望，日常生活让我疲惫不堪，渺小不堪，这无止境的寂寞！我根本不知道，人们是不是还有爱的可能！我该往哪里走？哪一条才是属于我的道路？从前的我还能哭泣，还能将头埋在枕头里尽情地哭泣，让热泪流下。但是我知道，我是在渴求着爱，渴求着走出这无止境的寂寞。现在的我，就连哭泣也都不可能了。①

如果说，在幼年时期，引发克拉考尔痛苦的原因在于自身的生理缺陷，以及缺乏友情的孤独，那么在他成年之后，引发其痛苦的则是精神上的无所归依。像当时绝大部分的德国青年人一样，德意志民族僵硬冷漠的思想传统仿佛铁桶一般对其产生了钳制和压迫。对于战争，他们都怀着激动而兴奋的心情，在他们看来，战争是可以突破这一思想控制的有效方式，能够给他们苍白的生命带来新的希望。而这一点恰恰是因为，信仰的缺失。在早熟而聪慧的克拉考尔眼中，当时德国社会的弊病在于一味借力虚伪的专制政体，却无法为广大民众提供真正的精神食粮。这种麻痹、抽象、没有生命力的社会给年轻人带来的只是无止境的痛苦，他们渴望着找到灵魂上的依靠与生命的意义。就此而言，克拉考尔的早期写作，不仅展示了一战前夕德国青年知识分子的思想状况，也为他此后对魏玛现代性困境的深入探析奠定了基础。

第二节　虚空中的迷狂——魏玛现代性的形成

魏玛现代性是德国一战结束后的一个异常混杂的时代景观。从政治来看，它虽然带来了德国历史上的第一个民主共和国，却在短

---

① Ingrid Belke/ Irina Renz, *Siegfried Kracauer* 1889－1966, Marbach am Neckar: Deutsche Schillergesellschaft, 1988, S. 18.

暂的14年之后倒向了纳粹主义的怀抱；从经济来看，它虽则依靠道威斯计划[①]的援助迎来了战后经济的高速发展，却最终无法抵抗1929年世界经济危机的爆发；从文化来看，它虽然被纳入了美国式大众文化产品的消费链条，却仍旧无法逃避意义重构的危机。整个魏玛共和国呈现出一幅意义匮乏的时代真空图景。一战的溃败与经济的破产，导致大多数德国知识分子倒向了以生命哲学与存在主义为核心的文化悲观主义思潮。而美国大众文化工业产品的倾销，则导致普通大众倒向了对资本主义片面理性的追捧。

一　先天不足的魏玛民主

1918年11月，节节败退的德军统帅将最后的希望转向海上战场，希望残存的海军能够负隅顽抗，与英国决一死战。但是，基尔港舰队的水兵却看到了失败的前景，抗拒调配并扛起了起义的大旗。这一场轰轰烈烈的水兵起义迅速波及德国的整个海军系统，并顺势蔓延到了全国的各大城市——斯图加特、慕尼黑、柏林……令人绝望的战争形势以及不断坍塌的社会生活，把民众酝酿已久的厌战情绪彻底点燃。那些原本尽在控制的一切“全部崩溃了……”，原本固若金汤的城池与黑色的帝制也在不断坍塌。11月9日，基尔港水兵暴动引发了柏林革命，德皇威廉二世不得不仓皇退位，狼狈地逃往荷兰。德国各地的王公贵族在一夜之间也都纷纷退位潜逃。自此，一个新的政府成立了，社会民主党人艾伯特和巴登亲王内阁社民党国务秘书谢德曼宣布共和国成立。但是，当时的社民党人对德国的革命形势毫无准备，这个共和国的成立在他们手中完全是一道仓促的急就章。同年11月11日，德国政府代表马提亚斯·埃尔茨贝格尔同一战协约国联盟司令在法国东北部康边森林的雷道车站签署了停战协定[②]，历时4年零3个月的第一次世界大战终于结束，

---

① 该计划由美国财政家道威斯（Charles Gates Dawes，1865—1951）提议，减少德国的“一战”赔款数额。道威斯因这一计划的提出，获得了1925年的诺贝尔和平奖。

② 按照停战协定规定，德国此时需要马上进行撤军，其区域包括当时的比利时、法国、卢森堡等国，还包括莱茵河左岸，阿尔萨斯-洛林等。与此同时，德国还必须上缴大炮、飞机、卡车等战略物资。

德国投降。这个停战协议的签订标志着霍亨索伦王朝统治的彻底终结。德国开始站立在一个崭新的时代门槛之上。但是，这个付出了高昂代价的门槛却显得如此难以跨越：在其之上，有着1919年巴黎和会的召开、德国将要偿还的高额战争赔款，以及各种经济与军事的管辖和制裁；在其之上更有数以千万计的饥民、革命者和心怀不满者；当然，在这新的世纪门槛之下还埋葬着战争中数以百万计的牺牲者与爱国者；在这新门槛的四周还遍布着因为战争而招致灭顶之灾的文明印记……这个崭新的共和国能够解决和应对这重重困难吗？它能够满足德国民众在战争的废墟中的迫切渴望吗？

1918年6月28日签订的凡尔赛条约导致德国失去了阿尔萨斯—洛林以及在非洲的殖民地；萨尔地区更是被国联掌控于手；德国军队的力量受到大幅削减，义务兵役制度也被取消；而大量的土地要割让给捷克斯洛伐克、比利时和波兰，这让德国丧失了将近八分之一的领土。这个条约的签订激起了德国上下的剧烈反抗，新一轮的游行与抗议让新生的魏玛共和国处于摇摇欲坠的险境。1919年8月11日，艾伯特总统颁布了魏玛共和国第一部宪法。这部宪法的宗旨虽然是进行政治制度和经济生活的民主化改革，但是其中的第48条却规定，共和国总统拥有在危急时刻自行解散国会并且任命内阁总理的权力。这一潜藏的危险所带来的严重后果是在不久的将来重新将德国拖入黑暗的深渊。①

魏玛，这座古典文化名城，由于1919年宪法的通过为德国第一个共和国提供了发源场所，但论其根本，它的声名却是脱胎于第一次世界大战，如果没有这次战争的外交后果，以及随后发生的种种领土上的变化便不会有魏玛共和国的存在。由于凡尔赛条约的签订，德国民众更是将屈辱和激愤的矛头指向了这个歌德和席勒的驻地，战争赔款的阴影始终笼罩在这座城池之上，煽动人们复仇的民族主义者在共和国的肌体内部躁动不安。他们鼓动民众相信：这个共和国并非德国自身的产物，而是德国失败和软弱的产物，是被外国的军火挟持的产物。德国在他们眼中变成了《尼伯龙根》史

① 1933年，兴登堡总统就是利用这一条款，任命希特勒担任内阁总理一职。

诗中那被人暗中刺伤的英雄，变成了被各种阴谋和暗算合力击倒的困兽。

二　失控的通货膨胀

这个孱弱共和国的领导人既无力铲除在战争中获利颇丰的大地主、实业家，也无力重整威廉二世时代遗留下的各种复杂社会状况。这些传统官僚体系中的旧有阶层和富人阶层实际上继续把持着1919年之后徒有虚名的魏玛共和国。除此之外，执政的社会民主党人也无力建立起一支属于自己的人民军队，相反的，他们还需要借助各类反民主的志愿军队来对斯巴达克同盟（Spartacus）起义进行残酷的镇压，以维护共和国的稳定。1919年1月15日，卡尔·李卜克内西（Karl Liebknecht）和罗莎·卢森堡（Rosa Luxemburg）在接受审讯之后被杀死。随着这两次暗杀行动的完成，整个共和国内部开始了大规模的政治谋杀。①

> 每个十字路口都有士兵岗哨，皮带上挂着手榴弹，步枪上绑着刺刀。在战略重地，大炮或自动机关枪被安放在桥上……②

这些血淋淋的谋杀没有受到任何处理和惩罚。可以说，在魏玛共和国初期，社会民主党人唯一能做的就是对各种激进的革命力量进行无情的打击。整个社会充斥着形形色色的复仇言论、暴力抵抗，充斥着动乱示威、暗杀剿灭等行为。旧有的帝国统治阶层的力量逐渐开始聚拢在新的权力中心。共和国所颁布的社会变革方案，并未真正带来什么具体的变化。虽然帝制时代的文字已经在各个公共建筑中被抹去，但是旧有的秩序依旧顽固地残存在民众的心中。此外，民众生活领域中依然存在着大量无法解决的问题：战后经济

① 这种政治谋杀，其实是魏玛政府为了稳定社会秩序，以强力手段实施的一种准军事行动。

② 里昂耐尔·理查尔：《魏玛共和国时期的德国（1919—1933）》，李末译，山东书画出版社2005年版，第28页。

的重新分配、煤炭和生活必需品的定量配给，并没有阻挡德国金融家和实业家攫取更多利益的脚步，他们开始大肆哄抬物价；另外，大批从战场返回家园的德国士兵，给原本就十分饱和的就业市场带来了巨大冲击，德国民众必须再度承受高失业率的风险；为了应对巨额战争赔款，魏玛共和国政府开始疯狂地印刷钞票，马克从 1920 年起开始贬值，其价值只相当于此前的十分之一，到了 1923 年，已经演变成了严重的通货膨胀：1922 年，1 美元可以兑换 9000 马克。到了年底，财政预算的数字必须要用万亿做单位，到了 1923 年 11 月，1 美元竟然可以兑换 10 亿马克。这一天文数字预示着德国已经站到了灾难的边缘。1923 年年底德国的失业率上升到了百分之二十五。钞票变成了最没有价值的东西，人们重新回到了物物交换的可悲境地。饥饿仿佛变成了主宰一切的神灵，在柏林灰色的上空，冷冷地注视这些拥挤在救济站、小食铺、面包店门口伸出手来乞讨的民众。可怜的德国人民挣扎在生存线之上，经受着痛苦梦魇的折磨——他们刚刚摆脱了战争的毁灭性打击，却又要在共和国的新生肌体中承受失业、穷苦、骚乱和通货膨胀带来的重重重压。由此，广大民众不断积郁的情绪点燃了阶级斗争的火焰——工人阶级罢工，士兵罢工，农民罢工……一波又一波的抗议热潮涌动不息。为了应对这一经济困境，1923 年 10 月 16 日，魏玛政府通过制定抵押德国资产的方法，发放地产马克，这一措施在 1924 年有效稳定了美元和马克之间的比率，暂时稳定了物价。此外，负责考察德国赔款偿付能力的专家委员会提出的道威斯计划得以通过。美国向德国输入了几百万美元的借款。这一资金的输入，也帮助德国再次稳定了马克。从 1925 年开始，德国的国家财政总体趋于平稳。工业家为了获得更高的利润，纷纷开始效法美国的生产经营模式。最有代表性的就是美国泰勒管理模式开始进驻德国的各家工厂，从能源的合理化利用到管理的合理化开展，一股经济合理化的浪潮在德国迅速波及开来。跟随着经济合理化的步伐，大批美国娱乐工业的产品也纷纷涌入德国，一派繁荣昌盛的“美景”开始在德国民众面前铺展开来。人人歌颂快速工业化的流水线，也在各种新式的休闲娱乐中享受生活，却没有多少人看到这场繁华背后所可能包含的风险。很快的，一场席卷世界的经济危机扑面而来——外国资本撤出，私人资本流失，骇人听闻的破产加速了魏玛共和国衰亡的进程。这场恐怖的噩梦彻底摧毁了无可计量的小市民、无产阶级、小资产阶级赖以生存的基本，也彻底摧毁了中间阶层炫耀的虚假身份标志，失业、贫困、饥饿以前所未有的凌厉姿态劫掠了这个风雨飘摇的国度——人民最终陷入彻底的绝望。

可以说，在这个先天不足、后天又频遭重创的魏玛共和国中，在不间断的政治、经济、外交接连受困的情况下，德国人民的精神状态一直处于恐惧、动荡和焦虑之中。伴随着救赎希望的一次次破产，紧张与绝望、心酸与无奈、困惑与渴盼成为了德国社会群体的共有体验。在旧有的价值与传统的谱系坍塌之后，未来的毫无希望给了德国民众更为沉重的打击，他们变成了一群在“意义”真空中流窜动荡的原子单位，只能无奈地遁入各种新型的宗教团体以及异国的巫术与占星术所给出的虚幻慰藉之中。

三　黄金时代？——魏玛文化

在魏玛共和国时期此起彼伏的经济危机与社会危机之中，1925年依靠道威斯计划而开启的短暂的“黄金时代”十分值得关注。这一时期曾经一度激发了德国在文学艺术上的惊人创造力；但在虚假繁荣的泡沫粉碎之后，民众则再一次陷入价值信仰的缺失与对未来的迷茫和恐惧中。

一方面，这是一个激烈与充满创造性的时代。在道威斯计划实施之后的1925年，德国经济日趋稳定，甚至被称为一个“黄金时代”。就在这个时期，一场波涛汹涌的现代主义运动——“表现主义”的狂潮席卷了德国艺术与文化的各个领域。在绘画领域，以康定斯基为代表的艺术家，用极富抽象性的点、线、面与强烈的色彩组合，打破了传统模仿论、反映论的艺术规则，大胆地表达内在的情感、灵魂的渴望。在文学领域，托马斯·曼的《魔山》通过巨大的隐喻意象，揭示了整个欧洲文明在死亡泥淖中的痛苦挣扎，与对蓬勃生命力的热烈向往。在电影领域，《吸血鬼诺斯费拉图》和《卡利加里博士的小屋》，以其怪诞、悖谬和极致的夸张，引发了世界电影史上的表现主义风潮。在音乐领域，勋伯格的十二音阶前卫音乐突破了传统藩篱，创造了新的神话。在建筑领域，格罗皮乌斯对功能性建筑理念的强调以及包豪斯（Bauhaus）学校的建立无疑捍卫了表现主义的成果……可以说，表现主义者们在艺术上的激进反动，既表征着他们对旧世界的决绝背离，同时也表征着他们对新世界的热切渴盼。二战来临之时，德国大批的知识精英与文化精英被迫逃离纳粹德国，开启了艰难的流亡之旅。作为历史劫难中的被动流亡，却在实际上造成了魏玛文化与精神的主动散播。因此，如同古希腊和文艺复兴时代的人文精神以及启蒙时代的理性观念一样，魏玛现代主义的文化风潮并没有局限在一个国家的领域之内，而是对整个世界都产生了影响。它所包孕的巨大的创造力与高度的人文主义精神，也得以在不同的文化中延续发展。

另一方面，这又是一个紧张而充满绝望的时代。魏玛共和国是在经历了无数政治与经济的动乱之后，依靠社会民主党人的多方妥协所取得的成果，自诞生之初，它就置身于国外死敌的监视以及国内势力的拉锯之中。身处其中的民众从来没有真正得到过内心的平静与灵魂的安顿，相反的，他们对自身的生存境况以及整个国家的未来充满着恐惧和不安。因此，在表现主义这样的艺术风潮所创造的文化繁荣背后，其实隐藏着极大的紧张和痛苦——对不确定之未来的紧张、对新的完整性的痛苦追寻。然而，魏玛共和国的先天孱弱与后天动荡，却无力解决他们在精神上的这种深刻的苦楚。即便是在所谓的“黄金时代”中，这个崭新的共和国所能够提供的，也只是虚无的美国文化工业产品——爵士乐、电影、娱乐厅、歌舞剧、周末时尚……一时之间，以柏林为代表的新兴大都市，变成了夜宴欢歌、摩登刺激的舞台，甚至被称为永不散场的晚会。但是，当1929年的经济大萧条降临之时，这些虚假的文化避难营也在一夜之间风吹云散。因此，对于当时的人们来说，帝制时代的旧有信仰已经坍塌，而新生的整合力量却始终无以降生。整个魏玛共和国开始陷入意义匮乏的真空，精神上的无家可归成为那个时代的典型特征。

第三节　克拉考尔的现代性诊断——以《等待者》为例

第一次世界大战的爆发从根本上来说是对启蒙运动所取得的进步迷梦的一次重大冲击。虽则启蒙运动曾给全欧洲的人们带来了文明的滋养，并获取了重大进步。但是，这次战争的爆发却提醒人们，野蛮依旧存在，理性的王国并没有彻底击败野蛮，甚至最终与野蛮站在了一起。尽管总是有一些雄心勃勃的欧洲史学家认为这场战争是推进欧洲全面复兴的积极过程，但是，在真实历史中生存的民众无一不认为这场战争导致了欧洲的衰败和解体。斯宾格勒的《西方的没落》因其对西方文明悲剧性状况的沉思，成为魏玛共和国时期流传最广、影响最深的一部作品。艾略特、乔伊斯、托马斯·曼也都在其作品中，深入描绘了第一次世界大战所引发的理性与蒙昧交战的现代性困境，以及人类在此困境中的“悲惨哀号”。韦伯对这个“祛魅”的世界所进行的社会学批判也是由此引发。此外，英国历史学家汤因比亦将此种西方文明的衰落作为他书写历史的重点。当然，在其他的艺术形式中，这种被恐惧所支配的时代情绪也同样有其深刻表达。例如上文所提及的表现主义绘画以及茂瑙的电影等。对知识分子来说，欧洲的前景是非常悲观的。在他们看来，这个时代的技术所取得的巨大进步，对社会状况与民众生活的改善几乎没有多少积极的作用。相反的，技术与经济的快速发展，却引发了一种全新的现代性症候——无所不在的精神上的虚空。如果说现代性在19世纪的表达，可以在波德莱尔笔下的巴黎找到的话，那么20世纪20年代的柏林，就是一个能够征兆魏玛现代性之颓废、堕落与动荡的大都市。由于政治混乱以及社会的非同一化，这座被机械化的劳动和大众消费所征服的大都市，痛苦地悬隔在无尽的疏离感以及性的过度夸张之中。这座新兴的现代性大都市以其外在的丰富和内里的空虚表征出了现代性的全部矛盾。

面对这一现代性困境，魏玛时代的人群表现出了不同的态度。一些人采取了退缩姿态，一心想回到过去那个运用神话构建出来的美好时代；另一些人为技术解放的前景欢呼雀跃，赞颂旧有秩序的灭亡。除此之外，还有这么一群人，试图从虚无主义的废墟中拯救出一些意义的碎片。尽管克拉考尔的早期作品中渗透着浓厚的悲观主义色彩，以及由此产生的对于爱和温暖，对于有机共同体的呼唤与追求，但是他在魏玛时期的作品，尤其是在担任《法兰克福报》副刊编辑之后的绝大部分作品，都属于以上所说的最后一种类型。作为《法兰克福报》的编辑，他在伴随魏玛现代化进程出现的诸多社会文化现象中，看到了意义匮乏的空虚、看到了真实性与“整体性的消亡”[①] ——曾经完满的总体断裂成孤立分离的个体和众声喧哗的多样性。但是，他认为，急切地投入悲观的回返主义或者狂热的进步主义的怀抱，并非解决之道，而应当直面现代性所产生的种种问题。当然，克拉考尔在这里所倡导的面对，并非对当下困境的盲目接受，而是采取一种更加复杂而审慎的方式加以应对。用他的话来说，就是从碎片化和去主体化的视角，从逃脱了形而上束缚的“形式化共同体”[②] 的视角出发，对这个“完全合理性化、文明化的社会”[③] 及其蕴含解放性力量的“表面现象”（Oberflächenäußerungen）[④] 进行考察，进而“在这其中，追寻到一些意义存在的碎片”[⑤]。这种置身其中、面向现实、回归具体文化现象批判的唯物主义立场，是其早期重要作品《等待者》的主题，亦是贯穿其魏玛写作的标志性特征。

---

① 参见克拉考尔在 1921 年就卢卡奇的《小说理论》所写的一篇评论文章 Georg von Lukacs' Romantheorie，1921，收录在 Siegfried Kracauer, *Schriften* 5，1：*Aufsaetze* 1915－26，Hrsg. von Karsten Witte. Frankfurt a. M.：Suhrkamp Verlag，1971，S. 117。

② Siegfried Kracauer，“Die Wartenden”，in：*Das Ornament der Masse. Essays*，Frankfurt a. M.：Suhrkamp Verlag，1977，S. 108.

③ Siegfried Kracauer，*Schriften* 1，Hrsg. von Karsten Witte. Frankfurt a. M.：Suhrkamp Verlag，1971，S. 105. 克拉考尔所使用的这个概念，一方面受到当时文化保守主义思潮的影响，另一方面则主要受到马克斯·韦伯的祛魅理论的影响。

④ 这是克拉考尔的重要学术概念，意指在魏玛现代化进程当中，忠实反映资本主义合理化生产模式，被掏空了具体内涵的文化现象。克拉考尔认为，对这些文化现象的分析解读，能够找到隐匿在其背后的真理线索。

⑤ Siegfried Kracauer，*Theory of Film. The Redemption of Physical Reality*，New York：Oxford University Press，1960，p. 286.

一　一个意义丧失的时代

和同时代知识分子一样，克拉考尔对魏玛共和国早期崭新的现代性所抱希望甚少。他非但没有将其视为一个全新的解放性开端，相反的，他认为这是一个缺乏同一性以及真实性的时代。在克拉考尔眼中，这一时代最重要的特征就是意义的丧失。其实，早在1915年，克拉考尔就已经对这一时代症候有了初步的诊断。当时，他完成了一篇名为《论战争体验》（Vom Erleben des Kriegs）的文章。在其中，克拉考尔提到了此后写作中不断重现的主题：个体的痛苦——由于意义空虚的物质文明的疯狂扩张而导致的个体的痛苦：

> 在过去的十年中，德国经历了一个巨大的物质进步的时期。但是其内在的因素却无法跟上外部的发展速度，相反的却以各种方式被消灭于萌芽状态……大多数人的生活被淹没于陈规陋俗和职业的感召中。这些感召，作为仅存的超个人形式，设置了固定的目标并限制了发展的可能性。一旦人从其他活动领域中抽身而出，他就步入了一种空虚的状态。此外，那能够将人们团结起来，或者能够借由团结而激发他们创造力的东西，更是少的可怜。最值得一提的是，灵魂最要紧的需求，即宗教性，已经支离破碎了；再也没有任何一种活生生的并且具有普遍约束力的信仰，来表达我们的本质。①

不难发现，克拉考尔在这篇文章中，敏锐洞见到了魏玛时代的社会矛盾——一方面是物质与经济的快速发展，而另一方面是价值与信仰的不断萎缩。在他看来，职业感召只是一种没有内涵的空洞共同体形式，无法满足人们对于内在团结与精神整合的需求。因此，在对物质进步所带来的内在价值的空虚进行批判之时，他仍旧

---

① 戴维·弗里斯比（David Frisby）在其作品《现代性的碎片》中，引用了克拉考尔的《论战争体验》这篇文章。参见戴维·弗里斯比《现代性的碎片——齐美尔、克拉考尔和本雅明作品中的现代性理论》，卢晖临、周怡、李林艳译，商务印书馆2003年版，第146页。

对宗教与形而上的理念抱持希望。他此时对现代性的批判不免沾染着一丝浪漫主义色彩。托马斯·列文曾经把这种思想命名为一种“统一性之文化”（unified culture）[①]，意即一种追寻意义统一的文化需求。然而，在随后的魏玛作品中，克拉考尔的思想发生了一个重要转变——逐步从这种乡愁式的乌托邦怀想中抽离出来，转而采用一种更加具体和现实的方式对现代性进行批判。这一点在此后的章节中会有详细的阐发。单就这篇文章而言，克拉考尔所描绘的现代个体在意义的空虚时代所遭受的悲剧性状况，其实是现代性的普遍症候。在这样一种丧失了具体性内涵的时代中，人与人之间的关系彼此疏离，不再有稳定的内在关联，而变成了工业化生产链条上的零部件，除了完成集体运行的任务之外，已经丧失了真正的个性与生命的活力。到了魏玛时期，克拉考尔的写作趋于成熟，并且逐步摆脱了青年时代的浪漫主义和乌托邦的色彩，但其对现代性危机的反思并没有消失，甚至还成了他此后写作的核心所在。从这一点来看，克拉考尔的早期写作与其魏玛时期所开创的文化现代性批判理论之间，存在着精神上的连续性。

1933年后，克拉考尔离开了纳粹暴政下的德国，流亡到了美国。他在晚期作品《电影理论》中，重新梳理了自身思想的发展历程：

> 由于意识形态的衰败，我们所生活的世界已经无可挽回地变成了一个众声喧哗的碎片境地，世界上再也没有什么整体性的东西存在。但是在这其中还存在一些机会，能够追寻到一些意义存在的碎片。[②]

这段引文再次强调了他对现代性状况的思考，同时也重现了他在魏玛写作的关键理念——在碎片化的时代当中，找寻意义存在的

---

① Thomas Y. Levin, “The Introduction”, in: Siegfried Kracauer, *The Mass Ornament, Weimar Essays*, ed. and trans. Thomas Y. Levin, Cambridge: Harvard University Press, 1995, p. 13.

② Siegfried Kracauer, *Theory of Film. The Redemption of Physical Reality*, New York: Oxford University Press, 1960, p. 286.

碎片。当然，对克拉考尔来说，意识形态的衰败并非一个全然否定的过程。作为启蒙的忠实信徒，克拉考尔始终相信理性的力量。他认为，在漫长的历史中，各种各样的神话一度被建构起来，帮助人类认识和把握世界。不过，随着时间的流逝，这些自然律令逐渐变成了限制人类自由与独立的绝对性力量，甚至变成了一些专制者的道德法令。正是由于理性与这些神话以及神话背后的自然力以及各种各样的绝对性力量所展开的斗争，才帮助人类解除了束缚已久的历史链条，重获自由。从这个意义上来说，意识形态的衰落和解体是启蒙过程中不可避免的环节。不过，这样一种“去神话化”（Entmythologisierung）的过程，虽则指向了真理的所在，却并非一个历史终结。对理性来说（克拉考尔将那种作为资本主义时代信条的抽象理性称作 Ratio），光是把人类从自然生活、自然力的控制和束缚中解放出来，还远远不够。理性的任务还应该是，为这个世界重新带来真理。也就是说，在克拉考尔那里，理性的任务是双重的：一重是破坏，破坏自然力与绝对性力量对人类的束缚，给人类带来自由和独立；而另外一重是建构，在破坏原有信仰体系的同时，重新为这个碎片化的时代带来真理。因此，“去神话化”只是启蒙运动的一个环节，而远非最后的结局。不幸的是，在理性击溃原有信仰体系之后，世界被充斥着抽象性的工业化资本主义理性所掌控，真正的理性（Vernunft）堕落成了单面化的理性（Ratio），全然忘记了它的第二重任务。对克拉考尔而言，这主要是由于资本主义之理性完全沉醉于技术飞速发展所带来的眩晕，自以为已经接近了真理的所在，因而放弃了原有的革命性力量。在这样的背景下，原本被解放出来的个体化的“人”，并没有获得其应有的地位，相反的，却沦为资本主义社会经济体系中最基本的结构，变成了一个丧失了主体性与创造力的机械般的原子存在。

在克拉考尔看来，抽象性，是资本主义时代的一个无法避免的产物。作为科学思维的胜利成果，它所代表的是理性对抗自然力的胜利。尽管它是一种非常强大的工具，但是我们不能对其寄予太大的希望。因为，它永远只是一种用以理解和控制世界的工具，而不是我们生存与发展的根本目的。正是由于抽象理性的盛行，才导致人们日益迷失在机械化的知识所构成的海洋中，而最终丧失了对具体性的追求，同时也丧失了人之为人的主体性。因此，以抽象性为本质特征的科学和资本主义必须要为当下的各种现代性症候负责：

> 资本主义与科学已经在这一事项上达成了高度一致。就像科学一样，资本主义坚信人类的智识能力、逻辑思维能力，并且将所有不相同的东西全部用金钱价值以及有用性来进行等值和拉平……整个世界都在依靠一种理性能够加以运用和掌控的数量关系（资本主义经济体系）运转着……就像科学一样，资本主义对事物的本质也抱着一种深层次的漠不关心。①

他们所创造的以客观性和抽象原理为基础的世界，丝毫没有考虑任何以人为中心的价值和原则。人在这个体系中已经完全被降低为一种数量关系和一种非人的原则，即人已经完全被物化，被数量化了。面对这样一种缺乏人性温度的现代性状况，年轻的克拉考尔曾寄望于重建共同体来与之对抗。正如戴维·弗里斯比在《现代性的碎片》中所言：

> 其中完全缺乏的，同时也是克拉考尔想要呼求的，是一种根植于共同体基础上的整合形式。②

但不幸的是，资本主义体系的社会现实已经把这种意义上的共同体，变成了一种依靠普遍的职业兴趣而整合起来的虚假共同体。也就是说，尽管在资本主义社会体系中有这么一些职业共同体的存在，但是现代个体依旧处于一种本质上完全疏离的状态，无法实现内在的真正整合。从这个意义上来说，整个资本主义社会其实都是

---

① Siegfried Kracauer, *Das Leiden unter dem Wissen und die Sehnsucht nach der Tat. Eine Abhandlung aus Jahre*, Kracauer - Nachlass, Marbach am Neckar: Deutsches Literaturarchiv, 1917, S. 41.

② 戴维·弗里斯比：《现代性的碎片——齐美尔、克拉考尔和本雅明作品中的现代性理论》，卢晖临、周怡、李林艳译，商务印书馆2003年版，第150页。

虚假的。从表面上看，它比此前任何一个时代都拥有更加丰富的知识，更加高效率的生产，个人对世界的认识也已经呈现出了几何级的拓展。但是，在这样一个技术高速发展的时代中，虽则知识被无限扩展了，人类自身的情感与存在的渴求却被彻底忽略了。

> 这种对共同体、对友情、对内心生活的充实，对个体人格实现的憧憬，通通变成了无法实现的渴望。①

关于这一点，克拉考尔在《照相》一文中，曾以异常激进的口吻重新审视了现代性危机的本质矛盾：

> 人们从来没有在任何一个时代对自身如此了解……也从来没有在任何一个时代对自身如此一无所知！②

当然，克拉考尔的这一充满智慧和启发性的论断不应被误读。他对资本主义或者对理性的批判，并不是要去倡导一种幼稚的浪漫主义回归——回到那能够满足人们的自然需求，以及所有生命欲望的有机、前工业社会的共同体中，而是希望人们不要一味沉迷于资本主义合理性所带来的空洞进步，却停止了追求真理的脚步。对他来说，重新回到人与自然之间的具体化的神话时代，非但不能解决任何问题，甚至还可能会带来反启蒙的恶果。正如克拉考尔在他的重要作品《大众装饰》中所说：

> 这种具体性只会牺牲已经获取的抽象性力量，而根本不可能去克服抽象性。③

---

① 戴维·弗里斯比：《现代性的碎片——齐美尔、克拉考尔和本雅明作品中的现代性理论》，卢晖临、周怡、李林艳译，商务印书馆2003年版，第150页。

② Siegfried Kracauer, "Die Photographie", in: *Das Ornament der Masse. Essays*, Frankfurt a. M.: Suhrkamp Verlag, 1977, S. 34.

③ Siegfried Kracauer, "Das Ornament der Masse", in: *Das Ornament der Masse. Essays*, Frankfurt a. M.: Suhrkamp Verlag, 1977, S. 55.

因而，在克拉考尔那里，“去神话化”过程一方面指代了理性对抗自然力的胜利，即以抽象性为特点的资本主义理性对抗以神话具体性为特点的自然力的胜利；另一方面又指代了必须要克服资本主义理性对抽象性的极度推崇，警惕抽象理性的“再度神话化”。如果要继续开启理性的第二重任务，就必须对资本主义时代的抽象性开战。在此意义上，他才会在魏玛写作中将具体、鲜活的社会文化“表面现象”作为分析的重点。对他来说，在这些尚未被人注意到的“表面现象”中蕴含着解析这一时代本质的东西，他们如同这个社会潜藏的密码，掌握解码技术的人，也就掌握了通往真理之门的钥匙。应该说，这段时期克拉考尔对资本主义所进行的批判，已经隐约透露出了一些马克思对资本主义批判的痕迹，但是缺乏更进一步的理论论证和批评实践，因而还只是一个不太成熟的思想产物。在下文中，笔者将重点分析克拉考尔《等待者》中所展现的文化现代性批判理论视野。

二　《等待者》(Die Wartenden)

正如托马斯·列文在《大众装饰》英文版的导言中所说，面对魏玛时代碎片化的空虚境况，克拉考尔一度想要通过一种浪漫主义的怀想，重新召唤“统一性之文化”（unified culture）与“有机共同体”（organic communities）[①] 来与之对抗。不过，他很快就意识到，这种对于过去时代的渴求，无助于当下问题的解决。更确切地说，对过去美好时代的怀乡病最终只能带领人们走向死胡同，唯一能够改变当下境况的方式就是去面对它。当然，克拉考尔在这里所倡导的面对，并非一种对现代性的盲目接受，而是一种更加审慎和复杂的态度。在《等待者》这篇文章中，克拉考尔以详尽的笔触描绘了这种复杂性。

1922年，克拉考尔在《法兰克福报》上发表了这篇名为《等待者》的文章。在其中，克拉考尔将目光集中在了一个特定的社会

---

① Thomas Y. Levin, “The Introduction”, in: Siegfried Kracauer, *The Mass Ornament*, *Weimar Essays*, ed. and trans. Thomas Y. Levin, Cambridge: Harvard University Press 1995, p. 13.

阶层——“孤独地生活在大都市中”的“学者、商人、医生、律师、大学生和其他类型的知识分子”上。[①] 克拉考尔着力想要表现的是这一社会阶层被逐出宗教领域之后，如何在一个缺乏更高意义的现代世界中承受形而上学之痛苦，承受命运之无情驱策的过程。在某种意义上，克拉考尔对这一群体所做的社会学诊断只是一个伪装，他想要借此表达的是，人们究竟应该如何在这一时代虚空中重新找到意义之所在。

在文章开头，克拉考尔就为我们展现了这么一批“背负着共同命运的人”在现代大都市中的生活场景：

> 现在有一大批人，虽然互不相识，却由于共同的命运而被紧紧联系在了一起。在这个时代，任何一种特定的思想教条都已然失落，他们这批人接受了当下最普遍的高等教育，他们还亲身感受着这个时代残存的清醒意识。这些学者、商人、医生、律师、大学生和其他类型的知识分子大都在大都市的孤独中消磨着时光；他们在办公室里坐着、接待客户、审理案件，或者在教室里听课，几乎忘记了自身本质存在的齿轮转动的声音，他们甚至幻想着已经脱离了私下里不停抱怨的生活重负。然而，当他们从生活的表面回返到他们的本质存在之时，突然就被一种深刻的悲伤所袭击，这种在特定精神状况中成长出来的悲伤，是一种由于缺乏更高意义而产生的形而上学的痛苦。他们存在于一个空虚的世界中……因为他们没有更高的信仰空间来支持自身的存在。[②]

从如上这段引文中，我们不难发现克拉考尔的写作意图：为我们揭示个体在现代性状况中的两难困境。一方面，现代社会剥夺了这个世界的更高意义，造成了普通个体的无所归依；而另一方面，它又通过诡诈的欺骗，让个体融入消磨时间的日常工作之中，借此

① Siegfried Kracauer, “Die Wartenden”, in: *Das Ornament der Masse. Essays*, Frankfurt a. M.: Suhrkamp Verlag, 1977, S. 106.

② Ebenda.

来掩盖自身无力再次建构意义的本质。在机械化的职业活动中，个体完全忘记了内在的空虚，也就丧失了重新找寻意义的思考能力。唯有当他们意识到现代性的欺骗伎俩，从表面化的日常生活中抽身而出之时，才能感知到自身本质上的空虚。为了摆脱无边无际的形而上学之痛苦，他们渴望着重获救赎。但是，现代社会却根本无法为他们提供任何帮助——宗教在很久之前就已经丧失了统治权，大多数的传统价值也都被扫入了历史的尘埃。科学接掌了宗教的任务，同时也接掌了大多数的人类事务，但是它的能力范围却在当下不断遭受质疑。正是因为如此，人们才需要找寻一种新的绝对性来填补精神上的空虚。遗憾的是，在现代世界中，人们已经被剥夺了信仰的能力，只能在一扇极力想要走进，却永远无法向他们开启的门前等待。可以说，正是在这个悬隔在虚空与真理之间的“中间领域”（der Zwischenreich）里，人们才能如此深刻地体会到现代性本身无法调和的矛盾——极度渴望着意义，却无法实现意义。

那么，在这样的时代境况下，究竟如何才能重获意义？克拉考尔在《等待者》中，首先谈到了当时盛行的相对主义思潮：

> 传统对他们的束缚已经解除了，所谓的共同体对他们来说已经不是什么事实，而仅仅只是一个概念，他们身处任何形式和法律之外，就像是一些被撕裂的碎片，在不断流逝的时间之流中，随波逐流……由于失去了和绝对性之间的联系，这种个体化趋势就造就了一种相对主义。①

在他看来，造成相对主义的本质原因是“去神话化”进程的中断。换言之，在魏玛现代性语境中，“去神话化”的任务，即启蒙理性的任务，并没有最终完成——旧有的神话或许已经被清除，但是，一种新的真理却尚未诞生以填补神话解体后的空虚。现代世界如同伫立在荒原之上的一间屋舍，破烂家具已被彻底抛弃，重新装

① Siegfried Kracauer, “Die Wartenden”, in: *Das Ornament der Masse. Essays*, Frankfurt a. M.: Suhrkamp Verlag, 1977, S. 107.

修和整饬的工程却尚未开启。居住在其中的人们只能像艾略特笔下的宾客，“蜷缩在一家四处漏风的旅馆，睁着双眼忍受漫漫长夜的煎熬”[①]。对此，克拉考尔在《等待者》中继续写道：

> 由于失去了根基和联系，他们的精神只能无所凭依地四处漂浮，没有方向、漫无目的、更无处找寻精神家园。他们穿越了形形色色的精神现象，穿越了历史的世界、灵魂遭际的世界、宗教生活的世界，却始终无处停留。面对所有一切，他们的感觉仿佛都同样之近切，也仿佛都同样之远离。近切是因为：他们可以无忧无虑、轻而易举地让自己沉落在任何一种本质上。再也没有什么信仰能够捆绑他们的灵魂，也就无从阻碍他们。他们甚至可以随意和任何一种喜欢的现象同化。同样远离是因为：对他们来说没有什么认识是最终的，那么同样地，对他们来说也就没有什么东西是深刻的。当他们无法向任何一个深度继续走下去时，他们也就不能渴望从中获取什么本质。[②]

就此而言，相对主义一方面强调了个体的自由自在、无拘无束；而另一方面却无法避免四处飘荡、无所凭依的空虚恐惧之感。从根本上来说，相对主义空洞的自由，给现代个体所带来的只是不断增强的漂泊感，无助于真实意义的获取。那么，其他方式呢？

克拉考尔提到，有一些人非常聪明，他们避开了相对主义所设下的陷阱和诱惑，但是这并不能保证他们不落入其他圈套。这类人的特点是热切渴望着能够寻到情感或者宗教上的满足。为了找到重新融入绝对性的方法，他们很可能会被诱惑着走入曾经被启蒙理性所抛弃的生活形式——走向再度建立起来的宗教。毕竟，这些改良过的宗教形式为他们提供了一种更为便捷且可实现的精神满足。

---

① 原诗句为“The muttering retreats of restless nights in one-night cheap hotels”，in：T. S. Eliot, *The Love Song of J. Alfred Prufrock*，引用这句诗，是为了比喻居住在现代性社会中人们的不安与恐惧的心情。

② Siegfried Kracauer，“Die Wartenden”，in：*Das Ornament der Masse. Essays*，Frankfurt a. M.：Suhrkamp Verlag，1977，S. 107.

> ……这些绝对性的力量清除了疏离和个体化，用一种虔诚的知识让人从一种漫无目的的飘荡中解放出来。①

不过，在克拉考尔看来，这些宗教信仰体系的问题在于，尽管他们曾在过去的时代中成功实现过精神之整合，但是，面对现代社会中的个体所遭遇的困境与所承受的痛苦，他们无法提出真正有效的解决方案。这是因为，在他们的理念体系中并没有足够的装备来解答伴随着现代性而产生的社会、经济、政治和科技层面的复杂问题。

> 当下时代——不论是在无意识层面还是在意识表面上——都表征着一个与此前完全不同的世界。在这个世界中，物质现实与经济过程完全展现出了一种混乱的多样性。②

因此，这一时代中的各种新的宗教形式，不论是布洛赫所提供的弥赛亚共产主义，还是鲁道夫·斯坦纳③所提供的人智学教条，抑或是格奥尔格圈子④对共同体高度形式化的信念等，都无法真正应对时代的困境。尽管他们给出了许多言之凿凿的承诺，或者简单易行的生活指南，其实质都是在用一种反生产、反现实的幻象来代

① Siegfried Kracauer, "Die Wartenden", in: *Das Ornament der Masse. Essays*, Frankfurt a. M.: Suhrkamp Verlag, 1977, S. 110.

② Ebenda, S. 111.

③ 鲁道夫·斯坦纳（Rudolph Steiner, 1861—1925）奥地利社会哲学家，创立了被称作人智学的清教化神学派，承认独立于感觉的纯思想的存在。斯坦纳根据他对人类不可持存的精神状况的看法，得出了一个在科学上可以验证的方法，即倡导超感觉现实的思想方法。他要借助此方法来得出人类的确定性所在，揭穿虚假的现实表象，创造出与绝对性之间更加确定的联系。这种方法力求通过一种超验方法，去寻求现象背后的那种纯感觉，纯思想，以及一种绝对性。

④ 这个圈子是由诗人施特凡·格奥尔格（Stefan George, 1868—1933）所创建。他们想对德国文化中的科学危机进行批判，并倡导一种严格的诗歌美学的形式法则，即新客观性，并相信这将带来德国的重生。然而这一新帝国的宣言后来却被纳粹所利用，说其征兆着第三帝国的兴起。克拉考尔对这种形式主义抱着极端怀疑的态度，认为他们把一些空洞的规则作为共同体的核心原则，并借此对世界进行重新整合的理论完全是错误的。因为这将使得他们再度跌入绝对性的深渊。

替现代性危机下的信仰真空。而这恰恰会颠覆“去神话化”（Entmythologisierung）过程所取得的历史性成果，把人重新带入前现代的蒙昧神话世界之中。

与之相反，另外一些人坚决地站在捍卫“去神话化”成果这一阵营。在他们看来，不论是陷入相对主义的价值圈套，或者遁入前现代找寻心灵慰藉的行为，都是对启蒙理性之历史成果的背离。现代性的合理化力量是荡平蒙昧、带领人们走向自由和理性的唯一选择。因此，救赎的希望不在于远方的真理，而在于合理化进程的展开，在于技术理性的进步以及社会持续的向前发展。但是，克拉考尔认为，这批人只顾坚持理性的片面化功用，放弃了对真理的追求，最终只会沦为“彻头彻尾的怀疑主义者”①。他们所选择的怀疑、否定的态度，虽可能为他们营造出一种崇高之感，但这不过是在其浅薄的思想上涂抹一层虚伪的深刻之光而已。一旦这层荣光消退，他们还是要去承受那种虽被压抑却难以止息的寻求意义的痛苦。换句话说，如果理性只限于无止境的否定与破坏，那么历史虚无主义将是他们的最终归宿。因为，他们之所以将去往真理的道路完全封堵，正是出于自身的虚无，这种虚无导向了无所不在的怀疑。

除了以上所说的三种道路选择之外，还有一种被克拉考尔命名为“盲目”的选择。这是魏玛时代绝大多数人的选择。他们非常渴望能够找到一种迅速逃脱时代困境的药方，却缺乏必要的坚定信念，因而对任何一种教条都欣然应允、盲目接受。只要在任何一个地方嗅到一丝得以救赎的气息，他们就会马上蜂拥而至。从根本上来说，他们不过就是一些行捷径者，总想要用最快的方式逃离到一个“安全”的场所，全然没有自我意识，更别提批判反思。对此，克拉考尔在文中这样写道：

这些短视者，这些急功近利的知识分子暴徒，出于对空虚

① Siegfried Kracauer, “Die Wartenden”, in: *Das Ornament der Masse. Essays*, Frankfurt a. M.: Suhrkamp Verlag, 1977, S. 111.

> 的绝望，竟如此急于采摘一些尚未成熟的果实。对他们来说，一个整全的希望意味着能够保护他们不必承受那始终折磨他们的空虚的痛苦……对毁灭的恐惧，实际上就是对所有那些太快建立起来的希望之毁灭的恐惧——而这种希望正是阻碍他们接近真正的希望的绊脚石。①

就此而言，如若没有批判的意识，即便是奋力寻求希望以抵抗绝望，最终都会沦为盲目与虚妄。越是慌不择路地寻求真理，就越是会远离真理，甚至走上歧路，被不智蒙住双眼。

在克拉考尔笔下，以上这些力图从现代性的空虚中逃脱出来，为现代生活重新赋予意义的努力，尽管都有其各自不同的动机，但最终都归于失败。那么，究竟如何才能挣脱现代性困境？如何才能让现代社会中的个体寻到真正的意义呢？对克拉考尔来说，唯一有效的方式，就是去除文化相对主义、宗教复兴主义、彻底怀疑主义以及急功近利主义的消极影响，转而采取一种更加审慎和开放的“等待”之态度。换言之，克拉考尔非常清楚启蒙的双重命意——随着“去神话化”过程的推进，启蒙理性成功解除了束缚人类个性的自然力之控制；但是，伴随着同一过程，启蒙理性也造就了一个无法缝合的意义真空。与此同时，他也非常清楚个人无法逃脱自己所生存的时代境况。因此，在对魏玛现代性危机的考察，尤其是在对各种救赎方案的批判性分析中，克拉考尔清醒地看到了通往真理或者说真实意义之路的艰辛和不易。面对此种境况，只有勇敢地踏入“中间领域”，直面现代性内部的矛盾张力，顽强地承受现代性风暴的折磨，始终坚韧而怀抱希望地耐心“等待”，才能不断坚定对于真理的信仰，走出跨越时代困境的第一步。正是在这个意义上，我们说，克拉考尔在 1922 年写就的《等待者》是其意义探寻之旅的开端。

当然，克拉考尔在此所倡导的“等待”，不应被误解为一种惰

① Siegfried Kracauer, “Die Wartenden”, in: *Das Ornament der Masse. Essays*, Frankfurt a. M.: Suhrkamp Verlag, 1977, S. 114-115.

性或者消极，而是力图保持现代性危机的张力和矛盾，将其引导到一个更加充满希望的开放性上来：

> 从积极的方面来看，这种等待意味着一个开放的存在，一种已做好准备的紧张行动。这是一条漫长的道路——或者说，一个需要漫长时间才能成功的跨越。①

在这里，我们可以看出基尔凯郭尔的写作对青年克拉考尔的影响。克拉考尔把找寻意义的过程描绘成一个异常漫长和艰苦的旅程。在这一旅程中，需要时刻怀抱坚定而无畏的信念。因此，在这种对等待的强调之中，其实隐含着一种内在的意义，也就是基尔凯郭尔所说的，“幸福隐藏于痛苦的奋斗之中”。引文中所出现的跨越意象，同样也回荡着基尔凯郭尔“信仰跳跃”的影子。在克拉考尔看来，这一“跃入深渊”的意象，是最初且最有必要的一次跳跃，是超现代性的空虚，去往救赎的一个关键步骤。因此，我们可以将克拉考尔所说的“等待”，视为一种怀抱对真理之向往、保持审慎批判之态度、拒绝接受任何一种先验性理论、始终面对现实之艰难、投身其中、寻求突破的复杂立场。从根本上来说，“等待”并不像其他教条信仰那样，为现代个体提供逃离现实的出路，毋宁说，“等待”要人们做的，正是要投入现实——

> 总之，值得一提的是，在这里所指的人，尝试着将重点从学理上的“我”转变成总体人类基础上的“我”，从那由未知力量与丧失的意义所构成的，已经单子化的虚假世界中走出来，重新回到真实的世界以及她四周包围的领域中来。②

这种充满现实感的积极“等待”，非常适合所有在“中间领域”中徘徊的时代先行者。他们一方面仍旧渴望获得更高的意义，而另

---

① Siegfried Kracauer, "Die Wartenden", in: *Das Ornament der Masse. Essays*, Frankfurt a. M.: Suhrkamp Verlag, 1977, S. 116.

② Ebenda, S. 115.

一方面，他们也知道，如果仅仅依靠纯粹的理论，依靠各种各样的抽象化来获取意义，也是不可能的。真正的意义只有通过具体的体验才能获取。正如克拉考尔所言：

> 真理不可能通过知识形式来转换，而只能通过具体的生活和体验才能获取。①

尽管无意义和碎片化征兆了现代性的困境，但是，《等待者》这篇文章还是力争为具体的物质世界正名。就此而言，克拉考尔赋予“等待”的特殊意义，是为了让个体从各种形而上的抽象理念中走出，进入到真实的物质世界，进而开启意义探寻之旅。在克拉考尔看来，这种进入具体物质世界的努力应当要以对这个物质世界的双重潜力的承认作为基础：一方面，这一物质世界布满了现代性危机的种种症候；但是另一方面，在这个物质世界中还以一种十分隐秘的方式，潜藏着能够救赎这一危机的种子。

> 理论思考的不堪重负，已经到了一种可怕的程度，它让我们完全远离了现实世界——这个现实世界中充满了许多具体化的事物和人类，这就要求我们用一种具体化的方式来看待他们。对这种现实进行了解和把握，就能够指引我们，逐渐改变立场，不断摸索，到达此前从来没有能够到达的地方。②

这段引文表明，克拉考尔在《等待者》中已经初步阐发了他对抽象化理论思考的摒弃，以及对具体化物质现实的偏重。在此后的魏玛写作中，克拉考尔更加系统地展开了对于诸种社会现实与大众文化“表面现象”的批判性解读。在克拉考尔看来，现代性世界中的本质性存在、人类生存的意义，已经不再像过去那样完整地保存于各种形而上的抽象概念之中，而是降落到了各种具体鲜活、平淡

① Siegfried Kracauer, “Die Wartenden”, in: *Das Ornament der Masse. Essays*, Frankfurt a. M.: Suhrkamp Verlag, 1977, S. 118.

② Ebenda.

无奇，甚至易被人忽视的事物当中。但是，这种表面上的意义无涉，形态上的微小琐碎，却以巨大的穿透力打碎了严整规范的社会结构，为我们指引出了破解现代性危机的可能。换言之，这些具体而微的时代景观与表面化的意义碎片，如同隐藏在资本主义社会中的密码。掌握了解码技术，意即保持理性批判之态度，对其进行文化唯物主义的分析，就能够挣脱资本主义空虚而抽象的理性所设置的重重障碍，获取通往真理之门的钥匙。

总之，克拉考尔在《等待者》中，为我们展示了魏玛现代性的困境，以及当时应对的诸多文化思潮。更重要的是，他在这篇文章中，阐述了克服现代性危机，重新找寻失落意义的可能途径——坚持理性的“去神话化”成果，以文化唯物主义的立场，从抽象学理的概念，回归到具体现实的文化批判中来。这为我们理解克拉考尔的文化现代性批判理论，以及法兰克福学派等西方马克思主义文化批判理论提供了有益的参照视角。

第二章

从弥赛亚主义到马克思主义

在魏玛共和国时期，随着新柏拉图主义、新浪漫主义和新黑格尔主义而来的来世论，强化了民众对弥赛亚主义的兴趣。在当时的一批思想家看来，为了摆脱魏玛现代性所带来的意义“真空”，必须要在现世为民众重新构筑一个新的弥赛亚式避难营，以帮助他们得到心灵的慰藉。意即思想的真空必须通过对某种东西的渴望——从某种意义上来说，对宗教的渴望，来进行填充。但是，克拉考尔对这种思潮却持彻底否定，甚至是毫不留情的批判态度。他认为，这种形而上的路径，不仅传承了德国唯心主义的流毒，更是一种“再度神话化”（Remythologisierung）的思想主张，必将引发灾难性的后果——重新将人类带回原始的神秘之林，彻底颠覆启蒙理性的历史功绩。换言之，绝对不能因为意义之匮乏，就重新建立起被启蒙理性所抛弃的超验之“家”。为此，克拉考尔在《法兰克福报》上发表了大量文章，对这些宗教与伪宗教复兴运动展开了批判。可以说，这一系列的批判实践，构成了其文化现代性批判理论的第一个维度，同时也促成了他的唯物主义转向。

论及这一理论上的重要转向，需要回溯克拉考尔在魏玛时期的思考历程。其实，一直到1925年，克拉考尔都对“意义充盈”的过去充满着乌托邦的怀想。但是，在具体的批判实践中，他发现，这种考察方式并不能帮助他洞悉事物的本质。当然，也因为当时德国整体的经济形势发生了重大的变化，使得他必须采取一种全新的理论视野对其进行重新解读。他所找到的理论资源，就是马克思的历史哲学著作。经过深入的阅读与研究，克拉考尔形成了一套独具特色的历史哲学观念。在他看来，人类历史是一个充满动量的“去神话化”（Entmythologisierung）过程。在此过程中，人类依靠理性的力量与“统摄神话世界”[①] 的自然力展开了斗争。随着理性的不断向前推进，人与自然之间的神话关系也被一一破除。因而，粉碎了“神话束缚”[②] 的“资本主义时代”是“一个通往祛魅的必经阶段”[③]。但是，这一历史进步的空间内部却不无矛盾。其原因在于资本主义理性对抽象性的狂热崇拜，导致了理性的僵化与工具化。用克拉考尔的话来说，就是用“错误的抽象性”取代神话“错误的具体性”，[④] 从而造就了资本主义时代的“新型神话”。不过，克拉考尔并没有对启蒙的理性潜力，以及实现理性的历史可能性失去信心。在他看来，“资本主义不是理性化过了头，而是尚未足够理性化”[⑤]。意即理性的自反性力量尚未得以充分的解放与发挥。因此，只要抱持希望，坚定不移地推进“去神话化”的批判历程，理性最终可以挣脱其工具化、抽象化的束缚，达到成功。他之所以会有这么一种乐观的预想，是因为他相信，工具理性与神话将会被真正的理性所打败，而最终归于消失。在这一点上，克拉考尔与马克思站在了一起，即认为社会的发展，是一个从过去向未来不断前进的过程，人类必将实现从必然王国向自由王国的飞跃。

正是因为如此，他不再为时代的空虚投以悲伤之情，转而开始审视其历史化的趋向，并展开了对魏玛时代已经发生改变的经济和社会现实的批判性解读。克拉考尔认为，对具体物质现实以及大众文化的“表面现象”所进行的分析，是掌握当下社会发展状况的重要途径。更进一步来说，在这些“未知领域”的“表面现象”之下，隐藏着探明这一时代本质的钥匙。

---

① Siegfried Kracauer, “Das Ornament der Masse”, in: *Das Ornament der Masse. Essays*, Frankfurt a. M.: Suhrkamp Verlag, 1977, S. 55.

② Ebenda, S. 56.

③ Ebenda.

④ Ebenda, S. 57.

⑤ Ebenda.

第一节 纳米亚·诺贝尔团体的弥赛亚主义

玛格丽特·苏斯曼[①]（Margarete Susman，1874—1966）是西美尔的女朋友，1920年10月，在她的介绍下，克拉考尔结识了当时供职于《法兰克福报》的图书收藏家赫曼·海里格（Hermann Herrigel，1888—1977）。通过他的引介，克拉考尔在1921年1月底与《法兰克福报》签订了工作合同，获准担任法兰克福地区通讯员的职务。虽然他此时的通讯报道多以匿名方式刊发，但是这对他后期的评论性写作来说是一个很好的训练开端。更为重要的是，在这一平台上，克拉考尔得到了许多机会深入战后德国社会的方方面面。例如战后的学校改革问题、工厂工会的建立问题、战后的文化思潮问题等。这一系列的文化实践与批评实践为克拉考尔的社会批判奠定了更加全面而深厚的经验基础。在此期间，克拉考尔结识了犹太宗教哲学家马丁·布伯，并与其建立起了私人联系。1921年4月克拉考尔又在玛格丽特的引荐下，认识了犹太宗教哲学家弗兰茨·罗森茨威格。在与马丁·布伯和弗兰茨·罗森茨威格二人的交往过程中，克拉考尔逐步进入了法兰克福地区颇有影响力的一个犹太宗教哲学家的小圈子——即以纳米亚·诺贝尔（Rabbiners Nehemia A. Nobel，1871—1922）为核心的知识团体。纳米亚·诺贝尔是一位非常著名的犹太宗教领袖，他出生于德国犹太拉比[②]约瑟夫·诺贝尔（Rabbiners Josef Nobel，1839—1917）之家。他们的家位于一座名为Halberstadt的城市中，这是德国最古老同时也是最为著名的犹太人聚集地。长大后的诺贝尔在柏林犹太神学院（Berliner Rabbin-

① 玛格丽特·苏斯曼是一位著名的德国籍犹太裔散文家和诗人，她对犹太教义的阐发拥有一定的见解。

② 所谓“拉比”指的是，犹太教中能够熟练传授《旧约·圣经》中的摩西律法的教士，他们因渊博的学识而受到犹太教徒的拥护。他们除了教导犹太人学习律法、遵行律法之外，还要对律法进行自己的诠释和评注。在历史上，公元70年时期的犹太教被通称为拉比犹太教。

erseminar）接受了犹太正教的教士训练。1896 年纳米亚·诺贝尔在科隆犹太区供职。1897 年他在波恩大学获得博士学位，其论文研究的是叔本华的美学理论。[①] 1900 年诺贝尔来到柯尼斯堡，并于同年在马堡大学学习，受教于赫尔曼·科恩（Hermann Cohen，1842—1918）。自此，这两位个性极为不同的思想家结下了深厚的友谊。科恩早年求学于犹太神学院，后于哈雷大学获得博士学位。在新康德主义哲学家朗格的推荐下到马堡大学担任哲学讲师，后接替朗格的教授席位。作为新康德主义马堡学派的代表人物，科恩运用康德哲学对传统的犹太神学进行了独创性的解释，力图对当时德国知识界的反犹倾向进行驳斥。他认为以康德哲学为根基的德意志民族精神与犹太教之间并不存在冲突，与之相反，二者之间还存在着紧密的相关性。在他看来，作为纯粹理性主义的犹太教义，与着重发展人类之道德与精神自由的德国理性文明之间并不矛盾，甚至可以达到一种和谐。因此，他一直致力于用一种严肃的理性主义方式来重新界定犹太教的诸方面原则，力图调和二者之间的关系。[②] 可以说，科恩的理论创新，代表了当时德国犹太学界内部的自由派思潮，即在犹太教义与德国唯心主义哲学之间架起一道沟通的桥梁。它从根本上体现了犹太知识分子融于德国知识界与思想界的努力。在科恩的著作《理性宗教》（*Die Religion der Vernunft*）出版之前，诺贝尔就已经充分表达了他对科恩的犹太教理论以及宗教哲学理论的赞许之情。在诺贝尔看来，科恩为了维护犹太人的权利而不断与反犹主义偏见抗争的努力非常令人钦佩。在他的影响下，诺贝尔逐渐成长为“德国犹太正教中唯一的真正的哲学家”[③]。

在一战期间，诺贝尔与大多数德国人一样，期待着这场战争的胜利。他虽然身为一个犹太人，却对德国古典唯心主义哲学以及德

---

① 参见 N. A. Nobel, *Schopenhauers Theorie des Schönen in ihren Beziehungen zu Kants Kritik der ästhetischen Urteilskraft*, Diss., Köln, 1897。

② 参见罗伯特·塞尔茨《犹太的思想》，赵立行、冯玮译，上海三联书店 1994 年版，第 715 页。

③ Alexsander Altmann, “Theology in Twentieth-Century German Jewry”, in: *Leo Baeck Institut Year Book*, Vol. 1, No. 1, 1956, p. 211.

意志民族精神有着深刻的认同。他同科恩一样，认为德国古典哲学与犹太教义之间存在相互促进的关系，德国承担着捍卫欧洲文明的重任。[①] 但是这两个人在犹太复国运动上的意见并不一致。如果说科恩力图从理论上填平犹太教义与德国先验哲学之间的鸿沟的话，诺贝尔则更希望能够在政治实践层面重新倡导犹太教义中的弥赛亚主义[②]。其实，早在科隆时期，诺贝尔就已经开始了一系列的犹太复国主义运动，他与西奥多·赫茨尔（Theodor Herzl，1860—1904）以及大卫·沃尔夫松（David Wolffsohn，1856—1914）之间过从甚密。1897 年，西奥多·赫茨尔发起了一场现代犹太复国主义运动，这不仅是犹太历史上的一个重大事件，也对整个世界历史产生了重大影响。诺贝尔正是在赫茨尔的影响下，跻身成为德国犹太复国运动的先驱。

我们知道，公元 138 年左右，在犹太人最后一次反抗罗马统治的斗争失败之后，他们便开始了一场空前绝后、影响深远的大流散。但是，在这漫长的流散旅程之中，犹太人从来没有动摇过返回“应许”之地的信念，这同时也是犹太民族千年来矢志不渝的梦想。他们始终坚信犹太人将会在弥赛亚的救助下，回到上帝给予他们的“应许之地”。在数世纪的反犹和排犹的浪潮中，犹太民族的这一信念非但没有受到冲击，反而不断得到加强——他们相信，返乡的愿望将在弥赛亚现世之时得以满足。因此，犹太复国主义运动在千年的流徙长河中，变成了不断靠近迦南之地的政治实践与民族实践。例如，在 16 世纪的“救世运动”中，当时的大卫·流便尼（David Reubeni，1485—1538）从神秘主义哲学中得到启示，竭力宣扬自

---

① Egmont Zechlin, *Die deutsche Politik und die Juden im Ersten Weltkrieg*, Göttingen, 1969, S. 87ff.

② “弥赛亚”一词来自于希伯来语 Messiah，指的是“受膏者”（the Anointed One）。它原本的意思是犹太族的首领在被选定的君王或者先知、祭司头上涂抹神圣膏油，借此证明他受到上帝的任命，具有正当性。最初的弥赛亚指的是受到上帝旨意选派的现世的权威，而到了犹太民族遭遇种种危机之时，这种形象逐渐变成了民众对理想君主的期待；在受罗马人残酷迫害时期，犹太人心中的弥赛亚又变成了从天而降帮助他们脱离奴役和痛苦的救世主，或者一个可以反抗种种暴政的斗士。本文中的弥赛亚已经变成了在历史危难时刻，民众对于理想社会形态与失落意义的渴盼，涉及重建乌托邦的内涵，反映了宗教衍化过程中民族历史与宗教观念层面间的互动关系。

身的救世理念，并以此吸引更多西方宗教势力的支持，甚至一度获得教皇的召见。虽然他的救世理想没有实现，但是他的救世主张却在西南欧的广大地区得到传播，并对后起的救世运动产生了深远影响。到了17世纪，东欧出现了一位精通犹太神学思想的先知人物砂巴泰·兹维（Shabbethai Zvi，1626—1716），他以流便尼思想为蓝图，自称“救世主”，力图拯救受到压迫的东欧犹太人，不过他的救世运动也没有获得成功。时光流转到了18世纪，出生于波兰的雅各·弗兰克（Jacob Frank，1726—1791），宣扬狂热的拯救论，声称自己是在执行上帝的神圣救世职能，但其运动最后也以失败告终。在19世纪之后，随着资本主义文明化进程的推进，此前几个世纪中充满宗教意味的救世运动逐渐淡出了历史舞台，越来越多的犹太人希望通过文化与社会同化的方式，逐步融入居住国的社会主流。例如在18世纪后期，由摩西·门德尔松（Moses Mendelssohn，1729—1786）所倡导的犹太启蒙运动——即希伯来文中的哈斯卡拉，便力图运用启蒙理性发展世俗教育，倡导现代生活方式，从而打破几个世纪以来犹太人隔绝的生活方式，促使他们融入欧洲文化的主流。伴随这一历程，在19世纪末，犹太人的社会与政治地位、经济与文化权利、物质与生活水平都得到了极大的改善。犹太人甚至成为了欧洲工业资产阶级队伍中不可或缺的重要力量，逐步控制了欧洲各国的金融与新闻领域。但是，这在某种程度上造成了非犹太人的恐慌，反犹主义浪潮再度席卷而来。接受了启蒙思想洗礼的犹太知识分子，不得不正视这一现状，即他们之前孜孜以求的政治同化难以实现，因而，返回原乡的弥赛亚主义在此历史背景下得以再度复兴。对于西奥多·赫茨尔来说，更是如此。他出生于匈牙利的一个犹太家庭，早年接受了法学教育，随后成为一名记者。在报道法国犹太籍上尉阿尔弗雷德·德雷福斯（Alfred Dreyfus，1859—1935）由于受人诬告而被控叛国罪期间，他亲眼目睹了由此引发的席卷全巴黎的反犹主义运动，他才彻底意识到，即便是在启蒙思想之发源地的法国，犹太人也都无法真正融入主流社会，只有创建一个真正属于犹太人的家园才能最终实现弥赛亚意义上的救赎。因此，1897年赫茨尔在巴塞尔召开了第一届犹太人复国运动大会。在这次会议的演讲中，他提出：

> 让大家都看看犹太复国主义事实上是什么样子吧，——人们往往把它说成是一种千禧年奇迹，然而，它只是一场道德的、法律的、人道的运动，它要实现的，是我们民族长期以来一直渴望的目标。①

可以说，他所发起的这场现代犹太复国主义运动，是一场现代民族国家意义上的世俗化民族运动。他引导人们从漫长的救世运动历史中认识到，如果仅仅怀抱思想上的期待，或者一味等待弥赛亚降临，并不能够真正拯救犹太人，只有通过政治意义上的民族运动，才有可能带给这个流亡民族以真正的希望。但是，值得我们注意的是，这场政治运动的思想核心仍旧没有脱离犹太教义中最根本的弥赛亚主义之救赎。对于在世界各地流离失所了将近 1700 年的犹太人来说，返归“应许之地”的呼声，代表了他们多年的期盼与梦想，同时也被认为是弥赛亚降临的终极启示。而这一点，恰恰也是诺贝尔本人的信仰。他的犹太复国主义运动之动机正起源于——他相信宗教改革运动和民族主义在本质上是和犹太教相联系的。从 1901 年开始，诺贝尔开始在莱比锡的犹太人区担任拉比。1906 年他来到汉堡担任犹太教拉比。1910 年他到达了法兰克福这座德国第二大犹太人聚集区的大都市，接掌了马库斯·霍洛维茨（Marcus Horovitz，1844—1909）的职位，担任犹太正教拉比直到去世。在这段时间中，他惊人的口才和卓越的领导能力得到了进一步的凸显。通过一系列的传道与教义阐释活动，诺贝尔的影响逐渐超出了法兰克福市，扩张到了整个德国。第一次世界大战之后，失败的阴影笼罩着曾经在战争中热血沸腾的青年知识分子，战败的失望与痛苦给他们带来了沉重打击，同时也让他们开始更加热切地找寻新的精神突破口。就在这时，具有非凡演说天赋与理论影响力的诺贝尔

① 西奥多·赫茨尔：《第一届犹太复国运动大会上的演讲》（1897），林猛译，参见以色列历史文献（http：//www. 0135. com/ijews_ com/list. asp？ id = 151）。

横空出世，给这些年轻人带来了崭新的希望与视野；他富有穿透力的言辞，以及深厚的犹太教义知识，鼓舞了广大年轻知识分子的心灵。因此，他们自发地聚集到他身边，将其思想视为新时代的弥赛亚主义教义。这其中包括：恩斯特·布洛赫、列奥·洛文塔尔、马丁·布伯、弗兰茨·罗森茨威格、艾利希·弗洛姆、恩斯特·西蒙，当然也包括克拉考尔。这个群体在20世纪20年代的魏玛共和国发动了一场影响深远的宗教复兴运动，极大地拓宽了新时代弥赛亚主义的影响力。[①] 在这段时期内，诺贝尔的地位不断上升，甚至被尊奉为“神话般秘密”群体的精神导师。[②] 与此同时，他也被视为塔木德阐释的权威，以及犹太教律法（Halakhah）解读的导师。1921年，诺贝尔当选为全德拉比协会（Allgemeiner Deutscher Rabbinerverband）主席，他是当选此职位的首位犹太正教教士，而这一年又恰逢其五十大寿。因此，围绕在他身边的这批青年思想家们便齐聚一堂，为其撰文庆贺。随后，这些文章以《贺诺贝尔50大寿》（*Gabe Herrn Rabbiner Dr. Nobel zum* 50. *Geburtstag*）为名得以结集出版。当时，克拉考尔所提交的文章是《论友谊》（über die Freundschaft）。作为全德拉比协会的主席，诺贝尔倡导应该将巴勒斯坦视为大多数犹太人未来的家园。他认为犹太人的历史不应当仅仅被宗教价值所规约，而应当被视为一种民族发展之表达。作为一名正教拉比，他捍卫正统的犹太教，反对具体事项的变革；但是，作为一名思想领袖，他对不同宗教与政治理念又表现出了宽容与理解。这种思想上的矛盾塑造了他独特的魅力，也是他不断吸引众多青年知识分子的原因所在。在这个被战争撕裂的土地上，在这个信仰被击碎的国度中，诺贝尔为这批优秀的青年思想家开出的救赎承诺是犹太共同体的搭建：

> 听我说，我的以色列子民。我们拥有一个犹太共同体，这

① Leo Löwenthal, *Mitmachen wollte ich nie. Ein autobilgraphisches Gescpräch mit Helmut Dubiel*, Frankfurt a. Main: Suhrkamp Verlag, 1980, S. 18-20.

② Caesar Seligmann, *Erinnerungen*, ed. by Erwin Seligmann, Frankfurt a. Main: Suhrkamp Verlag, 1975, S. 150.

个共同体是被我们永恒的妥拉（Torah）所护佑的，它同样也是由我们所切身体验过的历史所保证的。①

回顾历史，这种犹太共同体所指向的弥赛亚观念，是在犹太民族所蒙受的苦难与其宗教教义之间的不断互动而产生的信仰体系。其本质就是一种关于重建与新生的救赎。在《旧约·圣经》中，弥赛亚时代的来临首先体现在流亡者最终的故土回归，其次体现在国家民族的独立，最终体现在一个完满和平的新世界的出现，也就是所谓的新天新地。在这个崭新的世界中，死去的人得以复活，不义者受到最终审判，万国的子民全部臣服于上帝的殿堂，共同庆祝一个属于义人与和平的救赎时代的最终实现。作为一个历史范畴，它是无数流离失所的犹太人面对灾难、得以救赎并维护尊严的坚韧信仰，也是犹太人在漫长的历史时空中所开辟的通往乌托邦的林中之路。而在诺贝尔这里，他一方面无法摆脱信仰中的弥赛亚主义的影响，另一方面又无法卸下早已灌注于其精神血脉的德国哲学的影响。宗教与哲学的交织缠绕，使其形成了一种独特的现代弥赛亚主义思想——将犹太教中的弥赛亚信念转变成一种普遍意义上的弥赛亚情怀：要在这片意义的真空中，重新建立起一座高耸入云的锡安之城，带领民众返归理想的故乡。在此意义上，具体的犹太复国主义运动已经变成了更加抽象的对于总体性和同一性的寻求。在他的影响下，围绕他而产生的宗教哲学知识分子团体也纷纷走向了现代弥赛亚主义的追求之路。不过，这样一种弥赛亚主义已经超越了单纯的犹太教义范畴，附加上了德国民族主义的渴求，是犹太知识分子与德意志哲学传统碰撞的产物。这不仅体现了德国战败对宗教哲学领域的影响，同时也体现了战后人们对于重建精神信仰的迫切需求。

一 《天主教与相对主义》

马克斯·舍勒（Max Scheler，1874—1928）是一位“谜”一样

① N. A. Nobel, *Fünf Reden, gehalten am Versöhnungstage undam Schlußfeste des Jahres 5673*, Frankfurt a. Main: M. Slobotzky, 1912, S. 28.

的人物。他的学术研究涉猎广阔，其中包括宗教、哲学、社会学、现象学以及人类学等领域。他在不同研究领域中的来回变换给人一种眼花缭乱、无从把握的感觉。不过，他的论著却不仅有清晰的思考判断，更有充盈的激情与才华，是德国思想史上一颗璀璨的明珠。1874 年他出生于德国慕尼黑的一个宗教氛围浓厚的家庭中，父亲是一个牧师，而母亲是一个正统的犹太教信徒。在 1894 年结束了中学学习之后，舍勒来到了柏林，在此期间旁听了西美尔与狄尔泰的课程，从而奠定了其哲学与社会学的基础。1896 年舍勒投入耶拿大学倭铿（Rudolf Christoph Eucken，1846—1926）教授门下学习哲学。获得博士学位之后，他转而来到海德堡游学，受到韦伯的影响，写下了《劳动与伦理学》（*Arbeit und Ethik*）。1900 年，舍勒在耶拿大学正式任教。1914 年，第一次世界大战爆发，与大多数热血青年一样，舍勒发表了大量为战争辩护的作品，其中包括《战争天才与德意志战争》（*Der Genius des Krieges und der Deutsche Krieg*，1915—1917），以及《战争与建设》（*Krieg und Aufbau*，1916）等。1916 年，舍勒应邀在法兰克福进行了一场演说，题目是“德国仇恨的起源”（Die Ursachen des Deutschenhasses）。克拉考尔在听完演说之后，深受感动，将自己的作品《论战争体验》（Vom Erleben des Kriegs）寄给舍勒。舍勒则很快对此做出了回应：

> 非常感谢您的来信和您发表在《德意志年鉴》上的这篇文章。我非常赞同您的观点——在那对祖国的荣誉感之下的，是许多空虚的心灵。您在文章中所提到的是非常具有价值和教育意义的观点。①

1917 年，舍勒再次来到法兰克福，并与克拉考尔在巴塞尔火车站会面，二人亦师亦友的关系得以确立。1917 年 5 月，克拉考尔在《新德国》（*Das neue Deutschland*）上，发表了一篇专门评述舍勒

---

① An Kracauer，1，Dezember 1916，参见 Ingrid Belke/ Irina Renz，*Siegfried Kracauer 1889-1966*，Marbach am Neckar：Deutsche Schillergesellschaft，1988，S. 27。

《战争与建设》的文章。在其中，克拉考尔评价道：

> 战争之于他的真正意义在于，通过某种方式进行唤醒和告诫。他要告诉那些欧洲民众，他们正在不断走向堕落和瓦解，他们正在不断走向一种伦理上的坍塌和灾难。①

可以说，此时的克拉考尔与舍勒对德国民族主义和战争的立场上是一致的。一战结束之后，舍勒被聘任为科隆社会研究所所长和哲学、社会学教授。就在这一时期，他个人的感情生活发生了重大变故，这导致了其思想的巨大震荡。作为诺贝尔宗教哲学圈子的一员，舍勒在此期间完成了一部重要作品——《论人之永恒》（*Vom Ewigen im Menschen*）。而在 1921 年 8 月之后，克拉考尔成为《法兰克福报》副刊的正式编辑，有了更多的时间和机会对魏玛共和国的各项文化社会事务进行报道。其中不仅包括一般的地方新闻、演出展览、新媒体形式、戏剧演出、教育改革、学术会议、艺术哲学，更包括当时极为热门的各种宗教活动与宗教事件。由于克拉考尔本人在此前与诺贝尔宗教知识分子团体的密切关系，让他对这一团体内部的许多议题，包括犹太复国主义、不断增长的反犹主义思潮等十分关注。也就是在这个过程中，克拉考尔对这一知识团体的思想评判发生了一个重大转变。

以舍勒和克拉考尔之间的关系为例。作为舍勒思想的长期追随者，克拉考尔对舍勒这部新作的评价并不高。就在此书出版的同年 11 月 9 日，克拉考尔在《法兰克福报》上发表了一篇名为“天主教与相对主义——评马克斯·舍勒《论人之永恒》”② 的评论文章，对其进行了尖锐的批判，由此拉开了他与诺贝尔宗教改革复兴团体

---

① Siegfried Kracauer, “Max Scheler. Krieg und Aufbau”, in: *Das neue Deutschland Jg.* 5 (1916/17), H16 vom 15. 5. 1917, S. 443–445.

② 原文见于《法兰克福报》Siegfried Kracauer, “Katholizismus und Relativismus: Zu Max Schelers Werk Vom Ewigen im Menschen”, in: *FZ Jg.* 66, Nr. 860 vom 19. 11. 1921 (1. Morgenblatt; Feuilleton), S. 1–2。后被收入 Siegfried Kracauer, “Katholizismus und Relativismus: Zu Max Schelers Werk Vom Ewigen im Menschen”, in: *Das Ornament der Masse. Essays*, Frankfurt a. M.: Suhrkamp Verlag, 1977, S. 187–196。

公然对抗的序幕。

在书中，舍勒提出了其宗教哲学的核心概念——“自然神学”(natürliche Theologie)[①]，并将其视为一个超越不同宗教信念差异的普遍交往平台。对他来说，“自然神学”就是一种对上帝的天真认识，每一个人都被赋予了在任何时刻都能获取上帝知识的可能，意即人们可以通过自然的方式来获取信仰。与本能的知识不同，这种自我对话行动的本质在于个体可以在自然神学的活动中得到具体现实的体验。但是，在克拉考尔看来，舍勒在对“自然神学”的分析中隐藏着一个矛盾。

> 一方面，舍勒告诉我们，来自不同主体（人类、种族等等）的本质直观是不同的，这就让他形成了一种纯粹相对主义的观点，认为所有对上帝精神的领悟都是真实的。另一方面，他又提出，上帝创造世界的意志律令与其他所有关涉到上帝与世界的形而上律令之间是相互排斥的。就此而言，他的观点完全前后不一、相互矛盾……在某一时刻，他尝试着在虚空中捕捉事物的普遍本质。但是，在下一时刻，他又认为必须通过某种具体的方式传达事物的特殊性。因此，根据不同的需求，他时而是一个天主教徒，时而又变成了一个相对主义者。[②]

从这段引文中，我们可以看出，克拉考尔对舍勒这部作品的内在矛盾有着异常清醒的认识。虽然舍勒认为“自然神学”是一个在不同时空、不同条件下对任何人都开放的神学体系，但是又无法放弃天主教教义对上帝真理的独有阐释。这种在天主教与相对主义之间的摇摆，是他构建新的信仰体系过程中无法克服的矛盾。对此，克拉考尔指出：

① Siegfried Kracauer, "Katholizismus und Relativismus: Zu Max Schelers Werk Vom Ewigen im Menschen", in: *Das Ornament der Masse. Essays*, Frankfurt a. M.: Suhrkamp Verlag, 1977, S. 187.

② Ebenda, S. 188.

> 作为一个相对主义者，他尊重所有人从自己的角度理解上帝的权利，并且对多元主义充满敬意；而作为一个天主教徒，他又只承认通过天主教的方式来对上帝进行理解。①

那么，究竟如何理解舍勒所创设的这种“自然神学”呢？如果舍勒是一个相对主义者，那么就存在一种多样性的“自然神学”。但如果舍勒是一个天主教徒，那么“自然神学”就只是一种最基本的天主教，或者说是一种可以融入天主教的一神教。在克拉考尔看来，正是由于舍勒没能解决这一哲学上的根本问题，他在这本书中所传达的消泯不同宗教差异，归于自然信仰的理念无以达成。也就是说，不同信仰的持有者不可能在舍勒所架设的这座“自然神学”的桥梁上相遇。在对舍勒作品中的矛盾进行深刻揭示之后，克拉考尔进一步指出：

> 从根本上来说，舍勒所铺设的这条道路，只是为当下那些无法忍受信仰真空的知识分子所做的。与那些能够在信仰真空中坚守自我，耐心等待的人截然不同，这批人无疑是胆怯的。他们在恐惧不安中只顾慌不择路地找寻填补精神空虚的捷径，却从未想过真正付诸努力。②

这一点，恰恰揭示了舍勒“自然神学”背后的实质意图——为了促进宗教的复兴。正像克拉考尔在《等待者》中所说，面对魏玛现代性困境，大批人不堪忍受信仰真空的折磨，为了找寻精神的庇护，他们不会拒绝任何一种绝对性的承诺。因此，在文章的最后，克拉考尔将对舍勒作品的批判扩展到了对整个时代精神状况的批判：

---

① Siegfried Kracauer, “Katholizismus und Relativismus: Zu Max Schelers Werk Vom Ewigen im Menschen”, in: *Das Ornament der Masse. Essays*, Frankfurt a. M.: Suhrkamp Verlag, 1977, S. 194.

② Ebenda, S. 195.

这一大批人充满了失去上帝之后的绝望与恐惧，他们挣扎着尽快找到通往宗教信仰的门户，但他们所能得到的并非信仰本身，而只是“去信仰的意念”……从根本上来说，他们仍旧是无根的，由于无法摆脱相对主义，便只能无时无刻地飘荡在这种信仰与那种信仰、这种文化与那种文化之间。舍勒也同样如此，但这并不是他一个人的错误，而是这个丧失绝对意义的时代的错误。①

应该说，克拉考尔对舍勒“自然神学”的批判，进一步深化了他在早期写作中的现代性诊断。面对这样一个意义丧失的现代世界，究竟如何才能找到出路？对克拉考尔来说，不论是建构一种虚幻的神学体系，或是躲进人造的精神避难所，都是一种逃避行为，而非有积极意义的面对。舍勒也同样如此，他虽然竭尽全力想要为流离失所的人们重新构建意义之塔，但是他并没有看清在那衰朽的宗教肉身之中已经无法找到任何时代真实意义的影子。唯一有效的方式，就是直面现代性内部的矛盾张力，顽强地承受现代性风暴的折磨，始终坚韧而怀抱希望地耐心“等待”。

正是由于这篇批判文章之犀利言辞，造成了克拉考尔和诺贝尔宗教团体之间的疏离。他原来的好朋友玛格丽特、弗兰茨·罗森茨威格等人纷纷对其表示不满。例如，罗森茨威格在 1921 年 12 月 12 日给克拉考尔写了一封信，在其中批判了克拉考尔对宗教改革所抱持的怀疑态度，称其为一个“双手交叉的心怀不满者”②。不过，这篇文章还只是一个开始，在接下来的一系列批判事件中，克拉考尔与诺贝尔圈子之间的关系进一步恶化，乃至最终破裂。

① Siegfried Kracauer, “Katholizismus und Relativismus: Zu Max Schelers Werk Vom Ewigen im Menschen”, in: *Das Ornament der Masse. Essays*, Frankfurt a. M.: Suhrkamp Verlag, 1977, S. 196.

② 罗森茨威格给克拉考尔的信，1921 年 12 月 12 日，参见 Ingrid Belke/ Irina Renz, *Siegfried Kracauer* 1889–1966, Marbach am Neckar: Deutsche Schillergesellschaft, 1988. S. 36。

二 《旧约·圣经》翻译

(一)《德语圣经》(*Die Bibel auf Deutsch*)

马丁·布伯(Matin Buber, 1878—1965)是一个人类本质的探索者,其思想核心就是探讨人的本质以及人在世界中的位置问题。即便是在处理其他宗教问题以及上帝概念之时,他的思想也没有脱离这一精神本质。

1878年,马丁·布伯出生于维也纳的一个正统犹太家庭,其少年时代在一座名为莱姆贝格(Lemberg)[①] 的城市度过。由于父母离异,他从3岁起就被接到祖父萨罗蒙·布伯(Salomon Buber, 1827—1906)家中。萨罗蒙·布伯是莱姆贝格当地的一个开明庄园主,同时也是一个研究希伯来圣经的学者,其正统犹太教的教育方式,为布伯成年后从事《旧约·圣经》的翻译以及犹太复国主义运动奠定了基础。1892年他被接回父亲家,这段时期他阅读了大量康德、基尔凯郭尔以及尼采的作品,并因此产生了对哲学的浓厚兴趣。1896年,马丁·布伯前往维也纳大学,修读了哲学、艺术史、德语文学、语言学等方面的课程。其后,他来到柏林大学,在此期间旁听了西美尔的课程。在西美尔的引导下,马丁·布伯开始学习狄尔泰和柏格森的思想。1898年,年轻的马丁·布伯参与了西奥多·赫茨尔的犹太复国主义运动。但是,值得注意的是,他对犹太复国主义运动的想法与赫茨尔并不相同。赫茨尔将犹太复国主义视为一种现代意义上的民族运动,而马丁·布伯却主要从宗教哲学的观念出发,力图将这一运动引导到对犹太教义内在本质的讨论上来。他所看重的是犹太传统源泉的精神回归。在马丁·布伯那里,宗教思维其实是一种把握人类心灵的方式,宗教的本质就是一种对心灵所不能把握的事物的启示。从这个意义上来说,每一种宗教内部都包含着一种神秘主义的气息和追求。神秘主义体现了宗教与人类灵魂相交接的浑朴与本原气质,也是最纯正的宗教精神之代表。马丁·布伯对犹太教传统精神的强调与回归,在很大程度上借助了19

① 现在这座城市在乌克兰,名叫Lviv。

世纪末、20世纪初神秘主义的力量，从而抵挡住了尼采式的虚无主义对宗教信仰的冲击，保存了浑然一体的宗教哲学精神。他所关注的是18世纪中叶东欧犹太神秘主义团体——哈西德派[①]。马丁·布伯非常欣赏哈西德运动团体在日常生活与文化中对犹太教义的实践。19世纪以来，这一宗教团体的影响日益扩大，其对犹太正统教义、律法以及拉比地位的尊崇，在某种程度上与布伯本人的思想重合了。因此，布伯相信通过虔诚的信仰与祈祷，能够在灵魂中与上帝进行对话。这种“相遇”和“对话”的原则，正是他此后成熟的宗教哲学体系的萌芽——在对话中确证人在世界中的位置，洞悉人的本质存在。1902年，马丁·布伯成为犹太复国主义运动的核心刊物《世界》（*Die Welt*）的主编。通过记者与编辑的工作，他的思想影响日益扩展，逐步确立起了作为一个宗教人（homines religiosi）的存在身份。1904年，马丁·布伯暂时停止了犹太复国运动的组织工作，专心进行写作。他在1916年移居柏林，担任了月刊《犹太人》（*Der Jude*）的编辑。这份刊物在当时德国的犹太群体中享有很高的声誉，被称为宣扬犹太精神的喉舌。此时，马丁·布伯的宗教思想开始逐步走向成熟。他试图通过对犹太经典的重新阐释，借助某种神秘主义的际会，找出人作为一个类属的最完满存在，以及那种未被扭曲和撕裂的总体性。与此同时，他也非常重视宗教作为一种灵魂启示，在个体与群体之间所发挥的作用。他在1923年完成的作品《我与你》（*Ich und Du*）就集中体现了他这一阶段的宗教哲学思想，并给他带来了世界性的声誉。在这部作品中，马丁·布伯指出，上帝的启示，其实是通过与受造物也就是人在世间的相遇而得以可能的。通过此种“我与你”之“相遇”，人与上帝的对话成为了可能，一种新的主体间交往的宗教哲学得以奠定。围绕这一基

① 哈西德，在希伯来文中意为虔敬。哈西德运动是18世纪时，由一个波兰犹太人发起的反理性主义的宗教运动。其目的是为了促进内在化的犹太教信仰，认为外在的律法和潜修并非信仰的要义所在，而强调犹太教徒将内心的敬畏与虔敬作为信仰的重点。这种运动要求每个人都在自我的爱的实践中不断接近上帝，从中吸收意义，希望能够通过这样的行动来拯救已经丧失生命力的犹太教，让其重新回到大众中来。通过对内在的关注，促生犹太教徒的自我尊严，进行道德实践。

本命题，马丁·布伯将自己的理论构想编织成了一个缜密而多元的体系。在社会学上，他高举建立在对话原则基础上的乌托邦宗教型社会主义，成为一名宗教社会主义者；在教育学中，他充分运用了对话原则，将犹太人的普遍教育上升到理论高度，成为一名卓越的教育家；在犹太复国主义运动实践中，他以对话原则为基础重新划定了犹太人返归家园的精神路径，成为一名充满传奇色彩的宗教领袖。在马丁·布伯眼中，相遇哲学中的对话原则是人类确立自身位置的唯一途径，也是恢复完满人性，重新建构人与人之间关系的唯一方式。在处理犹太复国主义问题上，他呼吁犹太人不要将阿拉伯人视为仇敌，而要努力与之构建起富有活力的“相遇”对话关系，从而让这两个民族能够在对话的基础上组合成一个国家。1924 年，马丁·布伯受聘担任法兰克福大学宗教哲学与伦理学教授，1933 年辞职。在纳粹上台之后，他把全部精力都投入到了对抗纳粹主义以及振兴犹太精神的运动中去。1938 年，马丁·布伯离开了自己居住了 60 年的德国，来到了犹太人日夜思念的圣城耶路撒冷，并在希伯来大学担任宗教社会学教授。1965 年他在耶路撒冷逝世。他所倡导的“相遇”对话的宗教哲学理念，不仅让他在世界犹太人中赢得了极高的威望，同时也令他获得了阿拉伯世界的敬重。

马丁·布伯在供职于法兰克福大学期间结识了弗兰茨·罗森茨威格。在罗森茨威格的介绍下，他认识了当时在《法兰克福报》工作的克拉考尔。克拉考尔曾在写给玛格丽特的一封信中，这样说道：

> 他是一个拥有强迫型人格的人。随着时间的推移，这种强迫性会逐渐增强，最终变得十分强烈。从本质上来说，他是一个统治型的人，甚至有些可怕。①

从中不难看出，克拉考尔对马丁·布伯的统治型人格有些心存

---

① 克拉考尔给玛格丽特的信，1922 年 1 月 17 日，参见 Ingrid Belke/ Irina Renz, *Siegfried Kracauer* 1889－1966, Marbach am Neckar: Deutsche Schillergesellschaft, 1988. S. 38。

敬畏。他们两人之间的交集，其实就是诺贝尔的讲学布道。由于他们都加入了以诺贝尔为核心的宗教哲学小团体，克拉考尔对马丁·布伯有了更多了解和交流的机会。从1925年起，弗兰茨·罗森茨威格与马丁·布伯开始着手进行希伯来经典的翻译工作。他俩合作完成的第一卷《旧约·圣经》[①]，于1926年在兰勃特·施奈德出版社（Lambert Schneider）出版。对马丁·布伯和弗兰茨·罗森茨威格而言，他们想要通过一种译法上的特殊处理，将希伯来原典中的真实内容，也就是犹太教传统的相关内容加以全新公开，直接呈现于众人面前。从这个意义上来说，这一圣经译本的风格颇有些独特。一方面，全文古雅优美，最大限度地还原了希伯来语独有的韵律节奏；而另一方面则又显得有些诘屈聱牙，深奥难懂。马丁·布伯认为自己翻译的圣经，就是要表现出这样一种特点。在他看来，《圣经》作为犹太教与基督教的共同经典，对其所进行的解读，必须要经过艰辛的探索，而不能一蹴而就，将旧约从希伯来文翻译成德语也同样要尊崇这一原则。翻译者的使命是为真正有心阅读此经典的读者服务。换言之，译者通过对话原则与原作者“相遇”，而读者也通过译文与译者“相遇”对话，通过这双重的对话，读者、译者与作者就能达成一种超越历史空间，超越精神分隔的对话。在这里，我们不难看出，马丁·布伯的圣经翻译多多少少受到了狄尔泰宗教阐释学的影响，也可以看出他对自身的对话相遇哲学的坚持与贯通。可以说，他对人类解读宗教经典的热望在于——彻底将主体生命投入到与上帝、与他人的对话之中，通过对话构建起人类在宇宙与世界中的位置，最终找到人类失落已久的本质存在。正是由于马丁·布伯坚信，人与上帝之间的关系，主要的依靠对象是宗教经典，也就是《圣经》，因此他认为人类并不需要通过其他繁琐的中介神学来进行宗教哲学层面上的思考，而是要将主体的生命投入到与上帝之间的亲切对话中。

---

① 《旧约·圣经》第一卷即律法书（Torah），又称为摩西五经，包括：《创世记》、《出埃及记》、《利未记》、《民数记》、《申命记》。弗兰茨·罗森茨威格只与马丁·布伯合作翻译完成此卷后便因病去世，后马丁·布伯独自工作至1962年才结束旧约全部内容的翻译。

但是，对马丁·布伯和弗兰茨·罗森茨威格所进行的圣经翻译，克拉考尔并不满意。他在 1926 年 4 月 27—28 日的《法兰克福报》上发表了一篇名为“德语圣经——论马丁·布伯和罗森茨威格的翻译”（Die Bibel auf Deutsch. Zur Übersetzung von Martin Buber und Franz Rosenzweig）① 的批判文章。

在文章开篇，克拉考尔就一针见血地指出，他们二人所进行的翻译，有着本质上的宗教意图：

> 马丁·布伯以及罗森茨威格在这么多年来所做的可以被称为“宗教的”……其基础是一种与本质真理之间的联系，也就是在犹太教经典中所显现出来的本质真理，而并非一种以理论为导向的意识或者一种纯粹内在的宗教理解。因此，他们对圣经所进行的德语化，实际上就服务于这么一种宗教性内涵。我们不应该将这个译本理解为一种文学产品，而应该理解为这个宗教小圈子的见证与产物。正是出于这种宗教目的，他们的译本才呈现为现在这个样子。②

因此，在克拉考尔看来，布伯和罗森茨威格的译本固守希伯来语汇之特点，并非一种文学修辞上的选择，而是希望借此复兴宗教，重新将人们纳入与宗教真理的联系之中。不过，这种圣经的翻译方式真的能够接近真理吗？克拉考尔在文章中指出，圣经翻译与其他文本的翻译不同。圣经文本的特殊之处在于，它所揭示的真理性内容，并不会随着时间的流转而发生变化。圣经的内容也不会由于转变成日常语言就失去其原初的意义。而马丁·布伯和罗森茨威格的翻译却反其道而行，他们宣称只有运用最原初的

---

① 该文最初发表在《法兰克福报》，后被收入 Siegfried Kracauer, “Die Bibel auf Deutsch. Zur Übersetzung von Martin Buber und Franz Rosenzweig”, in: *Das Ornament der Masse. Essays*, Frankfurt a. M.: Suhrkamp Verlag, 1977, S. 173-186。

② Siegfried Kracauer, “Die Bibel auf Deutsch. Zur Übersetzung von Martin Buber und Franz Rosenzweig”, in: *Das Ornament der Masse. Essays*, Frankfurt a. M.: Suhrkamp Verlag, 1977, S. 173.

语言才能恢复经典的纯洁性，进而获取经典文本中的真理。因此，他们的圣经译本所使用的并非当今的德语，而是一种介于古今之间的“古雅”文辞，它所服务的人群并非普通大众，而是富有教养的社会阶层——

> 这是一种充满了神话与反古典主义气息的新浪漫主义言说方式。使用这种言辞的一般就是那些为了满足自身精神需求、富有教养的中产阶级。①

在克拉考尔眼中，与路德所翻译的圣经相比，这一译本缺乏根本性的现实向度。路德版本的圣经因其面向大众、面向当下的革命性力量，曾在历史中激起重大反响，改变了人与上帝之间的关系，改变了宗教崇拜的基本范式。而布伯这一版本的圣经却由于语言的不合当下性，导致了其对真理性内涵的背离：

> 真理是不可能在这种无法流传的言辞中得以显现的。翻译者本应注意到当下的需要。与路德不同，马丁·布伯与罗森茨威格完全背离了当下德国社会的公共诉求，转而走向他们私人化的世界。在他们的翻译中，圣经文本远离了现实领域，却被引到了神圣的献祭台上。因此，他们所翻译的圣经无法表达真正的需要。②

从某种意义上来说，这一版本的圣经只是在以一种古雅的方式传达文字表层的信息。在这种语言形式中，我们所能找到的只是虚无空洞的美，而非任何真理之存在，甚至会让人走入脱离现实的虚幻的文字避难营。

---

① Siegfried Kracauer, “Die Bibel auf Deutsch. Zur Übersetzung von Martin Buber und Franz Rosenzweig”, in: *Das Ornament der Masse. Essays*, Frankfurt a. M.: Suhrkamp Verlag, 1977, S. 174.

② Ebenda, S. 177.

> 由于避免使用世俗化的语言，它在某种程度上压抑了世俗化。由于逃避了日常的公共生活领域，它抛弃了本应揭示的真理。其通过浪漫主义翻译形式表现出的非现实性，使得它成为了逃避的同义词，同时也让私人领域变成了一个避难营。①

对此，克拉考尔强调说，当下的真理存在于具体的社会现实，而非任何宗教中。经济和社会关系决定了当今时代的精神结构。历史上最为自信的文化走向衰亡的原因正在于他们的社会经济根基受到了腐蚀。因此，面对当下已经发生改变的社会经济状况，语言的形式与格律也应当随之发生变化，要去积极地反映当下的物质现实。就此而言，克拉考尔对布伯和罗森茨威格的批判，并没有简单停留在语言文字层面，而是将视角扩展到了造成这一问题的思想实质——对现实的否定与对“宗教复兴”的倡导上：

> 造成这个翻译译本问题的原因其实是“宗教的复兴”。对圣经所进行的这种经典化翻译与当下的宗教复兴状况紧密相关，这同时给了我们一种提示，提示我们要注意这种运动所带来的危险。②

在克拉考尔看来，这种宗教复兴运动非但无法表达真理，甚至可能会带来新的时代问题——

> 在宗教与精神领域中的徘徊会让人们回避构建新的社会秩序的任务……当他们想要去往现实之时，恰恰忽视了真正实存的外部世界；当他们以为自己正在获取真理之时，却根本不知道如何获取真理。因为，当下获取真理的唯一道路只存在于世

---

① Siegfried Kracauer, “Die Bibel auf Deutsch. Zur Übersetzung von Martin Buber und Franz Rosenzweig”, in: *Das Ornament der Masse. Essays*, Frankfurt a. M.: Suhrkamp Verlag, 1977, S. 182.

② Ebenda, S. 175.

俗之中。①

无疑，在这段引文中，我们可以非常清晰地看出克拉考尔思想上所发生的重大转向——他已经摆脱了对于乌托邦或者抽象的弥赛亚救世主义的感伤“乡愁”，转而对具体现实的物质世界产生了浓厚的理论兴趣。他的朋友们对这篇文章的反应不一，有的表示赞同，比如本雅明和洛文塔尔；有的认为自己受到了极大的伤害，比如当时已经得了重病的罗森茨威格，比如马丁·布伯（他就此与克拉考尔中断了友谊）和玛格丽特。可以说，这篇文章进一步促成了克拉考尔与诺贝尔小圈子的分裂，而另一方面，它也指明了克拉考尔向具体化、世俗化研究路径的转向。

（二）《救赎之星》（*Der Stern der Erlösung*）

弗兰茨·罗森茨威格（Franz Rosenzweig，1886—1929）是现代最著名的犹太思想家之一。作为一名宗教哲学史家，罗森茨威格曾经在德国20世纪10年代新黑格尔主义复兴的思想舞台上，扮演过重要角色。在第一次世界大战结束之后，罗森茨威格通过“新思维”（new thinking）推动了神学与哲学的综合，并以此塑造了20世纪初期犹太教与基督教之神学形态。他对人类本质的思考深刻影响了20世纪的存在主义哲学。他的卓越贡献还体现另外两个方面，其一是与马丁·布伯合力将希伯来经典《旧约》第一卷摩西五经翻译成德语；其二是在法兰克福创办了一所犹太成人教育中心（Das Freie Jüdische Lehrhaus），这一中心摒弃了传统的讲授式教学方式，转而运用对话交流式教学来增强犹太人的学识与创造力。这所学校在当时的德国非常有名，吸引了大批犹太青年知识分子的加入。直至现在，这种教育模式在欧洲还有很大的影响力。

当然，罗森茨威格在犹太教与基督教圈子中所取得的成就，与其整体的人生遭际密不可分。1886年，罗森茨威格出生于德国黑森

① Siegfried Kracauer, “Die Bibel auf Deutsch. Zur Übersetzung von Martin Buber und Franz Rosenzweig”, in: *Das Ornament der Masse. Essays*, Frankfurt a. M.: Suhrkamp Verlag, 1977, S. 176.

州的卡塞尔，是格奥尔格·罗森茨威格（Gerog Rosenzweig）之家的独生子。这是一个有知识、有教养，同时已经很好地融入德国文化传统的犹太人家庭。1904年，罗森茨威格先后来到哥廷根和慕尼黑攻读医学。1906年秋季，他来到了作为新康德主义西南重镇的弗莱堡大学，追随里凯尔特（Heinrich Rickert，1863—1936）与约纳斯·克恩（Jonas Cohn，1869—1947）攻读哲学，追随弗里德里希·梅涅克（Friedrich Meinecke，1862—1954）攻读历史。1908年，罗森茨威格决定在梅涅克的指导下，撰写关于黑格尔政治哲学的博士论文。1910年秋季，罗森茨威格离开弗莱堡来到柏林，开始对黑格尔手抄本遗稿进行文献整理工作。这段时间的文献整理与组织工作，为其最终完成两卷本的《黑格尔与国家》（*Hegel und der Staat*）奠定了坚实的基础。1912年，罗森茨威格凭借这一著作的部分内容获得了博士学位。直到一战爆发前夕，他才最终完成了这部作品，并将其出版于1920年。1913年冬，罗森茨威格来到莱比锡，一方面继续研究黑格尔的政治哲学，另一方面钻研数学与法理学。就在同一时期，他结识了一位年轻的法理学教师欧根·罗森斯托克（Eugen Rosenstock，1888—1973）并与其结下了深厚的友谊。自此，两人常常在一起探讨哲学与神学的相关问题。1913年7月7日，罗森茨威格与罗森斯托克进行了一场彻夜讨论，这促使他发生了一次思想上的巨变。经过这一晚，罗森茨威格决定转信基督教。但是，在三个月之后，也就是1913年10月，当罗森茨威格返回柏林之时，他又忽然转变了自己的观念。这来源于他所参加的一个正统犹太圣堂的赎罪日仪式。在这个仪式中，他以一种全新的眼光重新审视了犹太教的发展历史，并因此再度回归到了对犹太教的信仰之中。他认为，与其他民族相比，犹太人与这个世界的关系更为疏离，但是在这样一种隔绝孤立的生活中，最终的救赎将会来临。他曾对自己的母亲这样说道：

> 犹太教是尚未死亡的宗教……实际上，犹太教的发展与基督教不同。基督徒只有通过耶稣才能和上帝联系起来，但是犹太教则无需这样的中介。犹太人与上帝的内心深处的联系是与

生俱来的，他一出生就是一个上帝的选民。[①]

在接下来的几年间，罗森茨威格继续在柏林钻研犹太教。在此期间，他进入柏林犹太教科学院（Hochschule fuer die Wissenschaft des Judentums），修读赫尔曼·科恩（Hermann Cohen）的哲学课程。此时的科恩已经从马堡大学退休，在此执掌教鞭。他们二人之间建立起了异常亲密的关系。1914年，在科恩的影响下，罗森茨威格撰写了他的第一篇犹太神学论文，题为《无神论神学》（Atheistic Theology）[②]。这篇论文对当时犹太神学中无视上帝启示的倾向提出了批评，当然也包括对马丁·布伯的浪漫主义神学的批判。罗森茨威格认为，上帝这一理念是犹太教整体启示中的核心概念。当时风行的犹太神学却把这种神圣的启示降低为一种人类认识的映射。在罗森茨威格看来，必须要严肃认真地肯定启示概念，并且恢复其应有的地位。可以说，他在这篇论文中所强调的启示之神圣，正是其后期重要作品《救赎之星》的核心观点。

随着第一次世界大战的爆发，罗森茨威格被编入防空部队，派往巴尔干半岛前线。在战争期间，他撰写了大量政治哲学方面的文章。可以说，他在战争期间的这一系列思考，为其“新思维”的形成奠定了基础。“新思维”是一种与传统哲学的“旧思维”完全不同的哲学体系。它以“个体经验”与对话作为起点，重新阐发了世界、上帝与人之间的关系。在罗森茨威格看来，只有得到个体经验验证之后的信仰才能真正解决人类的终极问题：

> 上帝不是一个距人遥远的立法者，不是一个抽象的大而全的理念的代名词，而是同人交往着的、不断创造和启示着并带人走向救赎的活生生的“永恒的你”。在生活中，是上帝实际上进入了人的生活的每一点。没有上帝的人的生活一刻都没有

---

① 傅有德：《犹太哲学史》下，中国人民大学出版社2008年版，第467页。

② 这篇文章最早是为马丁·布伯所主编的《论犹太教》第二期所写的文章，但是这一文集始终没有出版，后来这篇论文被收录在 Franz Rosenzweig, *Der Mench und sein Werk: Gesammelte Schriften*, Band 3. Dordrecht: Martinus Nijhoff Publishers, 1979-1984, S. 687-697。

意义。①

在这一点上，罗森茨威格与马丁·布伯强调交往对话的宗教哲学理念有了交集，甚至可以说，马丁·布伯最终将罗森茨威格的思想发扬光大了。由于重视个体体验，罗森茨威格的宗教哲学摆脱了德国唯心主义哲学长久以来的束缚，同时也为犹太教理论的世俗化做出了重要的贡献。

1918年8月底，罗森茨威格开始写作《救赎之星》。战争结束之后他返回故乡卡塞尔，随后前往弗莱堡，最终于1919年2月完成全书。罗森茨威格以“新思维”作为贯穿全书的指导思想。在其中，罗森茨威格着重描绘了上帝、世界与人之间的关系，即通过创造、启示与救赎将这三者联系起来。如果用一个图式来表示的话，他的这套思想就是由一个正三角与一个倒三角重叠而形成的一个六角星。正三角对应上帝、世界与人，而倒三角对应创造、启示和救赎。也就是说，上帝创造了世界，并且通过启示教导了人，人通过在世界中的行动产生救赎。人与世界以及上帝之间是一种直接、对话、合作的和谐关系。罗森茨威格在此书中指出，面对死亡所采取的态度是区分“旧思维”与“新思维”的关键所在。西方传统哲学试图抹去死亡的恐惧，将个体的人融入一个整全的总体，从而形成一个理念上的抽象存在，黑格尔唯心主义哲学的首要任务便是如此。但是，在“新思维”指导下的哲学却把人类、世界和上帝视为各自拥有独立价值的因素，个人可以凭借上帝的启示，与世界进行交流与对话。因而，个人并不需要融合到大的理念之中，就可以突破生命的局限，从而消泯对于死亡的恐惧。20世纪崛起的新哲学，正是在这个意义上肯定了传统哲学所忽视的个人价值与生命体验，并且肯定了主体之间在具体情境下的对话关系。从根本上来说，“新思维”就是以对话交流的方式替代传统哲学推理演绎的方式，来重新把握哲学与神学之间的关联。就此而言，“新思维”就是一座贯通犹太教思维与基督教思维的桥梁。如果说，此前犹太教与基

① 傅有德：《犹太哲学史》下，中国人民大学出版社2008年版，第472页。

督教的纷争在于两者所接受的上帝启示之先后，那么，在罗森茨威格看来，这不过是上帝、世界与人这三种给定的因素，在创造、启示、救赎这三种关系之中的交流、对话与交替。因而，这两种宗教之间的差异，是“新思维”在不同时间流动中所造成的结果，两者并不冲突，甚至可以进行对话。就此而言，虽然基督教和犹太教的信仰形式不同，在内容上也有一定的差异，但是两者承担着共同的任务，那就是将上帝爱的启示交付给处于时间之流中的人。从根本上来说，两者分享着一个可以通过交流对话而获取的真理。换言之，对于上帝来说，真理只有一个，而只是表现形式不同。

由于同为科恩的学生，罗森茨威格后来也加入了诺贝尔的宗教哲学小团体，并且与马丁·布伯成了好朋友。当两人决定携手翻译摩西五经之时，二人思想上的差异仍旧存在。如前所述，马丁·布伯一生都在践行犹太复国主义运动，并且将宗教意义上的弥赛亚主义转变成一种普遍意义上的弥赛亚主义情怀。而对罗森茨威格来说，犹太民族由于受到律法（Torah）的规约或者说上帝之爱的启示，成为了超越于历史时代的永恒民族。即便没有恒定的乡土，即便永远处于漂泊与流亡之中，这个民族仍旧拥有作为上帝选民的神圣性。“对永恒的民族来说，家园从不是土地意义上的家园。”[①] 因此，整个世界的兴衰枯荣丝毫不影响犹太人内心的价值。犹太人并不需要具体实在的国家形式，这个民族的伟大使命在于将上帝的爱与永恒性，以这种独特的生活方式传承下去。就此而言，罗森茨威格对国家与政治始终持一种排斥的态度。尽管面对着越来越严峻的反犹主义浪潮，罗森茨威格也仍然坚信这只是历史上的一个小小插曲，并不影响犹太民族去往弥赛亚的救赎之路。

在这里，我们可以看出，罗森茨威格在《救赎之星》中无法回避的矛盾——一方面，他认为犹太人对国家形式、历史时间的隔绝，是因为就本质而言，他们已经是获得上帝之爱与救赎启示的永恒民族；另一方面，他又认为上帝之爱与救赎启示，必须依靠上

① Franz Rosenzweig, *The Star of Redemption*, University of Notre Dame Press, 1985, p. 300，转引自傅有德《犹太哲学史》下，中国人民大学出版社 2008 年版，第 519 页。

帝、世界与人这三者之间的交流、对话与互动才能得以实现。这种矛盾性，恰恰是克拉考尔对其展开批判的原因。

在克拉考尔看来，罗森茨威格于 1920 年出版的《救赎之星》不仅充斥着对传统哲学不留情面的攻击，同时也充斥着对犹太教神秘主义的渲染而导致的暧昧不明。克拉考尔反对罗森茨威格简单地将传统哲学视为来源于单一原则的理论叠加，以及对“新思维”个人体验之真实性的大力鼓吹。此外，克拉考尔还认为，罗森茨威格过分强调了犹太民族超越时间性的永恒存在。在他看来，如果真是如此，犹太民族就变成了世界所有民族当中最为特殊的一个，只有它达到了其他民族尚未达到的目标，因而不可能与世界其他国家民族的发展同步。而依靠上帝超越之爱统合为共同体的犹太民族，就变成了与真实民族国家相对立的存在，是宗教与政治的统一体。这也就意味着任何一种国家形式的实现都将是对犹太民族永恒性的践踏。这显然是一种神性乌托邦的虚幻体现，无疑带有强烈的反现实色彩。与此同时，克拉考尔还从罗森茨威格所构建的永恒民族概念中嗅到了一丝恐怖的气息，这种气息与此后不久希特勒对日耳曼民族特殊性之强调有着某种相近之处。

正是因为如此，当克拉考尔于 1923 年 8 月 31 日阅读完罗森茨威格的《救赎之星》之后，随即在写给洛文塔尔的信中（1923 年 8 月 31 日）十分愤慨地说道：

> 这真是彻头彻尾的一派胡言！这简直就是一个神化哲学（Apotheosenphilospphie）。它从一开始就言之无物，终结之处就更是成了一曲带有虚假意味的赞歌。我打心眼里看不起这种哲学，它不过是一个孕育于圣歌体系的产物。这一体系宣称自己建立在最了不起的构想（罗森茨威格对基督教和犹太教的区分）之上，对创造、启示以及救赎充满着狂热的臆想……究其本质而言，他仍旧是一个唯心主义者。①

① 克拉考尔给洛文塔尔的信，1923 年 8 月 31 日，参见 Ingrid Belke/ Irina Renz, *Siegfried Kracauer* 1889 - 1966, Marbach am Neckar: Deutsche Schillergesellschaft, 1988, S. 39。

对克拉考尔来说，罗森茨威格完全陷入了对神秘主义意义上的犹太教义的狂热崇拜。虽然他着力在《救赎之星》中建构起一套全新的哲学思维模式——新思维——将其与德国传统的一元论唯心主义哲学区分开来，强调上帝、世界与人拥有各自独立的本质，并通过把握这三种不同要素间的联系来构成认识之有效性，但是，罗森茨威格所做的这一切仍旧没有摆脱旧有的唯心主义原则，不过是换了一个视角，从主体间的关系入手，去除旧有的抽象性与孤立性，构建出了一种新的唯心主义而已。如果说，传统唯心主义哲学将人的真实存在转化成了普遍的本质，那么，罗森茨威格的这种新的唯心主义不过是将这一本质分化到了三个不同的对象身上，并没有真正超越普遍化的原则。那种对启示与救赎的强调，只是想要将人们带入虚幻的信仰空间，将孤独个体的恐惧转化成对上帝启示的盲从而已。

三 布洛赫与克拉考尔之争

恩斯特·布洛赫（Ernst Bloch，1885—1977），出生于德国莱普州路德维希港的一个普通犹太家庭。路德维希港是一个灰蒙蒙的工业城市，但是与其一桥相隔的曼海姆却是一个充满了文化气息的城市，这两座城市之间的巨大反差给幼年的布洛赫以强烈的冲击，促使他很早就萌发了对哲学与文学的兴趣。在路德维希港文科中学毕业之后的 1905 年，他来到了慕尼黑大学跟随立普斯（Theodor Lipps，1851—1914）攻读哲学，此外还修读了物理、音乐以及日耳曼文学。随后，他又来到了维尔茨堡大学（Universität Würzburg）学习。1908 年，他凭借论文《对里凯尔特以及现代认识论的批判分析》（*Kritische Erörterungen über Rickert und das Problem der modernen Erkenntnistheorie*）获得博士学位。其实，在这部作品中，他就已经流露出了对乌托邦理念，也就是“尚未”（Noch-nicht-Gewordenen）概念的关注。在获得博士学位之后，布洛赫来到柏林，旁听了西美尔在柏林大学所开设的哲学课程，并由此结识了卢卡奇等人。一战爆发之后，布洛赫对资本主义所带来的危机深感不安，并且开始逐步意识到其文化深处的腐朽与黑暗。因此，他与妻子逃离了战火中的德国，转而来到瑞士，供职于一家社会科学杂志。正是在这种思想背景下，他开始关注无产阶级革命与资本主义时代的救赎性力量，并于1917年完成了自己的首部作品《乌托邦精神》(*Geist der Utopie*)，并在其中发展出了"具体乌托邦"（Konkrete Utopie）之理念。魏玛共和国时期，布洛赫离开瑞士，来到了慕尼黑，并且加入了德国共产党。20世纪20年代，他再度来到柏林，担任一名没有固定编制的新闻工作者。在此期间，他结识了本雅明、阿多诺、布莱希特等人，当然，更重要的是他结识了克拉考尔。1921年4月22日，在洛文塔尔的介绍下，克拉考尔认识了布洛赫，二人结下了深厚的友谊。对此，克拉考尔这样写道：

> 我在他（布洛赫）身上根本就没有感觉到像在马丁·布伯身上的那种强烈的压迫感，与之相反，他给人带来的是一种放松随意的感觉。①

引发两人矛盾的导火索是布洛赫于1921年完成的《作为革命神学家的托马斯·闵采尔》(*Thomas Münzer als Theology der Revolution*)。布洛赫本人非常喜欢这部作品，并且将其视为《乌托邦精神》的延续与具体实现。在书中，他对闵采尔的神学做出了精彩的描绘。在布洛赫看来，闵采尔（Thomas Münzer，1489—1525）虽然活跃于宗教改革时期，但是他所领导的农民战争，却带有强烈的社会主义色彩。1489年12月21日，闵采尔生于德国斯托尔贝格(Stolberg)的一个手工业者家庭，1506年进入莱比锡大学学习。六年之后，他又来到奥德河畔的法兰克福大学［Universität Viadrina Frankfurt (Oder)］学习哲学、神学和医学，并最终获得神学博士学位。在这漫长的学习生涯中，他掌握了多门语言，其中包括希腊语、希伯来语等。从1513年开始，他相继供职于多个讲堂以及修道院，成长为了一名优秀的传教士。在此期间，他秘密组织了一个

① 克拉考尔给玛格丽特的信，1922年4月23日，参见 Ingrid Belke/ Irina Renz, *Siegfried Kracauer* 1889 - 1966, Marbach am Neckar: Deutsche Schillergesellschaft, 1988, S. 38。

名为“上帝选民同盟”的团体，开展新教教义的传播，借此反对僵化顽固的旧教制度。从1521年开始，他逐渐对宗教领域的改良产生不满，试图通过社会变革的方式来解放农民。因而他后期的生活主要集中于思想宣传，以及对群众的布道与鼓动上。在这条漫长的奔波之路上，他始终坚信，圣经并非上帝的唯一启示，而只有通过对个人理性的充分运用，才能得到真正的信仰；人民不应当仅仅将希望寄托于虚无缥缈的天堂，而应该努力在自己的有生之年，创造美好的生活。因此，与马丁·路德不同，闵采尔倡导通过暴力革命的方式来解放农民，推翻一切世俗化的封建统治，彻底消灭任何形式的剥削与压迫，建立更加公平的社会制度：废除特权、推倒修道院、为无家可归者修建住所……换言之，只有运用暴力革命，弥赛亚意义上的新千年王国才能最终得以实现。在这个新千年王国中，不但没有阶级的压迫与剥削的存在，而且能够实现人人平等，和平友爱。从这个意义上说，布洛赫在写作之时，将寄托在无产阶级革命上的希望映射到了这个历史人物身上，甚至试图从闵采尔的革命性宗教理论中寻找乌托邦实现的可能。因此，他对闵采尔的评价融合了朴素的共产主义观念以及犹太教义中的弥赛亚主义期盼，是一种复杂的混合体。

1922年8月27日，当克拉考尔读完布洛赫的这本新书之后，迅速写就了一篇题为“先知”（Prophetentum）的文章，对其进行了严厉的批判。在克拉考尔看来：

> 布洛赫在这本书中所描绘的不过是一个假冒的千年王国的幻象。他用革命和乌托邦的视角来重新阐释宗教与神秘主义。这种混杂了弥赛亚主义与共产主义的畸形结合体，所描绘的既不是正统宗教的图景，也不是政治历史的真实……①

针对克拉考尔的批评和指责，布洛赫随即在9月1日给克拉考

① 这篇文章最初发表于1922年8月27日的《法兰克福报》，参见 Ingrid Belke/ Irina Renz, *Siegfried Kracauer* 1889-1966, Marbach am Neckar: Deutsche Schillergesellschaft, 1988, S. 38。

尔写了一封长信，并且向《法兰克福报》寄去了一封辩驳的说明文。但是，遗憾的是，这篇说明文章并没有得以发表。就此，克拉考尔和布洛赫之间的关系中断了将近3年。1923年10月，布洛赫的新书《穿越荒漠》（*Durch die Wüste*, Berlin 1923）出版。这是一部集合了多篇评论文章的小集子。在这其中，布洛赫系统清理了此前学界对他的《作为革命神学家的托马斯·闵采尔》所提出的批判，当然也包括克拉考尔的批判文章。对此，布洛赫不无讽刺地说道：

> 在这种情况下，人们看到了一个小人物。由于识见有限，他压根没有意识到，自己错得有多离谱。他在哲学讨论课上抓着一个愚蠢的温度测量仪，当他发现测量仪上的玻璃计量没有任何显示的时候，表现出了极大的惊奇。他根本无法理解形而上的痛苦，却还一心想要当基尔凯郭尔的小门生。他还以为自己能在《作为革命神学家的托马斯·闵采尔》以及《乌托邦精神》当中找到什么黑格尔式的遗留呢！①

从这段引文中，我们可以看出，布洛赫对克拉考尔的批判根本就不以为然。对他来说，克拉考尔不过是一个浅薄无知、无法理解形而上之痛苦的小丑。在布洛赫的言语之间，那种对克拉考尔非哲学专业出身的讥讽表露无遗。面对布洛赫在《穿越荒漠》中的冷嘲热讽，克拉考尔并没有马上进行正面回击，而是在给洛文塔尔的一封信中，表达了自己的不满。在这封写于1923年10月16日的信中，克拉考尔这样写道：

> 他（布洛赫）在与我展开的论战中，采用了一种非常拙劣的手法，这不过透露了他对自身无能的愤怒，正是出于此种愤怒，他才要不计代价地去贬损别人……对布洛赫的这种自我剖

① Ernst Bloch, *Durch die Wüste*, Berlin: 1923, S. 61 参见 Ingrid Belke/ Irina Renz, *Siegfried Kracauer* 1889-1966, Marbach am Neckar: Deutsche Schillergesellschaft, 1988, S. 40。

白，我感到十分可笑。①

可以说，围绕《作为革命神学家的托马斯·闵采尔》一书，克拉考尔和布洛赫之间展开了一场颇为激烈的论战，论战双方的言辞都并不友善，甚至还很有一些火药味。经过此役，他们之间刚刚建立起来的友谊迅速走向破裂。直到1926年9月，由于本雅明的介入，他们二人中断了三年的关系才逐渐得以修复。当时，本雅明将克拉考尔批判马丁·布伯和罗森茨威格的文章转给了布洛赫，布洛赫读过之后，表达了赞许之情。其后，克拉考尔开始与布洛赫恢复联系，并介绍他成为《法兰克福报》的自由撰稿人。自此，布洛赫开始活跃于《法兰克福报》的副刊栏目，发表了一系列政治、艺术与经济方面的文章。那么，克拉考尔究竟为何会对布洛赫的这部作品提出如此尖锐的批判，他对诺贝尔宗教团体的态度究竟又发生了多大的转变呢？在他写给洛文塔尔的这封信中，我们可以非常清楚地看出克拉考尔此时的思想立场：

> 我完全不相信这种形式的弥赛亚主义。这虽则是我此前十分渴盼的东西，但是我现在却毫不相信。弥赛亚主义根本就不是什么现实的救赎，而仅仅只是一种让人驯服于它的理念形式，在这个意义上，它与德国唯心主义哲学如出一辙。我对这种新形式的宗教人（homines religiosi）抱着极端的仇恨。因为，他们总是在滔滔不绝地讨论一些他们根本就不知道的东西。罗森茨威格喋喋不休地说着什么上帝或者世界的创造，仿佛他正参与其中似的。布伯也像是一个诺斯替分子和神秘主义者。舍勒则干脆站在了现象学的阵营中，布洛赫也与此纠缠不休。与他们花样百出的宗教理念不同，我的宗教理念听起来十分乏味。我认为，关于我们生存的意义，以及我们自身的存在，与

① 克拉考尔给洛文塔尔的信，1923年10月16日，参见 Ingrid Belke/ Irina Renz, *Siegfried Kracauer* 1889 - 1966, Marbach am Neckar: Deutsche Schillergesellschaft, 1988, S. 40。

> 上帝的创造毫无关联。对于世界创始、世界末日的说法，以及其他与此相类似的东西，我一概严词拒绝。①

可以说，克拉考尔此时的思想正逐步走向成熟。他已经非常清晰地意识到，魏玛时代绝对意义的丧失是造成人们急切寻找宗教避难营的根本原因。但是，诺贝尔团体尤其是布洛赫在《作为革命神学家的托马斯·闵采尔》中所提供的虚幻的乌托邦建构，并不能够真正帮助人们架起通往真理的桥梁，失落的意义亦不可能在这种含混怪异的建构中得以实现。就此，克拉考尔最终选择与诺贝尔宗教团体彻底分道扬镳。

如上所述，通过克拉考尔对诺贝尔宗教团体成员的批判，我们可以看出他的思想在魏玛时期发生了比较大的变化，即逐步摆脱了具有乌托邦意味的形而上怀想，转而对各种弥赛亚救世主义展开批判。在他看来，不论是诺贝尔的新型弥赛亚观念、舍勒的人之永恒性观念、马丁·布伯的犹太复国主义、罗森茨威格的永恒民族观念还是布洛赫的乌托邦设想，都在某种程度上陷入了“再度神话化”的泥潭。即便他们具体的思想形式有所不同，但其精神实质都是要创建一个乌托邦的宗教避难营。而这并不能给那些遭受信仰之失落与战争之伤痛的人们带来真正的意义。1924 年 4 月 12 日，当洛文塔尔准备在茨维考（Zwickau）开始希伯来方面的相关研究之时，克拉考尔给他写了这么一封信：

> 看到你执意远离原本可以接近的具体事物，而要成为一个鄙视欧洲哲学的希伯来学者，我感到十分痛苦。我一直将你视为我的双胞兄弟，我觉得希伯来学术的光芒实在是不适合你。成为一个布伯主义者或者是朔勒姆主义者，实在是一个暗藏危险的选择。请相信我：不论他们采取了怎样的崭新形式，这种宗教意义上的救赎并不符合当下。不论他们是否是真正的先

① 克拉考尔给洛文塔尔的信，1921 年 12 月 16 日，参见 Ingrid Belke/ Irina Renz, *Siegfried Kracauer* 1889 - 1966, Marbach am Neckar: Deutsche Schillergesellschaft, 1988, S. 36。

知，或者是殉道者，请相信我：他们所说的东西早就已经寿终正寝。①

在这封信中，克拉考尔再度表明了他对魏玛时代形形色色的弥赛亚救世主义者与宗教复兴主义者的批判。在他看来，这些宗教哲学所提供的救赎方案不仅是虚幻的，甚至会带来“再度神话化”的风险。唯有对具体现实之当下进行批判性的解读，才有可能引导人们走上正确的道路，而这一点恰恰提示了克拉考尔唯物主义转向的发生。

第二节　克拉考尔的唯物主义转向

若要具体讨论克拉考尔这一思想转变的生发，不得不从他在《法兰克福报》的际遇说起。1921 年，克拉考尔开始了在《法兰克福报》的编辑工作，这是当时最具影响力的一份报纸，被称为“一个德国的缩影”。这一平台不仅让克拉考尔与文化界建立了广泛联系，更给了他充分考察德国战后复杂现实状况的机会。1924 年，本罗·莱芬贝格（Benno Reifenberg）接替鲁道夫·格克（Rudolf Geck）成为了报纸副刊部主任。莱芬贝格非常看重克拉考尔，让他全面负责社会文化领域的相关报道。这一时期，恰逢德国接受道威斯计划援助，在政治、经济、文化、社会等各个层面都出现了短暂的复苏，步入战后难得的“黄金时代”。面对已经发生巨大变化的社会经济状况，以及被美国文化工业产品深刻改变的文化状况，克拉考尔开始对具体的社会经济现实以及大众文化的“表面现象”产生兴趣。除此之外，在这段时间里，尤其是在 1925 年左右，克拉考尔进一步接触到了马克思，尤其是青年马克思的作品。马克思物质决定意识的理论以及唯物主义的历史哲学观念对克拉考尔产生了

① 给洛文塔尔的信，1924 年 4 月 12 日，参见 Ingrid Belke/ Irina Renz, *Siegfried Kracauer* 1889-1966, Marbach am Neckar: Deutsche Schillergesellschaft, 1988, S. 40。

深刻的影响。

一 马克思主义的接受视角

如果说，在1925年之前，克拉考尔还一直对“意义充盈”的共同体时代充满眷恋，以怀乡的哀愁书写了对魏玛意义之匮乏的否定；那么，在1925年之后，他在马克思主义的影响下，抛弃了诺贝尔宗教哲学圈子所构筑的虚假避难营，展开了对各种弥赛亚救世主义与宗教复兴主义的批判。在这些批判中，克拉考尔揭穿了其本末倒置的乌托邦建构（意即失去了与具体现实生活的关联），同时也指明了获取意义的正确道路——真理蕴含于世俗之中。正像托马斯·列文在克拉考尔的重要作品《大众装饰》英译本的导言中提到的，自此，克拉考尔将研究的重点，转移到了“一个十分乏味、贫瘠但是又充满潜能、富有启示意味的日常生活领域”[①]。

此前德语与英语学界的学者常常认为，克拉考尔的这一唯物主义转向，是在布洛赫的影响和激发下才产生的。他们认为克拉考尔与布洛赫一样，对马克思主义怀抱着一种“浪漫的反资本主义的革命乌托邦的期望”[②]。而实际情况是，在1925年前后，布洛赫与克拉考尔之间几乎没有任何联系。正像上文所提及的，早在布洛赫《作为革命神学家的托马斯·闵采尔》一书发表的1921年，克拉考尔就对其革命弥赛亚主义的立场进行了批判，从而导致二人友谊的破裂。一直到1926年9月，本雅明将克拉考尔所写的文章《德语圣经》（Die Bibel auf Deutsch）（即对马丁·布伯与罗森茨威格所翻译的《旧约·圣经》进行批判的文章）转交给布洛赫之时，他们二人中断三年多的关系才逐渐得以恢复。[③] 因此可知，克拉考尔对马

---

① Thomas Y. Levin, “The Introduction”, in: Siegfried Kracauer, *The Mass Ornament, Weimar Essays*, ed. and trans. Thomas Y. Levin, Cambridge: Harvard University Press, 1995, p. 14.

② Eckhardt Köhn, “Die Konkretionen des Intellekts. Zum Verhältnis von gesellschaftlicher Erfahrung und literarischer Darstellung in Kracauers Romanen”, in: *Siegfried Kracauer. Text und Kritik*, 68, 1980, S. 48.

③ Ernst Bloch, *Briefe* (1903 - 1975), Band1, Frankfurt a. M.: Suhrkamp Verlag, 1985, S. 274.

克思主义的理论兴趣，并没有多少布洛赫色彩，更多的是在对魏玛现代化进程的批判性考察，以及对马克思主义相关著作的阅读中逐渐生发的。

在克拉考尔看来，马克思主义理论与此前德国唯心主义理论的差别在于，它以物质存在作为思考的前提基础。资本主义的物质存在决定了魏玛时代不论是政治、经济还是文化等各个层面的基本面貌。如果想要深入考察现代性的病症，就必须考察其形成的基础，也就是资本主义的物质存在。正如他在一篇文章中所言：

> 近来，我与这样一种看法保持一致，即我们当下的经济基础决定了社会的基本形式。资本主义经济基础的存在，决定了当下社会从政治到艺术，从法律到道德的基本面相。这并不是说，社会的面相是从其内部产生的，而是说，整体的社会境况决定了个体的存在状况。如此一来，如果谁想在现实重新复苏一种神学主张的话，就必须努力去改变当下的主流经济形势，甚或说主流社会形势。这是必须要做的第一步……就此而言，可以说，我们当下的状况并不适合神学的继续存在，我们不得不将其搁置一旁。①

正是在这个意义上，克拉考尔抛弃了此前偏向形而上的哲学思考与文化弥赛亚主义的追求，转而将目光投向了现实的物质世界。当然，这并不意味着克拉考尔全盘接受了物质基础决定上层建筑这一机械化思想模式，他的马克思主义接受视角具有其自身的特点。具体而言，他反对将马克思主义视为抽象唯心主义或者庸俗唯物主义，而希望通过一种基于具体现实的大众文化“表面现象”的分析，释放出马克思主义的当下性真理内涵。

首先，从反对将马克思主义唯心化解读的视角来看。克拉考尔非常重视马克思的早期作品，尤其是《1844 年经济学哲学手稿》

---

① Siegfried Kracauer, Zwei Arten der Mitteilung, *Kracauer-Nachlass*, Marbach am Neckar: Deutsches Literaturarchiv, S. 3.

（*Ökonomisch-Philosophischen-Manuskripte*，1844）出版前后的《论犹太人问题》（*Zur Judenfrage*，1843）、《神圣家族》（*Die Heilige Familie*，1845）与《德意志意识形态》（*Die Deutsche Ideologie*，1845/1846）。在写给布洛赫的信中，克拉考尔指出，要关注法国启蒙主义对青年马克思的影响：

> 马克思的思想来源于18世纪的法国启蒙主义，这条启蒙路径承接洛克理论而来，又可以向前推导到爱尔维修以及霍尔巴赫。①

这一观点无疑显露了克拉考尔对马克思《神圣家族》的阅读痕迹。正是在这部著作中，克拉考尔形成了对前启蒙的形而上学，以及德国唯心主义的“哲学谱系”，尤其是青年黑格尔派主观唯心主义的批判立场。这是他逐渐远离文化弥赛亚主义观念，并同诺贝尔宗教哲学圈子决裂的重要原因。当然，《神圣家族》对法国唯物主义传统，尤其是人本唯物主义思想的梳理，以及对历史唯物主义和辩证唯物主义的具体阐述，对克拉考尔在《大众装饰》中所展示的唯物主义历史观念也产生了深刻的影响。其后不久，克拉考尔读到了卢卡奇的《历史与阶级意识》（*Geschichte und Klassenbewusstsein*）。虽然克拉考尔在青年时代非常喜爱卢卡奇的《小说理论》，并对其所描绘的“意义充盈”的总体化时代怀抱乡愁，但是，克拉考尔认为卢卡奇在这部作品中，将马克思唯物辩证法的内容，归结于德国唯心主义传统，尤其是黑格尔的影响是错误的。对此，克拉考尔说道：

> 马克思主义最重要的原则，也就是他的“人”这个概念……只有在马克思与爱尔维修之间，打通黑格尔这座大山的隔绝，

① Siegfried Kracauer, Brief an Blcoh vom 29. 6. 1926，转引自 Inka Mülder Bach, *Siegfried Kracauer-Grenzgänger zwischen Theorie und Literatur. Seine frühen Schriften* 1913-1933, Stuttgart u. a.: Metzler, 1985, S. 58。

我们才能真正理解。[①]

由此可见，克拉考尔非常反对卢卡奇运用带有黑格尔色彩的历史概念与辩证法概念对马克思所进行的再阐发。在他看来，这种理论重构将不可避免地跌入抽象性与唯心主义的迷途，而这正是马克思的历史唯物主义与辩证法所深刻反对的。从这一点来看，克拉考尔看到了马克思建立在唯物主义基础上的独特认识论批判，亦在真正意义上理解了马克思主义的唯物辩证法思想。不过，克拉考尔想要做的，并非将马克思主义简单化为一种庸俗的机械唯物主义，而是要维护其“真正的人本主义”（der realen Humanismus）[②]。在克拉考尔看来，马克思关于“人”的概念，是其早期理论的关键范畴。他之所以要在《神圣家族》中，从法国唯物主义传统，尤其是人本唯物主义传统中找寻理论资源，就是要用具体现实的“人本主义”来对抗德国唯心主义传统中的抽象理性。

其次，从反对将马克思主义机械唯物化解读的视角来看。克拉考尔认为，由于受到苏联官方意识形态的扭曲，马克思主义变成了庸俗的机械化马克思主义，在其中非但找不到真理的深刻内涵，其仅有的真理痕迹都被消除殆尽。就此而言，必须要对马克思主义进行一种全新解读：

> 必须要对那在苏联官方哲学的实践中，变得不再具备当下性哲学特点的马克思主义进行新的解读，以此来解放出其真理性的内涵。[③]

---

① Siegfried Kracauer, Brief an Blcoh vom 29. 6. 1926，转引自 Inka Mülder Bach, *Siegfried Kracauer－Grenzgänger zwischen Theorie und Literatur. Seine frühen Schriften* 1913－1933, Stuttgart u. a.: Metzler, 1985, S. 58。

② Inka Mülder Bach, *Siegfried Kracauer－Grenzgänger zwischen Theorie und Literatur. Seine frühen Schriften* 1913－1933, Stuttgart u. a.: Metzler, 1985, S. 58。

③ Siegfried Kracauer, Brief an Bloch vom 27. 5. 1926，转引自 Inka Mülder Bach: *Siegfried Kracauer－Grenzgänger zwischen Theorie und Literatur. Seine frühen Schriften* 1913－1933, Stuttgart u. a.: Metzler, 1985, S. 58。

那么，这一新的解读途径是什么呢？与卢卡奇将马克思主义视为一种革命总体性的观念不同，克拉考尔强调，必须要从具体多样性的角度来解读马克思主义。此外，克拉考尔还始终强调马克思主义理论中法国唯物主义，尤其是人本唯物主义的思想遗产。如果将这两者结合在一起：唯物主义理论中的人本内涵、经验主义中的具体多样性，就组成了克拉考尔式“奇妙”的马克思主义路径——从具体的人与现实的经验角度来解读马克思主义理论，意即要关注社会化的人类生存所直接经验到的具体现实。这就是克拉考尔在此前写给布洛赫的信件中，反复提及的，法国启蒙主义，尤其是爱尔维修唯物主义经验论对马克思早期思想所产生的影响。这就意味着，克拉考尔所认为的唯物主义，不单单强调物质基础对社会关系的塑造作用，同样也强调，经验性的现象世界和人的具体体验对真理获取的意义。也就是说，克拉考尔并没有放弃那条从“自然力”以及各种神话中解放出来的，由人与现象世界通往真理的救赎之路。正是因为如此，克拉考尔才会如此关注魏玛现代化进程中涌现出来的，诸多并不起眼、转瞬即逝的大众文化“表面现象”。对他来说，这些对物质世界真实、具体、切近的世俗化表达，一方面以其符合资本主义经济合理性原则的呈现，忠实反映了时代的总体状况；而另一方面又以其不带意识形态污染的无关紧要与空洞无物，显示出了突破这一时代困境的重要信息。这些与人的活动紧密相关的边缘文化现象，就是原本整严的资本主义生产关系与社会关系产生裂痕与鸿沟的地方，也是时代真理沉没的地方。因此，克拉考尔坚持认为，对资本主义理性所引发的现代性危机的考察，不应当在那些已经成为化石的往昔时代的高雅艺术中找寻，而应当投入现实，俯身对那些不起眼的大众文化现象进行实践性的探究。关于这一点，克拉考尔研究专家卡斯滕·维特（Karsten Witte）曾提到：

> 克拉考尔积极投身现实、参与改变的立场，多多少少应和了青年马克思的那句倡导实践的名言——批判的武器不能代替

武器的批判。[1]

在此意义上，克拉考尔创造性地阐发了马克思主义理论，革命性地推动了对“毫不起眼”的具体生活领域，以及“更为低下”的大众文化“表面现象”的分析，开辟出了一条极具特色的唯物主义文化批判路径。正像他在《德语圣经》中所言，“当下获取真理的唯一道路只存在于世俗之中”。这样一种文化唯物主义立场，使得克拉考尔成为了那一时代，最富影响力的文化哲学家与现代性批判理论家之一，也使得魏玛现代性的文化景观在思想史意义上得以全新呈现。

二 “去神话化”（Entmythologisierung）的双重内涵

克拉考尔在他的重要作品《大众装饰》中，第一次明确阐释了他在马克思主义影响下，所形成的唯物主义历史哲学观念与资本主义抽象理性批判理论。“去神话化”（Entmythologisierung）是贯穿其中的核心概念。

从克拉考尔的历史哲学观来看，人类从“微弱而遥远的理性”[2]中借力，用以对抗“统摄神话世界”[3]的自然力，从而展开了一个“去神话化”的进程。在这个历史过程中，人与自然之间的神话关系被一一破除，借由理性的不断向前推进，真理最终得以实现——

> 随着真理的诞生，历史进程就变成了一个“去神话化”的过程。它所推进的，就是对自然重新侵占之领地的拆解与收复。在此，法国启蒙运动就是一个很好的例子，它彰显了理性与那侵占了宗教与政治领域的神话迷悟之间的激烈对抗。这样一场战争还在持续进行着，随着历史的演进，自然将被不断剥

---

① Karsten Witte, “Light Sorrow. Siegfried Kracauer as Literary Critic”, in: *New German Critique*, No. 54, Fall, 1991, p. 82.

② Siegfried Kracauer, “Das Ornament der Masse”, in: *Das Ornament der Masse. Essays*, Frankfurt a. M.: Suhrkamp Verlag, 1977, S. 55.

③ Ebenda.

去魔力的外衣，亦将不断向理性屈服。①

在这段文字中，我们可以看出克拉考尔“去神话化”的命题与马克思历史唯物主义之间的关系。正如马克思运用唯物史观对人类社会的发展所进行的解析一样，克拉考尔运用理性的“去神话化”，重新梳理了人类历史的进程。同马克思一样，克拉考尔认为，神学或者各种类型的宗教形而上学对世界的把握，从根本上来说，是对自然力的尊崇与征服。当理性拆解了人与自然之间的关系，也就是马克思意义上的，自然力被实际支配之后，这些神学话语也就失去了当下性。原本隐含在神学话语中的“那种不依赖任何外在条件而存在的真理性内容”②，只有借助持续不断、向前推进的“去神话化”过程，才能剥离抽象性的外衣，得以真正展示。意即随着历史的不断向前发展，马克思意义上的人的自由解放将最终得以实现。

当然，克拉考尔运用“去神话化”概念，不仅阐明了“理性”与“自然”之间的关系，描绘了人类历史的进程，更揭示出了资本主义时代在其中所处的位置，并对其展开了批判性解读。

一方面，克拉考尔认为，“资本主义时代”是“一个通往祛魅的必经阶段”。③ 资产阶级革命实现了“去神话化”进程中的历史性突破。这场革命粉碎了旧有的封建意识形态、政治与经济形式。与此同时，它在这个过程中也创建了一种建立在科学、机械化基础上的新的生产组织方式。可以说，“粉碎了这样、那样的神话联系”④ 的资产阶级革命让人们得以从自然条件的束缚中解放出来。如此一来，“自然”就失去了原本通过各种神话建构起来的权力。

---

① Siegfried Kracauer, “Das Ornament der Masse”, in: *Das Ornament der Masse. Essays*, Frankfurt a. M.: Suhrkamp Verlag, 1977, S. 55.

② Siegfried Kracauer, Brief an Bloch vom 27. 5. 1926, 转引自 Inka Mülder Bach: *Siegfried Kracauer – Grenzgänger zwischen Theorie und Literatur. Seine frühen Schriften* 1913 – 1933, Stuttgart u. a.: Metzler, 1985, S. 58。

③ Siegfried Kracauer, “Das Ornament der Masse”, in: *Das Ornament der Masse. Essays*, Frankfurt a. M.: Suhrkamp Verlag, 1977, S. 56.

④ Ebenda.

自然力所掌控的范围也就日渐缩小，其所对应的社会关系亦开始不断萎缩。因此，克拉考尔认为，通过这样的方式，资本主义时代能够为“理性的进入”[①] 创造空间。

另一方面，克拉考尔也非常清楚，这一历史进步的“理性空间”内部充满了矛盾。在他看来，资本主义体系的合理性（Rationalität）虽然代表了理性（Vernunft）的一个部分，因为它毕竟战胜了“自然力的统一”[②]。但是，它却可能将历史的发展重新带入神话的风险之中。这是因为，以合理性（Rationalität）为特征的资本主义理性（Ratio）并非理性（Vernunft）本身，而只是一种“工具性的存在”[③] ——意即工具理性——这种理性用“错误的抽象性”取代了神话“错误的具体性”[④]。如此一来，在资本主义体系中，与具体的人以及人之活动相关的社会关系，就变成了种种用以比较、计算、交换的抽象数量关系。在这种抽象化背后是已经枯萎的真正的理性认识。对抽象数量关系与形式主义的崇拜，将导致现代新型神话的出现。正如克拉考尔在《大众装饰》中所言：

> 抽象性，其实就是一种僵化的理性。对抽象性普遍意义的屈服，并没有给予理性真正属于理性的东西。因为这种普遍意义没有考虑到经验性的因素……我们所看到的只是理性的空洞形式，这也见证着一种向神话世界的倒退……只有克服了这些抽象性的障碍，我们才能找到与具体情况相适应的个体的理性洞见。[⑤]

为了进一步分析“去神话化”的双重内涵，克拉考尔在《大众装饰》中引入了一场关于现代建筑理念的论争。20世纪初期，对于

---

① Siegfried Kracauer, “Das Ornament der Masse”, in: *Das Ornament der Masse. Essays*, Frankfurt a. M.: Suhrkamp Verlag, 1977, S. 56.

② Ebenda.

③ Ebenda, S. 57.

④ Ebenda.

⑤ Ebenda.

现代建筑是否应该保有实用功能之外的装饰这一问题，一度引发了德国建筑界的激烈讨论。其中有一派认为必须坚持建筑的功能性理念，否定装饰性建筑的实用性。其代表人物有奥地利著名建筑师、现代主义建筑先驱阿道夫·路斯（Adolf Loos，1870—1933）、勒·柯布西耶（Le Corbusier，1887—1965）以及包豪斯团队的成员。在他们看来，装饰就是一种虚荣的罪恶，对于现代建筑而言，任何华而不实的装饰成分，都是对建筑整体功能的破坏，亦是对建筑所代表的现代生活秩序的破坏。

> 精确的形式，略除所有偶然性，清晰的构造、秩序、线条、方向……这些无不代表了我们这一时代生活的经济样式。①

因此，瓦尔特·格罗皮乌斯（Walter Gropius，1883—1969）在1913年创立了现代主义建筑学派，倡导借助新时代的机械技术手段，实现技术、经济与艺术的结合。从根本上来说，这种对建筑的功能性、客观性、实用性的强调，反映了此后整个魏玛时代经济合理化的内在原则。

与之相反，作为一个接受过正统建筑教育并具备实际操作经验的建筑师，克拉考尔在这场论争中发出了不同的声音。他认为，那些反对建筑装饰的功能主义者们其实陷入了现代抽象主义的泥潭。这种对于抽象性、精确性和客观性的狂热崇拜，将会带来新型的理性神话。以魏玛时代最为风行的歌舞剧团体“踢乐女孩”（Tiller Girls）② 为例，她们用自己的身体活动展现出了整齐划一的线条、圆圈与各种各样的不同图形。这种身体文化的外在表达，并非原始自然力的神话呈现，而是现代大众社会的功能性展示。在这种展示中，个体会聚成总体，共同完成了现代社会的理性化目标。在此意义上——

---

① Walter Gropius, “Die Entwicklung moderner Industriebaukunst”, in: *Jahrbuch des deutschen Werkbundes*, 1913, S. 19f.

② 这个歌舞剧团体脱胎于1890年英国曼彻斯特的一个军事化舞蹈团体，以其创始人 Choreographen John Tiller 的姓氏命名。

> 自然力被剥夺了主体性：理性的力量战胜了统摄神话世界的自然力。[①]

不过，这种理性的进步性力量是非常有限的。在克拉考尔看来，这些整齐划一的身体活动，这些机械化的节奏与韵律，这些同时抬起的胳膊、膝盖、头颅，不过就是生产流水线上的产品部件。它们所表征的最高意义，不过就是完美到极致的抽象化几何图像。究其本质而言，它们不过是资本主义时代主流经济体系的“美学反映”[②]。更进一步来说，在这些由隐没了姓名的大众所组成的抽象图案中，个人仅仅是图案的构成者，完全丧失了活泼泼的生命力与主体性。在各种图形所构成的虚假的统一性中，我们看不到个性、真实性与具体性，也感受不到人之为人的生命涌动。它们所反映的，并非真正的理性，而是资本主义生产链条中的抽象化、工具化的理性。换言之，克拉考尔在他们所构成的整齐划一的舞蹈图式中，看到了与资本主义生产模式同一的抽象性原则。隐藏在这些文化“表面现象”背后的抽象理性原则，与神话世界中统治民众的神秘理念一样，都忽视了人的主体性，将人降低为无意义的组成部件——

> 资本主义时代的理性（Ratio）非常强大，它不仅能够召集大众，还能够将大众的生命印记全都抹去。很难在大众中找到活生生的人。[③]

通过对“踢乐女孩”的分析，克拉考尔洞穿了资本主义理性的虚假，看到了其后堕落为工具以及生产碎片存在的人类。他深知，资本主义时代的抽象理性，并非真正的理性，也无法带来人的解

① Siegfried Kracauer, “Das Ornament der Masse”, in: *Das Ornament der Masse. Essays*, Frankfurt a. M.: Suhrkamp Verlag, 1977, S. 59.

② Ebenda, S. 54.

③ Ebenda, S. 60.

放，甚至会抹杀生动、具体之个人的存在价值。它对形式性一致性的大力追求，无疑会带来一种新的神话崇拜——

> 在这其中，我们所看到的是理性的空洞形式。这也见证着一种向神话世界的倒退。[①]

由此可见，克拉考尔对崇尚功能性、机械化、效用性原则的现代建筑理念的批判，是对隐藏在此种建筑理念背后的资本主义抽象理性的批判。因此，克拉考尔认为，对资本主义的批判，必须抓住其本质缺陷，意即展开对抽象性的批判。只有这样，才不会堕入工具化的抽象理性所带来的“再度神话化”的泥潭，理性才能获取继续向前发展的动力。

关于克拉考尔对资本主义理性的批判性洞见，阿多诺曾在1933年写道：“克拉考尔是我们当中第一个从全新的视角来对启蒙理性进行反思的人。”[②]《大众装饰》当中的一些段落，读来确实就像《启蒙辩证法》（*Dialektik der Aufklärung*）的雏形。在这部作品中，霍克海默和阿多诺也从两个与神话相关的角度，探讨了启蒙理性的问题——即神话早已像是一种启蒙，而启蒙则不可避免地跌入了神话。[③] 他们想要证明，在内在自然与外在自然的压迫下，启蒙堕落到了其源始的神话之中，甚至在其历史发展的每一个阶段，都不可避免地再度重现了神话的模式——“每一个想要突破自然力束缚的尝试，所带来的结果无过于更深地跌入自然力的魔域，这就是欧洲整个文明化的进程”[④]。克拉考尔早在他们之前，就已经意识到了启蒙任务之未完成，以及资本主义抽象理性所蕴含的风险。从这一点来看，克拉考尔确实可以称得上是一位启蒙现代性批判的先行者。

---

① Siegfried Kracauer, “Das Ornament der Masse”, in: *Das Ornament der Masse. Essays*, Frankfurt a. M.: Suhrkamp Verlag, 1977, S. 57.

② Theodor Adorno, Brief an Kracauer vom 12. 1. 1933, 参见 Siegfried Kracauer, *Kracauer-Nachlass*, Marbach am Neckar: Deutsches Literaturarchiv, S. 45。

③ Horkheimer/Adorno, *Dialektik der Aufklaerung*, Frankfurt a. M: Suhrkamp Verlag, 1969, S. 5.

④ Ebenda, S. 15.

但是，从另一个方面来说，克拉考尔并没有像霍克海默和阿多诺那样，对启蒙的理性潜力，以及实现理性的历史可能性失去信心。他认为，理性可以挣脱其工具化、抽象化的束缚，最终彻底贯彻启蒙的革命性进程。在他看来，“资本主义不是理性化过了头，而是尚未足够理性化”[①]。意即理性的自反性力量尚未得以充分的解放与发挥。因此，启蒙过程中所出现的曲折与灾难，是通往理性解放道路上不可避免的迂回，理性最终还是有能力摆脱迂回，达到成功。他之所以会有这么一种乐观的预想，是因为他相信，工具理性与神话将会被真正的理性所打败，而最终归于消失。在这一点上，克拉考尔与马克思站在了一起，即认为社会的发展，是一个从过去向未来不断前进的过程，人类必将实现从必然王国向自由王国的飞跃。

因此，克拉考尔运用“去神话化”概念进行现代性批判的独到之处，在于他能够从那些毫不起眼的大众文化的“表面现象”（Oberflächenäußerungen）中，破译资本主义抽象性的密码。在此基础上，克拉考尔重建了历史唯物主义的哲学观念，并对魏玛时代的资本主义理性所造就的现代性困境进行了深入解析。

---

① Siegfried Kracauer, “Das Ornament der Masse”, in: *Das Ornament der Masse. Essays*, Frankfurt a. M.: Suhrkamp Verlag, 1977, S. 57.

第三章

唯物主义的资本主义批判

在古典时代，人们生存于一个充满意义，且相互之间存在亲密关系的真正共同体之中；而在魏玛时代的“文明化”社会中，人们的生存境况发生了巨大改变。一战的失败，给德国带来了沉重的赔款债务，以及一个“舶来品”式的民主共和国。这个先天不足、后天动荡的民主政体，非但无力保证社会经济层面的和平稳定，更无力建构起一套新的价值系统，以填补旧有信仰坍塌后的虚空。脱离了共同体的庇护，失去了价值信仰的依托，人们就变成了一个个原子化的个体，漫无目的地徘徊于意义真空之中，无处停靠。而伴随着道威斯计划的实施，大量资金涌入德国。美国标准化、工业化的生产链条亦随之涌入德国的各大工厂公司，推动了德国战后经济的快速发展与现代化进程的急剧扩张。当然，与之相伴的，还有美国大众文化工业产品的倾销浪潮。一时之间，流行音乐、电影、旅行、畅销书、休闲娱乐、马戏团、酒吧、周末运动……成为了魏玛现代大都市的崭新标签，也成为普通民众逃避空虚意义的文化避难营。不过，这些资本主义文化工业所提供的“避难营”究竟能否提供替代性的心灵安顿？针对这一问题，大多数思想家认为，资本主义时代的经济合理性原则已经渗透到了社会的方方面面，文化也不例外。因而，这些充满虚无色彩的文化工业产品不可能提供任何意义之救赎，甚至会进一步加剧民众“精神上的无家可归感”。此外，资本主义社会所提供的各种建立在职业感召基础上的共同体，虽然能够暂时将人们联系在一起，却无法实现真正意义上的基于个性与本质的融合，甚至会带来更加彻底的原子化和分离化趋势。从根本上来说，魏玛时代面临着严峻的意义重构的危机。因此，他们认为，必须要彻底批判魏玛现代性中走向偏离的工具理性，以及资本主义制度下的非人性与异化的现象。

但是，在克拉考尔看来，虽然抽象理性与工具理性带来了资本主义社会的各种问题，并造成了文化合理化的恶果。但是，这并不意味着要对理性进行全盘否定。尤其是在对工具理性进行批判之时，绝不能抛弃启蒙所取得的历史成果。从他的历史哲学观点来看，整个人类历史是一个充满动量的“去神话化”过程。在此过程中，资本主义理性一方面通过艰苦卓绝的斗争，将人类从自然总体性的控制中解放出来；而另一方面，它又因对抽象性的崇拜，导致人类在经济合理化的浪潮中，成为被工具理性统治与异化的产物。这种理性的狂热与神话或者宗教的信仰狂热一样，都抛弃了人的主体性与具体性，将人变成盲视、无意义的空洞客体，从而带来了“再度神话化”的风险。因此，克拉考尔认为，资本主义时代的问题，并不在于理性本身，而在于“去神话化”进程的中断，意即启蒙理性任务的中断。为了继续推进“去神话化”的进程，重新释放出启蒙理性的解放性潜能，必须要对资本主义时代僵化的理性展开批判。只有这样，才能带领人们突破现代性困境，获取真正意义上的自由解放。正如马克思在《论犹太人问题》中所说的，“把人的世界和人的关系还给人自己”。不过，在克拉考尔这里，展开资本主义批判所凭借的革命性力量，恰恰蕴含在资本主义社会日常生活的文化现象，意即各种大众文化的“表面现象”之中。《侦探小说》（*Der Detektiv-Roman*）和《职员》（*Die Angestellten*）就是他这一批判实践的代表作品。

第一节　《侦探小说》，一个哲学文本

克拉考尔对魏玛现代性的理解在一定程度上吸收了西美尔和马克斯·韦伯的观点，认为现代世界是一个与此前意义完满的古典时代截然不同的碎片化时代。在对诺贝尔宗教团体的批判，尤其是在

对马丁·布伯与罗森茨威格的德语《圣经》译本的批判中，克拉考尔再度阐发了自身对于碎片化时代中的具体经验的重视。在克拉考尔看来，这批一战后风行于世的宗教哲学家们，完全抛弃了现代生活中生动的个体体验，力图重建脱离具体社会现实的抽象总体性，这不啻于黑格尔唯心主义哲学的死灰复燃，甚至会引发“再度神话化”的风险。同样地，他对马克思主义的接受视角也有其独特性——即反对将马克思主义视为庸俗的唯物主义或者抽象的唯心主义，而是强调，只有通过对具体的社会现实以及各种大众文化的“表面现象”的批判性解读，而非任何形式的抽象性与总体性，才能焕发出马克思主义具有当下意义的真理性内涵。对此，克拉考尔指出：

> 正统马克思主义中关于人类和自然的观念，它对伦理的舍弃，它对神话中的无政府主义所投去的如梦境般的一瞥——所有这些，都是尚无人居住的地窖和阁楼中隐藏的真理的征兆……你现在大概可以看出，我确实是希望消除魔力或者淡化总体性……魔力不应该来自精神的光芒或者总体性的概念，也不应该让人对表层生活的情形视而不见。于我而言，应该要努力从表面和实在的现象入手来进行研究。①

在这段引文中，我们可以很清晰地看出，克拉考尔对抽象的总体性概念的拒斥，以及对于表面和实在现象的强调。克拉考尔用“表面现象”这个概念取代了形而上的理念。他认为，在碎片化的现代社会中，真理性的意义，不再像过去那样，通过完美深刻的形而上理念加以呈现，而是栖身于同样碎片化的世俗生活之中。为了继续推进理性的“去神话化”进程，展开对资本主义社会的批判，必须要对具体的社会现实，即各种文化“表面现象”进行批判性分析。在他看来，通过对这些四下散落的现象元素的组合，可以拼接

① 克拉考尔写给布洛赫的信，载《克拉考尔遗稿》，转引自戴维·弗里斯比《现代性的碎片》，卢晖临等译，商务印书馆2003年版，第165页。

出一个富有意义、充满内在联系的整体。因此，对魏玛时代的文化“表面现象”的分析，能够破译这一时代背后的密码，从而看到隐匿的真理之光。正是在此意义上，克拉考尔才如此看重碎片化时代中以碎片化方式存在的大众文化的“表面现象”。

《侦探小说》是克拉考尔对资本主义文化的“表面现象”进行分析的第一次尝试。因而，这是一个十分关键的作品。它一方面包含着克拉考尔早期创作中更富形而上意味的写作特点；另一方面又包含着克拉考尔对日常生活流行文化的关注，以及对“各种不为人知的表面现象”进行理论分析的雏形。

一　酒店大堂，现代性的“表面现象”

最能反映现代社会的“表面现象”是什么呢？克拉考尔将目光投向了“酒店大堂”——现代大都市中用以替代传统宗教礼拜堂的场所。对克拉考尔来说，“酒店大堂”就是“去神话化”之后的整个现代生活的缩影，代表着它的匿名性、碎片化和无意义。这个概念来自他的《侦探小说》。如果说卢卡奇在《小说理论》中对现代世界的描绘，采用的是与史诗相对的古典小说形式的话，那么，克拉考尔对这个世界的描绘，所借用的是现代世界中一种看似毫不起眼的通俗小说形式——侦探小说。这部作品主要分析以柯南·道尔和福尔摩斯系列故事为主体的长篇侦探小说的早期形式。全书分成“区域”、“心理学”、“酒店大堂”、“侦探”、“警察”、“罪犯”、“转换”、“审问”以及“结局”等几个部分。每一节的内容都与侦探小说形式上的结构密切相关，从而形成了一种文学与现实之间的巧妙映照。当然，克拉考尔对侦探小说形式的选择，并非出于文学趣味的考量，而是要借此透露出，这一寻常可见的“表面现象”背后那充满神秘意味的东西。因此，虽然全书呈现的是通俗小说的外观形态，但是其中的各个篇章，尤其是“酒店大堂”这一章，却展现了克拉考尔对现代社会的深入剖析，尤其是对资本主义所造就的新神话——“抽象理性”及其所带来的“全盘理性化”的社会关系之批判。

随着总体性世界的解体，在意义匮乏的现代世界中，剩下的只是支离破碎的个体，面对着不再具有任何更高意义或者价值的日常生活之碎片。因而，魏玛现代社会与真正的共同体[①]所代表的富有意义的世界形成了强烈的反差。为了强调侦探小说世界中人与人之间纯粹形式化的关系本质，克拉考尔在《侦探小说》中，将现代的酒店大堂（在侦探小说中经常出现的场景，同时，也是现代生活中人类交往的重要场所）与共同体时代的宗教礼拜堂进行了一番对比。

从表面上看，酒店大堂与共同体时代的宗教礼拜堂有许多相似之处：一方面，这两个场所都是作为一种仪式性的空间而存在的。在礼拜堂中，人们选择特定的时间，从四下聚拢而来，共同膜拜着宗教信仰；而在酒店大堂中，人们亦在某些特定的时间，例如旅行、假期、会议等，从不同的地方来此相聚，共同膜拜着现代体验。另一方面，这两个场所都是作为一种例外性的空间而存在的。在礼拜堂中，人们远离了琐碎的家庭事务，职业烦恼，在庄严肃穆的长椅上，在光影摇曳的烛台前，静静聆听牧师的布道或者唱诗班的圣乐，以获得心灵的平静；而在酒店大堂中，人们亦得以远离凡常的生活轨道，在装饰华美的真皮沙发上，在光芒璀璨的巨大吊灯下，静静感受旅行或者假日所带来的短暂的身体放松与精神愉悦。

不过，克拉考尔非常清醒地指出，这两者之间的内在差异远远胜过其外表的相似。一方面，宗教礼拜堂将人们聚合起来所依靠的，是一种来自于共同信仰层面的本真意义。人们来到这里，虔诚祷告，彼此告慰，在相对封闭的空间之中，体验与践行着上帝之爱。在这样的有机共同体中，信仰的暖流在每一个人的心灵中缓缓流淌。人们因之突破彼此在具体生活层面的隔阂，在精神上、情感上得以联合。而酒店大堂将人们聚合起来所依靠的，是一种来自现代移动式生活所制造的偶然性。这种偶然的相聚，虽然也让他们暂时脱离了原本相互隔绝的生活，但是——

他们只是在一个无意义的空间中碰面，尽管这个空间是对

① 克拉考尔笔下的共同体概念，受到基尔凯郭尔的宗教共同体以及卢卡奇的“意义充盈的时代”这一概念的影响。

> 日常生活的一种突破，但是这并没有为他们创造出一种人与人之间的真正联系。①

另一方面，在这两个场所中相聚的人们虽然从表面上看来都是平等相似的，但是，在宗教礼拜堂中，人与人之间的差异之所以被消除，是因为彼此分享了共同的作为上帝子民的命运，因而“是一种积极的本质上的平等而不是一种消极的平等”②；而在酒店大堂中，短暂会面的旅客所分享的，并非一种更高意义上的普遍平等关系，而是一种现代匿名社会中彼此之间“没有任何关联的平等关系”③。这种平面化的关系，让人们可以漫无目的地随意聚拢在一起，并且沉溺于彼此的放松和随意。如此一来，宗教礼拜堂中命运的平等，在酒店大堂中就变成了纯粹的“等同，这种等同并不意味着彼此的实现而是彼此的疏离”④。疏离感，正是现代人摆脱日常生活的束缚，进入到酒店大堂舒适的座位中所能获得的唯一的东西。由于丧失了那种将人们聚拢在宗教礼拜堂中的对于更高意义的追求，酒店大堂中的过客至多只能获取一些身心放松的愉悦，而非宗教意义上的崇高的愉悦。

> 教堂的圣歌变成了回荡在舞厅中的爵士乐；教堂的圣像变成了乏味的几何造型图案；教堂的长椅变成了带着沙发软垫的华丽靠椅；忏悔现在不过就是一些醉眼惺惺的顾客对服务员所作的无意义絮叨；教堂中的圣餐被端到了一些陌生人早晨醒来的床前；而掌控这所有一切的看不见力量现在被称作“经理”。⑤

---

① Siegfried Kracauer, “Die Hotelhalle”, in: *Das Ornament der Masse. Essays*, Frankfurt a. M.: Suhrkamp Verlag, 1977, S. 161.

② Ebenda, S. 163.

③ Ebenda.

④ Ebenda.

⑤ Ebenda, S. 158.

从上面这段引文中，我们可以非常清楚地看出，意义匮乏的魏玛现代社会与真正的共同体所代表的富有意义的世界形成了强烈的反差。换言之，魏玛时代人与人之间的关系，已经抽离了意义与情感的关联，变成了一种纯粹的形式关系。

可以说，克拉考尔之所以要将《侦探小说》中的酒店大堂作为研究对象，是因为他发现，这是一个能够充分反映现代社会空虚症候的隐喻。除了将其视为一个绝佳的类比之外，克拉考尔还在其中找到了长期以来在各种不同理论和方法中找寻的东西，那就是——具体文化现象之上所呈现出来的“启示性”。正因为如此，《侦探小说》才成为了连接克拉考尔早期哲学性写作与文化批判性写作之间的桥梁。自此之后，克拉考尔将研究的重点转向了一个“十分乏味、贫瘠但是又充满潜能、富有启示意味的日常生活领域”①。无疑，这一转向充满了唯物主义色彩。

当然，就这一转变而言，不得不提到克拉考尔与西美尔之间的关系。1858 年西美尔出生于柏林。1881 年，他以一篇论述康德哲学的论文获得博士学位，并担任柏林大学的哲学编外讲师。尽管他的名声在院墙内部并不响亮，却在文化领域获得了巨大反响。他渊博的学识得到了许多文化名流的赞赏和认可，例如哲学家胡塞尔、诗人里尔克、社会学家韦伯和滕尼斯等。尽管如此，柏林大学却始终没有同意授予他教授的职位，原因是认为他的学术论著缺乏必要的学术规范和专业性。此外，他变动不居的研究领域也颇令学术委员们头疼。实际上，这主要是因为西美尔惊人的才华令那些刻板的老学究感到恐惧。从另一个方面来说，西美尔偏重经验与感觉的学术研究路径，确实也与当时正统的研究方法格格不入。因此，他在某种程度上算是一个传统哲学的反叛者。这种革命性的反叛给他罩上了一层神秘的光晕，很多人都来到柏林大学旁听他的课程，这其中包括卢卡奇、布洛赫、马丁·布伯、卡尔·曼海姆、马克斯·舍勒，当然还有克拉考尔。可以说，他的思想虽然没有形成一个成熟

① Thomas Y. Levin, “The Introduction”, in: Siegfried Kracauer, *The Mass Ornament, Weimar Essays*, ed. and trans. Thomas Y. Levin, Cambridge: Harvard University Press, 1995, p. 14.

统一的学派，却仍旧飘散到了四方，融进其他思想者的理论体系之中。在1917年，年轻的克拉考尔来到柏林大学求学，从此成为了西美尔的忠实信徒。西美尔是第一个为克拉考尔揭示出哲学与社会学之间关系的人。在1918年，西美尔去世之后，克拉考尔还专门为他写了一本书，以表怀念。这本书的标题为《格奥尔格·西美尔，对我们时代精神生活的意义》（*Georg Simmel. Ein Beitrag zur Deutung des geistigen Lebens unserer Zeit*）①。在克拉考尔那里，由于西美尔的教导，他才能够跨越黑格尔以来僵化的唯心主义哲学的束缚，来到一个鲜活的社会科学领域。西美尔不仅教会克拉考尔运用普遍的结构来阐释具体的现象，他还教会克拉考尔通过外在表象，迅速把握事物之内在本质的思维方式和表达方式。运用这种方法，思维运动就可以超越中介物的束缚，直达事物本质。在克拉考尔担任《法兰克福报》的编辑一职后，西美尔对他的教导，让他免于陷入普通记者追逐平面化热点事件的命运，而能够以副刊作为思想阵地，继续深入探索社会文化现象的内在意涵。这给克拉考尔造成的影响是，他习惯性地从日常事物中寻找富有新奇意味的视角，不断用“陌生化”的笔触展现事物的全新面貌。可以说，西美尔对克拉考尔的影响远远超过了其他思想家对他的影响。不过，在接触了马克思主义理论以后，克拉考尔对西美尔的教导进行了深刻的反思。在克拉考尔看来，现代性是对整个古典文化原则的反叛，如果说此前的古典文化是一个关于形式的思想体系的话，那么，现代性并非想以新的形式来反叛古典文化的原则，而是希望将生命从形式中解放出来。因此，他认为西美尔对现代文化现象所作的分析，充满着迅速变动、不断流溢的特点，甚至在某种极端意义上，西美尔已经将变动不居重新捧到了新的永恒圣殿的地位。这种“再度神话化”的做法，无疑会让其思想脱离原本活泼的物质存在领域，转而到审美神话中去探求生命和形式的统一。就此而言，西美尔的文化批判最终走向了歧途——将那些形式化的现实当作具体现实的替身，这

① 不过，这部作品只有第一章发表于1920年的《逻各斯》（*Logos*）杂志上，其他部分则因战后纸张短缺问题未能问世。

就背离了其物质存在的基础。而在克拉考尔看来，任何形式的唯心主义，或者形而上的哲学思想都无从把握包含在现实中的具体意义。因此，他的文化批判拒绝任何形式的绝对化和单一化，而想要维持现代性内部的复杂张力，以此保持思想的批判性与锋利性。因此，他不得不将批判的旗帜挥向他过去的导师西美尔那里。

此外，克拉考尔的研究转向，还与卢卡奇有着较为密切的关系。卢卡奇早期的唯心主义作品，对法兰克福学派的新马克思主义以及后来的新左派产生了深刻的影响，克拉考尔也不例外。在克拉考尔的青年时代，卢卡奇的《小说理论》是他最为欣赏的读物。他对于"意义充盈"时代的乡愁，以及对于魏玛现代性困境的诊断，都深受卢卡奇的影响。在《历史与阶级意识》中，卢卡奇提出的物化概念，也成为了克拉考尔对魏玛资本主义社会进行批判的重要依据。卢卡奇在书中指出，在资本主义社会，物化使得具体的人以及现实存在的一切都变成了拉丁语中的"物"（res），变成了资本主义生产与交换的商品，由此掏空了世界的意义。对于人类而言，最初由他自己所创造的世界，在被物化之后，突然变成了自身的敌对物和陌生物，无法再为其所把握和统辖。这一历史过程，在黑格尔那里被称为异化，在马克思那里被称为商品拜物教。那么，是否存在一种东西能够逃脱这一物化的厄运？卢卡奇认为，文化具有这样的特殊性。一方面，文化作为对现实的反映，无法逃脱资产阶级意识形态的收编；但另一方面，在一些处于主流社会边缘的文化现象中，又蕴含着否定现实的革命性潜能。正如卢卡奇所言：

> 美学形式最适宜于表达一个特殊历史时代的真理。①

可以说，卢卡奇的这一论断为克拉考尔提供了一种社会批判的全新思路，也让他对文学艺术之下潜藏的革命性力量发生了兴趣。在他看来，这些文艺作品开启了生活的不可穿透性，也成为把握社会内在逻辑的重要指引。在某种意义上，克拉考尔的早期作品以及

---

① Georg Lucacs, *The Theory of the Novel*, Cambridge: M. I. T. Press, 1971, p. 61.

他对魏玛现代性的早期诊断，都试图通过这种浪漫主义的方式，重返意义完满的精神故乡。不过，随着克拉考尔对马克思主义的深入理解，以及对魏玛时代已经改变的社会经济状况的分析，他开始背离这一纯粹审美化的救赎路径。克拉考尔认为，卢卡奇始终强调艺术代表着一个更高的审美领域，因而对高雅艺术颇为重视，而这恰恰使其忽视了伴随着现代社会产生的更加富有生命力的大众文化。在克拉考尔看来，在那些被认为无关紧要、空洞无物的大众文化“表面现象”之上，其实隐藏着能够破译这一时代密码的重要信息。这些边缘文化现象就是导致传统理论产生裂痕与鸿沟的地方，也是真理沉没的地方。因此，他坚持认为，对现代性危机状况的考察，不应当在那些已经成为化石的往昔时代的高雅艺术中找寻，而应当俯身对那些不起眼的日常生活现象进行探究。正是在此意义上，克拉考尔超越了卢卡奇，充满革命性地推动了对毫不起眼的具体生活领域的探究，沉潜到了那些“更为低下”的文化领域，将其理论之根牢牢扎于日常生活之上。

总体而言，克拉考尔对《侦探小说》中的酒店大堂的描绘，仍旧透露着一股淡淡的怀乡般的惆怅之情。这与其早期较为形而上的社会诊断颇有关联。和一战后的许多知识分子一样，年轻时代的克拉考尔一度对宗教以及各种形而上的绝对理念（其中也包括卢卡奇意义上的审美救赎的路径），怀抱着某种期待——希望它能够继续发挥信仰整合的作用，重构共同体，并为人们提供身心安顿的终极意义。但是，在接触了马克思的相关著作，以及对魏玛时代资本主义发展状况的考察之后，克拉考尔的思想立场发生了巨大改变。他认为，作为一种过时的意义给予形式，宗教与其他所有建立在概念和抽象性基础上的解决方案一样，已无法继续满足遭遇现代性危机的当下世界的复杂需求。对他而言，“这个世界只有通过真正的体验和具体的把握才有可能重新变得富有意义”①。因此，在对“酒店大堂”展开的批判性解读中，克拉考尔并非想去复活原有的共同体

① Siegfried Kracauer, “Die Hotelhalle”, in: *Das Ornament der Masse. Essays*, Frankfurt a. M.: Suhrkamp Verlag, 1977, S. 164.

秩序，而是想要借此进入真正的现代社会，体验和把握具体而微的现实。在他看来，“这种对现实的审视能够防止堕入现实的空虚”①。意即，进入现实本身，是为了批判现实。可以说，克拉考尔始终没有放弃对意义的内在追求，不过，其追求的方式已经从形而上学的领域转移到了日常生活的领域。“酒店大堂”这一篇章，正是他对现代性的“表面现象”进行分析的重要尝试。尽管其中还渗透着一丝浪漫主义倾向，但是，克拉考尔对资本主义时代的“再度神话化”所展开的批判，并非借助抽象的哲学分析，而是依靠充满实践意义的具体阐发来实现的。

正像克拉考尔在书中所言：“在那个高雅得体的酒店大堂的沙发椅上，以理性化为目标的文明脚步到达了终点……”② “酒店大堂”这一现代性的“表面现象”，帮助人们看到了自身所处的真实境况——这不再是一个充满温情的有机世界，而是一个失去了真实性的现代荒原。在这其中，人们丧失了情感、心灵以及信仰上的关联，变成了一个个彼此独立的原子。他们虽然能够在酒店大堂中短暂相聚，但是彼此之间却是相互隔膜、疏离冷漠的。在抽象理性占据统治地位的各种社会系统中，他们只能按照资本主义经济体系的生产原则办事，按照僵硬的书面化法律原则办事，完全丧失了人的主体性与具体性。

二　侦探，理性的绝对化

如前所述，在“酒店大堂”这个最为普通的“表面现象”中，隐藏的是一面能够反映现代生活的魔镜。在这面镜子里，我们看到的是一幅经过夸张变形后，反而显得异常真实的现代生活画卷——这是一个共同体已经陨落，人们以原子化的方式聚合在一起的世界。这种聚合的方式，构成了一种表面上的彼此融合，但其内部的意义早已被蒸发殆尽，所剩下的，不过是取代真理地位的抽象理性。在克拉考尔眼中，无所不在、无所不能的侦探就是这一理性的

① Siegfried Kracauer, “Die Hotelhalle”, in: *Das Ornament der Masse. Essays*, Frankfurt a. M.: Suhrkamp Verlag, 1977, S. 160.

② Ebenda, S. 162.

典型象征。

具体而言，在酒店大堂中，现代人无目的和周期性的聚散往来，勾勒出了资本主义时代的日常生活秩序与社会交往节奏。同时，现代生活的流动性、不确定性与匿名性，尤其是人与人之间的疏离感与内在关联的缺失，也使得各种犯罪行为得以在纯粹形式化的人际关系中不断滋生，从而构成了对资本主义既定理性秩序的破坏。因此，只有洞悉资本主义社会的发展逻辑，并熟练掌握其内在规律的侦探，才能够揭发罪行，重建秩序。他们所凭借的，正是符合资本主义时代要求的逻辑推理与计算能力。据此，他们深入到了资本主义社会关系的缝隙之中，找寻侦破罪行的突破口。在他们看来，酒店大堂中穿梭往来的每一个不同的人，实际上就相当于资本主义生产链条上一个个零部件，虽则形态有所不同，但其实质不过是为了服务于总体的生产目的，就其个体而言，并没有更多的意义。同样地，每一个不同的人背后所隐藏的“琐碎的故事”，虽则情节不同，但其实质亦不过是为了服务于总体的经济运行，就其个体而言，并没有更高的价值。如此一来，所有碎片化的人以及与人相关的细节，在侦探缜密的推理系统当中，全都变成了一个个面目模糊、特征模糊的数量或者图形，从整体上来看，构成了一张把握现代人群及其生产生活的数理逻辑的巨大网络。任何一种罪行在这样的一张大网中，只不过是标准化的生产流程或者生产管理程序中的一环失误，只需要对整个系统进行重新矫正，就可以将其消除。整个矫正的过程客观、理性、高效，完全符合资本主义生产的效率逻辑。对于常人来说，任何一桩罪行的发生都是突如其来，无由而至的。但是，从侦探的视角来看，所有罪行的发生，其实都来源于不同生产部件也就是不同的人之间，在生产链条上所发生的碰撞与冲突，或者源于分配不均，或者源于生产强度的不公等。只要能够有效地运用数字推理与逻辑演算，尤其是进行收入分配的总体统筹，将所有失序的环节一一展开，最终都能够显露真相，找出罪犯，重建秩序。

因此，在酒店大堂中，只有侦探能够把握全局、洞悉真相。他就像总体性时代中的上帝一样，俯视众生，同时为这个世界的万事万物赋予意义。那么，指导其具体行动的“理性”，自然也就成为这一世界中统摄一切的基本准则，在其合理运转与保证之下，资本主义社会的生产秩序乃至社会交往才能得以保障。从另一个方面来看，侦探小说中的罪犯，所对应的角色恰恰就是资本主义既定理性秩序的破坏者。由于罪犯的存在，这一秩序不断受到挑战，不断处于不安与骚乱之中。唯一能够改变这一现状，并最终恢复理性秩序的活动，就是侦探战胜罪犯的过程。就此而言，侦探通过各种手段将罪犯从隐匿的夹缝中捕获的过程，实际上就是资本主义时代的抽象理性把握和组织碎片化的人、事件、要素，重建整个社会可计算之理性秩序的过程。也就是“理性”不断消除非理性因素，彻底奠定其统治地位的过程。

在这样一个由理性占据统治地位的世界中，结局其实早就已经被预先设定好了。那就是代表非理性的秩序破坏者，那些罪犯，终将得到惩罚，而代表理性与秩序的侦探终将获得胜利。这样一种喜剧化的完美结局，实际上仍旧无法摆脱通俗小说惯常使用的“大团圆”套路。这种浅薄因素的出现，一方面是因为侦探小说必须满足现代社会特别是现代都市读者的口味需求。但是，另一方面，这种结局本身主要还是为了彰显资本主义时代“理性”的合法性——依靠理性，人不仅能够战胜自然，还将能够继续战胜现代社会中的各种破坏性力量。在理性的帮助下，一切非理性的因素，一切不安定的因素，一切引发人恐慌的因素，全将被消除殆尽。

那么，这是否就证明资本主义时代的抽象理性，真正具备合法性了呢？

对于这一点，克拉考尔是持否定态度的。对他来说，酒店大堂中的侦探行动，确实映照出了现代世界的真实境况。在这个世界中，个体之间彼此疏离，缺乏真正意义上的彼此认同，人与人之间变成了纯粹的经济与数量关系，甚至变成了资本主义生产链条上的零部件。由于罪犯的出现，这一貌似稳定的生产关系与建基于其上的人与人之间的形式化的关系被暂时打破，最终需要依靠侦探将罪犯绳之以法，恢复资本主义社会的基本秩序。但是，反过来说，恰恰是由于侦探对现实罪行的暴露与揭示，对资本主义生产与社会秩序的重建与恢复，才使得走出神话时代之非理性深渊的人们，重新堕入了抽象化、工具化、数量化的片面理性所塑造的“新的神话”中。用克拉考尔的话来说，就是用理性“错误的抽象性”取代了神话“错误的具体性”。[①] 换言之，侦探的行动，看似是对社会失序与罪行的批判，但是，他最终取得的胜利，恰恰使得资本主义抽象、扭曲、疏离的理性，在这种貌似正义的结局中被加以维护和延续。对侦探的肯定，实际上也就是对抽象理性的肯定。因此，克拉考尔对酒店大堂中的侦探所进行的研究，其真正目的是为了揭示现代社会的本质特征，从而对魏玛资本主义合理性展开批判性反思。

> 这个结局，并不是结局，因为它只是使非现实性有个结尾，赚取别人的情感；它是虚幻的，是谜底，而谜底其实什么也不是，它们在结尾时候被宣布的是让并不存在的天堂来征服地球。这样一来，通俗文学就泄露了天机：其思想毫无现实性可言，却又装扮得像是最高领域。[②]

在现代社会中，抽象理性已经统治了生活的所有角落，从那些不可触及的地方到最为具体的地方。因此，克拉考尔运用“酒店大堂”进一步深化了卢卡奇“超验意义上的无家可归”这一现代性诊断，并就此与那种“意义充盈的时代”进行了对比。此外，克拉考尔还进一步拓展了韦伯对工具理性侵入具体生活世界的批判性分析。在他眼中，资本主义单向度的理性成为了这个世界的统治原则，一切都以抽象逻辑、概念推理作为基础。与此相应，在“酒店大堂”所表征的现代世界中，侦探成为了资本主义抽象理性的化身。他对案件的侦查，对罪犯的揭露，依靠的只是纯粹的逻辑推理与数字运算，从根本上来说并没有任何建构意义的目的。案件或者罪犯在他眼中，不过就是一堆没有灵魂的数字、材料、素材，或者

① Siegfried Kracauer, “Das Ornament der Masse”, in: *Das Ornament der Masse. Essays*, Frankfurt a. M.: Suhrkamp Verlag, 1977, S. 57.

② Siegfried Kracauer, *Schriften*, Hrsg. von Karsten Witte, Frankfurt a. M: Suhrkamp Verlag, 1971, S. 204.

说是资本主义生产链条上的一些运行中的失误而已。因此，他对失序的社会所进行的重新把握与梳理，所解决的只是表面上的秩序问题，而非其根本性的缺陷——意义的匮乏。就像大批涌入德国的美国文化工业产品一样，酒店大堂或者其他相关的娱乐场所，都只能为人们暂时性地提供一个文化避难所。这些场所本身就只是一种形式化的存在，缺乏具体的意义价值。因而他们只能让人在目眩神迷的华丽氛围中，暂时忘却对于意义的渴求，而无法真正为其填补精神上的空虚。与之类似，在酒店大堂中的侦探，通过不断地追索和努力，让罪行得以揭发，正义得以维护。但他本身也只是一个形式理性的化身，缺乏更深层次的意义。他对资本主义理性秩序的维护，非但无法为其提供真实意义的建构，反而使得这一丧失了具体性与主体性的抽象社会，在所谓的“真相大白”中得到了继续存留与发展的合法性。

从另一方面来看，如果说正义的伸张、罪犯的暴露就代表了这个社会的合法性的话，那么，值得我们思考的是，披着形形色色的合法性外衣、借由各种正当手段掩盖起来的实质罪恶是否也能够获得形式上、抽象化的合法性？如果罪行没有发生、侦探没有采取任何行动，是否又意味着这个社会就笼罩在一片总体性的和谐之中？普通民众各自在狭小、不通有无的空间中游荡，是否就表征了整个时代的安宁？在这些问题上，克拉考尔的观察极具穿透力，他看穿了魏玛时代空虚的本质，也洞穿了酒店大堂所表征的资本主义世界中，人与人之间抽象化的交往形式。在他看来，案件的发生只是一个连接不同群体关系的导火索，不论其发生与否，人与人之间的关系都只有形式上的关联，而无真正意义上的交流。对此，他说道：

> 这只是一个纯粹的游戏……各式人物在酒店大堂中呈现自己，以此标明自己的身份。他们在形式上的遵从，是一种消耗，而不是充实。[①]

---

① Siegfried Kracauer, *Schriften*, Hrsg. von Karsten Witte, Frankfurt a. M: Suhrkamp Verlag, 1971, S. 131.

同样地，侦探在侦破与暴露罪犯的过程中，所体现的“理性”的权威，显然也只是一种对抽象性与资本主义生产秩序的维护。在克拉考尔看来，“资本主义时代的理性，并非真正的理性，而只是一种黯淡的工具性的存在”①。对抽象性与工具理性的狂热崇拜，将导致现代社会的“再度神话化”，从而中断启蒙理性的发展进程，甚至会彻底封堵通往真理的道路。

总之，面对魏玛现代性的危机，克拉考尔摆脱了对各种宏大、形而上主题的偏好，转而对具体的生活世界展开了批判性的解读。对他来说，宗教哲学或者其他形式的形而上学，对于现代社会的复杂问题无法提供真实的帮助。只有进入现实、回归具体，才可能挖掘出隐藏在日常生活“表面现象”背后的东西，以此探析资本主义的合理化对生活世界的殖民。

第二节　通往未知领域——《职员》

上一节围绕克拉考尔的《侦探小说》展示了魏玛时代资本主义社会中理性的绝对化与共同体的失落；这一节将主要以他的另一部重要作品《职员》作为分析对象，详细考察资本主义生产体系中的合理化对城市人群的影响。在这部作品中，克拉考尔见证了新兴职员阶层的诞生，并且以生动的笔触描绘了这一新兴阶层的物质存在与意识形态特征，其目的是为了进一步展开对全盘理性化、“文明化”的资本主义社会的批判。

和克拉考尔在魏玛时代的其他所有作品一样，《职员》最初也是在极负盛名的《法兰克福报》的副刊上以连载的形式刊发的。在完成建筑、社会学以及哲学学业之后，自 1921 年始，克拉考尔在《法兰克福报》工作。他最初的职位是在编自由撰稿人，1924 年以后成为全职编辑，从 1930 年到他逃出纳粹德国的 1933 年 2 月之

① Siegfried Kracauer, “Das Ornament der Masse”, in: *Das Ornament der Masse. Essays*, Frankfurt a. M.: Suhrkamp Verlag, 1977, S. 57.

间，他担任的职务是《法兰克福报》驻柏林的文化编辑。1929 年 4 月底到 7 月，克拉考尔在柏林进行他的这项职员研究。1929 年 10 月，研究基本完成，但是由于报纸领导层的反对，研究成果迟迟无法得以刊发。[①] 一直到 1929 年 12 月初，《职员》才最终在《法兰克福报》上刊出。这主要归功于《法兰克福报》副刊部主任本罗·莱芬贝格（Benno Reifenberg）的帮助。他在给《法兰克福报》主编海因里希·西蒙（Heinrich Simon）的信中这样写道："现在，我们的手边正拿着一个轰动之作！"此后的读者反映恰恰证实了他所说的这一点。1930 年 1 月，在结束报刊连载之后，《职员》被迅速印刷成书。

在印刷成书之时，克拉考尔为其添加了一个副标题——"来自最新德国"（aus dem neuesten Deutschland）。这个副标题简洁扼要地揭示了他所着力探索的领域——经济和社会文化都达到最高水平的"最新德国"。因此，克拉考尔的研究深入到了现代大型企业的内部运作，同时也深入到了柏林这样的现代化大都市的内部空间。不过，在研究过程中，克拉考尔抛弃了严格的统计学范式，而是对职员的生活空间、行为习惯、思维模式、语言风格等进行经验性的考察。为此，克拉考尔亲自走访了公司、企业、劳动局、劳动法院、职员常去的电影院以及其他的休闲娱乐场所；仔细研究了公司报纸、分类广告和私人信件；甚至还不厌其烦地与职员、工会代表、企业主们展开了多次对话。他的这种考察方式，与林德夫妇所开创的"参与者的观察视角"多有相近之处，不过他更强调高度自觉的个人主义视角，反对普遍化的方法论，并且将陌生化与距离化视为研究前提。就此而言，这既不是一部关于"职员"阶层的学术论著，也不是一则针对"职员"阶层的通讯报道。毋宁说，克拉考

① 在商议《职员》预出版事宜时，《法兰克福报》正在进行主要负责人的重组。这是因为它在 1932 年被法尔本公司（I. G. Farben）收购了将近 49.5%的股权。这一事件引发了报纸在政治立场上的转向。从这一年起，这家曾经具有鲜明自由民主色彩的《法兰克福报》，开始为纳粹的一些"驯服"观念张目。这就导致克拉考尔与报纸领导层之间产生了日益升级的摩擦。《法兰克福报》准备解雇这位著名的、在政治上最为激进的文化编辑。就在克拉考尔从柏林飞回法兰克福不久，他们向克拉考尔下达了正式的解聘书。这发生在 1933 年 8 月。

尔在此想扮演的是一个民族志学者的角色，其目的是对柏林的职员阶层，这一尚未被人探索过的领域，这一“内在之异乡”进行一番社会学的探究。毕竟，由经济合理化过程所催生的庞大的职员阶层，已经成为了现代社会不可或缺的组成部分，同时也成为塑造公共文化生活的重要力量。

一　职员阶层的兴起与幻灭

如果说巴黎是本雅明笔下19世纪的首都，那么，柏林就是克拉考尔笔下20世纪的首都。这个新兴的现代大都市诞生于一战结束后的魏玛共和国。随着资本主义合理化进程的推进，尤其是美国泰勒制管理方式以及福特式生产方式的引进，在柏林这样的现代都市背景中，出现了一个“新的中间阶层”（neuer Mittelstand）——职员阶层的急剧扩张。在魏玛时代的柏林，每天都有数十万的职员穿行在这个城市的各个街道之上，他们的生活与那些原始部族的生活相比，更加不为人知。即便是最为激进的知识分子也无法洞穿这些普通职员背后所隐藏的巨大力量，而职员本身对自身的状况同样也一无所知。正是这种消弭于反常的公开性，使得这个群体的诞生过程及其内部构造变成了阳光下的盲点，无人注意到其中发生的任何变化。为了打破职员生活的匿名状态，克拉考尔开始着手进行这项职员研究。其研究的第一步就是考察职员阶层是如何伴随理性化进程而逐步兴起与幻灭的。

其实，早在19世纪晚期，德国就已经出现了“中间阶层”的概念。当时，德国在铁血宰相俾斯麦的领导下，步入了赶超式的工业化发展阶段。在不到30年的时间里，它就跃居欧洲强国的行列。在这样一个快速工业化的过程中，产业工人的数量不断攀升。与此同时，原来的独立生产经营者，也就是一些小手工业者、小生产者、小商人等，也被纳入到了资本主义的生产体系当中，成为介于社会上层的容克地主与社会底层的无产者之间的新阶层。不过，作为社会的新生力量，他们当时的数量远远比不上产业工人。大多数的小手工业者仍旧延续旧有的生活与生产模式，对新生的资本主义抱着冷漠和抵制的态度。就德国这个后发资本主义国家而言，开明专制的历史传统，以及发育不够完善的资产阶级，使其迈向现代化的道路主要依靠帝国的旧势力主导。为了维持社会的稳定，避免革命的发生，他们偏向于以一种妥协的方式应对社会矛盾。早在1881年，德国就以“皇帝诏书”的形式，建立起一套面向普通劳动者的社会保障体系，其中涵盖了失业、工伤、事故、医疗等保险制度。1911年，德国又通过了西方国家中的首个针对“中间阶层”——也就是最初的职员阶层的保险法案。这项法案不仅在行文中将其界定为高于工人的新等级，更赋予了他们较高层级的保险与劳动权益。可以说，“中间阶层”是德国资本主义发展过程中的产物，在某种意义上被寄予了扩大就业领域，缓冲社会矛盾的希望。

在《职员》中，克拉考尔指出，这一新兴的社会阶层在魏玛时代得到了进一步的发展。单从数量上来看：当时的德国拥有350万名职员，较之从前几乎翻了五番。与之相比，在同一阶段，工人的数量却没有显著增长。虽然在共和国的前五年，职员阶层的增长受到了超通货膨胀的影响。但是，在1925年之后，由于道威斯计划的实行，魏玛共和国迎来了“黄金时代”，职员阶层亦得以再度扩张。当时，几乎每五个雇员中就有一个是职员。除了数量之外，职员所从事的行业也有了比较大的变化。此前职员的就业领域多局限于工业企业，而此时，越来越多的职员来到了更为广阔的商业服务领域工作。比如百货商店的售货员、银行的出纳员、邮局的邮递员、宾馆的服务员、列车售票员等。除此之外，在各大企业的技术监督、管理经营等中上层岗位中，也出现了大量职员的身影——

> 到目前为止，商业领域的职员数目最为庞大，达到了225万。紧随其后的是几个规模基本相当的职业领域，诸如办公室职员、技术人员与管理人员，他们分别都达到了25万人。①

在克拉考尔看来，促成这一发展变化的原因，就是资本主义经

① Siegfried Kracauer, *Die Angestellten*, *Aus dem neuesten Deutschland*, Suhrkamp Verlag, Frankfurt am Main, 1971, S. 11-12.

济的合理化（Rationalisierung）。从产业结构的角度来看，随着第三产业的兴起，大量服务性的岗位需求不断涌现。这就使得出身于平民家庭，或者无产者家庭的劳动者有了进入资本主义生产体系的可能。从企业的角度来看，在向现代化大型企业发展的过程中，其内部的组织结构也随之发生变化：分工的不断细化导致机构不断膨胀，对于不同层次的执行与管理人员的需求不断增加。不论是在商品往来还是在办公流程中，合理化都已经得以充分实施。此外，为了应对现代大型企业劳动者权益保障的需求，各种类型的社会保险与工会组织的机构亦在不断膨胀。在这几重因素的共同作用下，职员的规模不断壮大。出于职业需求，这一新兴阶层必须在不同的机构中与形形色色的人打交道。这就使得他们拥有了复杂条件下的沟通、交流、管理、服务等多重技能，成为现代社会中不可或缺的中间力量，同时也成为现代文化生活的忠实拥趸。柏林已经完全成为一个现代职员之都。在这里，促使职员大众形成的合理化实现了最高程度的繁荣；在这里，公共生活的形式正在由职员的需求所形塑；在这里，以满足职员精神需求的消费文化热潮正在涌动。不过值得关注的是，作为“中间阶层”的职员群体，虽然受益于资本主义的合理化，但当此进程不断向前推进，促使职员成为大众之时，他们也就失去了阶层身份赖以生成的基础：更高的收入、相对的独立、升迁的机会以及工作的保证。正如克拉考尔所言：

> 自资本主义产生以来，合理化就带着自身的界限而来。但是发生在1925—1928年之间的合理化却标志了一个尤为重要的阶段……它使得职员阶层的数量急剧增加，其所履行的职能范围却在不断缩小，甚至面临着随时可被相互替代的命运。①

针对克拉考尔的分析，德国著名社会学家埃米尔·莱德勒（Emil Lederer）在《无产阶级的重组》（Die Umschichtung des Prole-

① Siegfried Kracauer, *Die Angestellten*, *Aus dem neuesten Deutschland*, Suhrkamp Verlag, Frankfurt am Main, 1971, S. 12.

tarias）一文中进一步指出：

> 历经1929年经济大危机的冲击，当下职员阶层的命运已经与无产阶级的命运趋同了。这确实是一个客观事实……而今我们仍旧可以在一个社会空间中找到现代奴隶，这个社会空间不再是工人阶级所劳作的工厂，而是职员们所工作的办公室。①

无疑，克拉考尔和莱德勒都看到了，伴随资本主义合理化进程的推进，魏玛时代的职员大众逐步被同质化、机械化的劳动所蚕食。尤其是在1929年的经济大危机之后，他们原有的技术优势、收入优势以及身份优势全都付之东流，无可避免地从“中间阶层”跌落，滑入了无产者的行列。

> 从平均工资水平来看，一般职员的起薪不超过150马克。一些处于较高职位的资深职员，也很少能拿到500马克。从经济的角度来看，他们确实像是成了工人……②

从根本上来说，同老“中间阶层”相比，这些职员大众，并不具备相对独立的物质条件，而只能依靠工薪依附于资本主义的生产体系。这种缺乏保障的依附性，使其对经济局势的变化尤为敏感。经济合理化的残酷淘汰机制，不断拉平他们原有的特权待遇，最终使其在物质命运上趋同于工人阶级。在经济危机爆发之时，其基本生存也将面临威胁。不过，相对体面与洁净的职业空间，以及被资本主义大众文化产品所塑造的文化生活，却又使得他们始终认为自己比工人高出一头，甚至形成了一种虚幻的资产阶级意识形态。意即物质上的破产，使其更多地转向精神上的麻醉，希望在资本主义

① Emil Lederer, “Die Umschichtung des Proletarias”, in: *Angestellte und Arbeiter*, Afa-Bund, Berlin: Freier Volksverlag, 1928, S. 59-60.

② Siegfried Kracauer, *Die Angestellten*, *Aus dem neuesten Deutschland*, Suhrkamp Verlag, Frankfurt am Main, 1971, S. 14.

文化工业所提供的“避难营”中找到已经消失的阶层幻影。不过，在克拉考尔看来，“个性”、“教育”、“文化”、“专业”……这些装饰着资产阶级门脸的概念，其实只是职员阶层的空虚幻想。因为，他们原本寄居的资产阶级屋宇其实早已被合理化的进程推翻了。

因此，作为现代化进程的典型表达，职员一方面诞生于资本主义经济合理化体系，另一方面又是其无可逃脱的牺牲品。他们身上所特有的物质存在与意识形态之间的分裂与矛盾，加剧了其生存的困境。与此同时，19 世纪末期以来在他们身上所寄予的缓冲社会矛盾的功能完全消失，社会的阶级矛盾开始出现不断攀升和激化的趋势。正如克拉考尔在《职员》中所言：

> 我的研究对象是职员大众，但是这么一项研究可能要比任何一个非洲电影之旅还要惊心动魄。因为它探查到了现代大都市的核心所在。①

正是由于克拉考尔的这项研究直接探及“最新德国”的内部状况，使得他能够对魏玛现代性的状况，尤其是以职员阶层为代表的现代人的状况进行深入解析。在他笔下，职员阶层的物质基础与身份地位早已被合理化和机械化的劳动所蚕食。未来对于他们来说没有任何希望可言，因而越来越多的人陷入了同样的状况——那就是无望与怀疑。不久之后，席卷资本主义世界的经济大危机爆发，在大量失业的艰难岁月中，职员阶层所独有的无产阶级物质存在与资产阶级自我意识之间的紧张关系，将驱使着他们投入国家社会主义者的怀抱。后来的数据也表明，他们对纳粹的参与率远远超出了其在全国总人口中所占的比率，甚至纳粹高层的官员几乎都来自于中间阶层的家庭。当然，1929 年的克拉考尔并不可能知道这些。但是，通过对隐藏在职员阶层中的“恐怖光晕”（Aura des Grauens）的分析，克拉考尔已经比任何人都要更早地预见到了即将来临的政

① Siegfried Kracauer, *Die Angestellten*, *Aus dem neuesten Deutschland*, Suhrkamp Verlag, Frankfurt am Main, 1971, S. 15.

治灾难。①

二　职员——资本主义合理化的产物

如前所述，克拉考尔在进行职员研究之时，选取的是柏林这座新兴的现代大都市。在资本主义合理化进程的推动下，在这座大都市中出现了职员阶层的疯狂增长。但是，与其诞生之初“新的中间阶层”这一称谓不同的是，在20世纪20年代中期之后，职员阶层失去了高于产业工人的物质生活条件，在经济上趋同于无产阶级。与此同时，已经被剥夺了物质优越性的职员阶层并没有放弃资产阶级身份的认同，反而在各种资本主义文化工业设置的“避难营”中继续维系原有的身份认同。那么，资本主义生产体系与经济合理化的基本运作，是如何塑造职员阶层这一充满矛盾性的基本状貌呢？

首先，从职员的应聘环节来看，克拉考尔在《职员》中引了一段1927年年底柏林一家公司的通告：

> 让每一个受聘者都能找到最适合自己的位置——适合他们能力、知识、心理和生理特点的职位，一言以蔽之：根据他们整体的个性特点，在最合适的位置安排最合适的人！②

这则通告的内容貌似体现了对劳动者个性与能力的尊重，但是在克拉考尔看来，这不过是为资本主义合理化体系作伪饰的借口：

---

① 1930年8月，克拉考尔给阿多诺写了一封信，信中提到，“德国的状况比以前更糟了……现在大概有300万或者400万的失业人员，我看不到有任何解决的办法。我觉得一场巨大的灾难马上就要降临到这个国家，我确定这不是资本主义那么简单。资本主义之所以变得像野兽一样凶猛，我觉得并不仅仅是出于经济的原因……我该怎么去定义这个原因呢？在法国，我还是对此进行着持续关注，尽管已经有许多批评，但是所有的事情都还是被彻底破坏了：基本的行为规范，最普通的善，以及人们之间的相互信任都完全没有了”。这段文字，转引自 Ingrid Belke and Irina Renz, *Siegfried Kracauer 1889-1966*, Marbach am Neckar: Deutsche Schillergesellschaft, 1998, S. 58 und 63。克拉考尔在柏林期间，一直在关注法西斯主义在中间阶层的扩散问题。

② Siegfried Kracauer, *Die Angestellten*, *Aus dem neuesten Deutschland*, Suhrkamp Verlag, Frankfurt am Main, 1971, S. 18.

> “整体的个性特点，在最合适的位置安排最合适的人！”这类出自僵死的唯心主义哲学字典中的措辞，给我们造成一种错觉：仿佛这确实是一个真诚的选人机制。而实际上，大多数雇主根本就不会考虑到个性的要求，更别提什么“整体的个性特点”了。至于所谓的“最合适的人”，则根本想都别想。在企业中的工作根本就不是为个性量身打造的，毋宁说是根据生产和销售过程的需要而设置的。①

克拉考尔非常清楚，企业通过自身合理化的经济逻辑，所要达到的效果是对那些尚未成熟的大众进行充分合理化（durchzurationalisieren），以此来满足其经济生产的目的。那么，作为职员阶层的劳动者究竟要符合怎样的要求才能获得聘用呢？在《职员》的第二章“挑选”（Auslese）中，一个柏林劳动局官员用了这么几个不断重复的词汇——诸如“令人愉快”和“友好”——为此作答。总而言之，雇主们想要雇用的人必须拥有美好的第一印象。这一点完全体现了资本主义世界一体化的通行原则：

> 我们现在所采取的方式与美国一样。应聘人首先要有一张友好的脸……在录取销售人员和办公室职员时，我们最为看重的就是他们是否有令人舒服的外表……而这种令人舒服，并不是要特别漂亮。最重要的是，他们要有一种道德的粉红气色（Eine moralisch-rosa Hautfarbe）……②

可以说，这层神秘的“道德粉红气色”是成功聘用的一个必要条件。在这里，职员的外表不仅是其自身能力的表现，更是雇主对其进行评判的标准。这个概念一下子就穿透了那让橱窗装饰、职员画报所填满的日常生活，让人一眼看到了资本主义生产与社会关系

---

① Siegfried Kracauer, *Die Angestellten*, *Aus dem neuesten Deutschland*, Suhrkamp Verlag, Frankfurt am Main, 1971, S. 18.

② Ebenda, S. 21.

的内在特征——为了最大限度地提高生产效率，不仅需要专业化、标准化的流水线与流程控制，与此同时，还需要能够促进生产效能的人际润滑剂。因此，职员从其外表到性格乃至能力都必须符合这一通行原则，方能为僵硬冷酷的合理化涂上一层粉红的油漆，以遮盖其远非粉色的现实。对此，克拉考尔说道：

> 需要注意的是，这层粉色根本就没有足够的道德力量来阻止灾难的爆发！不加修饰的灰暗道德与加以粉饰的粉色伪装一样，都会给现存秩序带来巨大的风险……遗憾的是，合理化越是向前发展，道德的粉红外表就越是能占据优势。①

正因为如此，柏林街头涌现出了一大批深受合理化趋势影响的职员群体。他们都被特定的要求加以标准化了——在语言、服饰、姿态、表情等各个方面都显得整齐划一。应该说，这一标准化过程的唯一后果就是他们都拥有了同样令人愉快的外表——“道德的粉红气色”。无疑，职员的生存迫于资本主义生产与挑选机制的压力，这种压力对他们实行了僵化的选择性培育。不论他们愿意与否，都必须加入其中。出于深刻的生存焦虑，他们只能涌入各种类型的美容院。为了不因衰老而被抛出职场，不论男女老幼都加入了染发的阵营；为了不因身材臃肿而被抛出职场，四十多岁的人还在做有氧运动。在这里，时尚和经济开始联手打天下。一场铺天盖地的合理化运动逐渐深入到了职员生活的方方面面。

其次，从职员具体的工作流程来看，合理化原则的贯彻更为明显。尤其是在柏林这样的现代大都市的大型企业内部，合理化已经成为最为基本同时最为重要的商品生产与组织运作的流程。

> 这间办公室中最为重要的装饰，是一个橱柜式样的中心控制台，上面缀满了五彩缤纷的发光灯泡。总体而言，这些红、

① Siegfried Kracauer, *Die Angestellten*, *Aus dem neuesten Deutschland*, Suhrkamp Verlag, Frankfurt am Main, 1971, S. 24.

黄、绿色的灯泡亮起熄灭的唯一目的就是让这个企业变得更加合理化……每一个工作流程必须完全合理化，不能放过任何一个细节……每一项工作计划都必须精确到每一分钟……所谓合理化，就是采用所有技术和系统的组织化的手段，用以提升经济可行性、提升产量、节约成本，并最终推动其发展。①

在克拉考尔看来，上文对合理化的定义中独独缺失了“人”(Mensch）这一维度。当然，这些雇主们之所以会忘记这一维度，是因为在他们眼中，所谓的“人”与精密运转的机器相比，其实并不那么重要。每一个在机器前操作的个体，在某种意义上已经丧失了作为“人”之存在的基本内涵。例如，一家企业需要招募一批速记员，便直接从高中招来一批女孩子，给她们低廉的工资，让她们接受专门教员的打字训练。这个聪明的教员所采用的手法充分体现了人与机器的“协调”。他缓缓摇动唱片机，让手下的女学生们随着音乐节奏迅速打字。当唱片机放出欢乐的军队阅兵式音乐时，学生们就在各自的机器上展开了二次阅兵。唱片越转越快，这些女孩们的打字速度也在不觉间越来越快，指动如飞。在这里，合理化创造出了最廉价的奇迹，但个人的价值却遭到了最为彻底的漠视，这些年轻的姑娘与被训练的动物并无二致。

此外，在市场合理化进程的推进下，职能专业化的风潮几乎得以全面铺展。在其影响下，各个行业职员的行动自由权力被大大降低。例如，原本拥有更多自主权与独立性的采购员不得不交出旧有的权力，臣服于上级分派的枝节指令；原来执行技术综合管理的职员，现在却只能分管生产过程中极为有限的环节。由于每一个人所承担的职责都只是庞大流水线上极微小的一环，那么，他们也就变成了日益碎片化的功能承担者，其存在与消亡对企业的整体运作并无太大的影响。在此情况下，他们非但无以保留任何个人价值或者个性特点，甚至面临着随时被人取代的命运。因此，在“短暂

① Siegfried Kracauer, *Die Angestellten*, *Aus dem neuesten Deutschland*, Suhrkamp Verlag, Frankfurt am Main, 1971, S. 27.

的通风时间”（Kurze Lüftungspause）这一节中，克拉考尔不无痛心地写道：

> 一个商业职员的生活，是一种令人恐惧的单调。这些被单调所折磨的人不能再欺骗自己了，因为他从来没有经历过如此令人绝望的麻木。①

最后，从职员的职业生涯来看，经济合理化的进程几乎表露出了最为残酷的面相——

> 在威廉大帝纪念教堂对面，凯莱宫与纪念堂仿佛达达尼尔海峡处两座相互挥手致意的城堡。最近，那里站着一个显得十分可怜的男人。他在自己的脖子上挂上了一块牌匾，路人们可以从他在牌匾上用粗体字书写的内容了解到，他是一个被解雇的销售人员，已经25岁，希望能在自由市场上找到一份工作——不管是什么样的都行。②

这是克拉考尔在《职员》当中所呈现的一幅经典场景。在魏玛后期，职员阶层的急剧膨胀，导致职场竞争的白热化。即便是拥有相关技能的年富力强者也面临着被解雇的厄运。在白热化的职场中，关于年龄的界限不断上移。25岁，究竟算不算老？如果比照职员杂志上的一则广告来看，这位可怜的失业者其实已经被归入年老职员的行列了。因为这则广告提示说，一家男装厂需要招聘一位25岁至26岁的“老销售员”。对此，克拉考尔不无讽刺地说道：

> 如果按照这个逻辑推算的话，婴儿们很快就要被归到年轻人的行列……那些40岁的人虽然认为自己尚还健硕、硬朗，但

① Siegfried Kracauer, *Die Angestellten*, *Aus dem neuesten Deutschland*, Suhrkamp Verlag, Frankfurt am Main, 1971, S. 33.

② Ebenda, S. 44.

是从经济的角度来看，他们早已死亡了。①

在这里，我们可以看到，对那些尚还十分年轻的职员而言，经济合理化的进程已经提前为他们画上了职业生涯的句号。企业依据合理化所进行的调整与重构，将不可避免地产生年老职员的解雇。即便各企业内部结构不同，合理化所裁减的人数有所不同，但是，为了保证企业自身的盈利，合理化仍旧要踏着众多年老职员的尸体前进。虽然合理化风暴的前锋已经过去，但是到目前为止，公司之间还在不断融合，部门之间还在解体或者合并。每一个“年老”的职员都感觉压力重重，仿佛那把解雇的达摩克里斯剑马上就要落在他们头上。这些“年老”职员的不幸之处在于，一旦遭受公司解雇，他们就根本不可能再获得一份工作。他们就好像一些麻风病人一样，所有公司的大门都对他们紧紧关闭。

因而，整个社会以一种令人震惊的方式来颂扬青春。青春变成了新闻画报和其读者们疯狂崇拜的偶像；年老的人追赶着青春，年轻的人保持着青春，各种标榜能够重获青春的灵丹妙药更是大行其道。②

可以说，克拉考尔对资本主义经济体系中的合理化本质的理解是极为深刻的。在《职员》中，他从生命哲学的角度，为我们指明：如果变老就意味着迎接死亡，那么这种对青春的盲目崇拜则是逃离死亡的标志。但是，死亡却永远在人群中盘旋，死亡与生命是彼此相连的。因此，人们无法只拥有后者而不顾前者。虽然年轻人由于年老人的被罢黜而获得了胜利，但是，生命却在这场比赛中失败了。最清楚不过的事实是，人类根本不可能一直追赶青春。这是对生命的一种灾难性误读。毫无疑问，理性化的经济正是产生这种

① Siegfried Kracauer, *Die Angestellten*, *Aus dem neuesten Deutschland*, Suhrkamp Verlag, Frankfurt am Main, 1971, S. 44.

② Ebenda, S. 51-52.

误读的原因。如果不允许人们去追寻一个充满意义的结局，那么，最终的结局——死亡——也同样会让他们困惑。他们的生命，本应该通过面对死亡来获取意义，现在却被拦截并驱使着回到起点之处，去疯狂地追求青春。青春，本应该是生命得以开始的地方，却突然变成了反常的满足，因为真正的满足已被禁止。因此，资本主义经济模式之中的合理化其实是对人类本质的戕害。对效率、生产力的疯狂追逐，导致了职员阶层对青春的过高评价，以及对年老的不断贬抑，这种根本性的错位已经大大超出了正常的可以接受的界限。在克拉考尔眼中，这些现象无不证实了一个冷酷的事实——在魏玛时代的经济和社会状况中，人类已经不是活生生的生命了。

三　经济的无产阶级化与文化的资产阶级化

1925 年后，职员群体在被充分合理化并走向大众化的过程中，日益丧失旧有特权并在经济上趋同于无产阶级。但是，资本主义文化工业产品所制造的幻象，对他们的现实感知产生了影响，与此同时，娱乐化的消遣也模糊并掩盖了他们的真实身份认同。不论是银行经理还是销售职员，不论是电影明星还是速记打字员都对资本主义文化工业所提供的"精神避难营"——消遣娱乐场所趋之若鹜。克拉考尔是第一个为职员阶层描绘出工作与娱乐、经济合理性化（Ökonomiescher Rationalisierung）与文化工业娱乐消遣（Kulturindustriell Zerstreuungsangeboten）之间功能性关系的人。

（一）错位的文化认同与身份意识

职员阶层大都生活在柏林这样的大都市中，远离乡土与传统的束缚。资本主义的合理化运动，不仅为他们塑造了同一化的工作与生活方式，同时也为他们塑造了同一化的外在形象——具有同一副脸孔、同一种装扮、同一类口音、同一种体态的女售货员、服装商助理、速记员……这些标准化的形象一方面被各种杂志和电影所刻画强调，另一方面又通过自身数量的不断增长而被迅速推广。这些典型的外在形象已经进入到普通公众的意识，而普遍的公众意识又不断加强着他们的典型形象。

不过，在克拉考尔看来，职员阶层的同质化并不单纯体现在外在的面相之上，而更深刻地体现在他们的意识形态构造上。总体来说，虽然职员阶层在魏玛时代已经失去了原有的高人一等的物质生活条件，但是他们在意识深处，仍旧无法与无产阶级的生活产生认同，而是本能地趋于对资产阶级物质文化生活的追逐。为此，克拉考尔在《职员》中为我们举了一个简单的例子：

> 一个担任秘书职务的职员，为了假冒自己来自于资产阶级阵营，常常要在谈话中插入一些随意而地道的英语口语，借以显示她区别于普通职员阶层的身份特征。虽然她从资产阶级成功人士的语言仓库中找出了这么一个时髦的工具，并借以得到了一份体面的工作，但是她并不可能在实际上分享资产阶级的命运。①

我们可以在百货商店、律师事务所，以及其他同类的公司中遇到无数和她一样的女孩子。她们虽然出身平凡，但是体面的职员工作，让她们能够拿到各种免费的演唱会或者公园的门票，让她们能够乘坐出租汽车出差，能够在周末去搭帐篷露营。在她们眼中，去凯宾斯基饭店吃一顿高级的晚饭是无上荣耀之事，更渴望将来有一天，步入这样的饭店之时能被人称为“尊敬的太太”。轻松的舞会、有格调的咖啡厅、时髦的流行音乐更是成为她们装点门面的标签。可以说，所有这些来自资产阶级世界的瑰丽幻象，在她们眼中都变成了具体而微的生命梦想。这些不可抵挡的文化诱惑、道德观念、生活方式以一种惊人的力量塑造着她们的文化意识与身份认同，让她们成了漂浮于资产阶级和无产阶级之间的波西米亚人。正如克拉考尔在《职员》中所写：

> 在柏林，我们常常会遇见这么一些人，一些可被称为波西米亚人的职员群体。她们大都是来自中小城镇的年轻姑娘，

① Siegfried Kracauer, *Die Angestellten*, *Aus dem neuesten Deutschland*, Suhrkamp Verlag, Frankfurt am Main, 1971, S. 67.

> 如同彗星一般，穿行在柏林这个巨大的星空中。她们的职业轨道是不可预料的，就连最好的天文学家都无法预言她们将会在哪条街道停留或者降落在哪张婚床之上。她们总是喜欢头戴贝雷帽，身着连衣裙流连于一些富有浪漫气息的咖啡馆。对她们而言，咖啡馆所赋予的机会与可能远远多于自己的父母。①

克拉考尔在书中异常冷峻地指出，虽然这些姑娘幻想着能够过上更高阶层的生活，并且为此刻苦努力着。但实际情况是，她们必须在公司的一个个微不足道的角落里，面对着一台没有生命的收款机、一台冷冰冰的打字机，或者一条永无止境的生产流水线，日复一日地重复单调、枯燥、缺乏个性的工作。而在结束了整整一个月的机械劳动之后，她们所能拿到的工资却少得可怜，大都不超过150马克！为了装点资产阶级的门面，她们还不得不从这微薄的工资中抽出大部分，让自己喝咖啡、听音乐、去郊游。这种物质现实与文化意识之间的矛盾在她们身上得到了最为典型的体现。正如埃米尔·莱德勒（Emil Lederer）在其论著《社会经济概要》（*Grundriss der Sozialökonomik*）中所说：

> 统一的职员阶层正在形成。从战前开始，根据阶级观点而进行的人口群体的划分已经取得了很大的进步……即便中间阶层在今天已经高度趋同于无产阶级的命运，但是他们中的主体还是没有放弃资产阶级的意识形态。②

这项研究从1926年开始，第一次对已经发生变化的职员阶层进行考察和探析。理查德·沃尔特（Richard Woldt）在《企业职工

① Siegfried Kracauer, *Die Angestellten*, *Aus dem neuesten Deutschland*, Suhrkamp Verlag , Frankfurt am Main, 1971, S. 69-70.

② Emil Lederer, "Grundriss der Sozialoekonomik", Section 4, Part 1, 转引自 Siegfried Kracauer, *Die Angestellten*, *Aus dem neuesten Deutschland*, Suhrkamp Verlag , Frankfurt am Main, 1971, S. 81。

的生活世界》（*Die Lebenswelt des Industriearbeiters*）中，也提出了类似的观点，认为“职员的意识形态与其现实状况之间存在着一种紧张关系”①。可以说，他们的观察与克拉考尔对职员阶层的敏锐洞见不谋而合。随着经济合理化进程的快速推进，职员阶层的圈子开始不断扩大，甚至与无产阶级的圈子产生了融合。这就导致他们与工人阶级之间的差别在日益缩小。在经济危机的影响下，他们所期盼获取的上层阶级，也就是资产阶级的生活梦想被无情击碎。受到这一趋势的影响，这些有过短暂富裕体验的人，一下子被打回他们父辈的生活状况中去，甚至无情地跌落到无产阶级的阵营。到了魏玛后期，职员阶层的物质条件进一步恶化，甚至面临破产的风险。因而在企业中，“不论老幼，职员们总是反复抱怨说，工人们比自己挣得还多！”② 这种抱怨在克拉考尔看来，是非常荒谬且毫无意义的。因为这种抱怨背后，不过是职员阶层虚幻而不堪一击的自尊。可以说，对旧日阶级梦想的沉迷，不仅使得他们完全忽视了自身衰退的具体现实，更引发了他们与无产阶级之间的矛盾，进一步加剧了社会的动荡。例如，在工业企业中，商业职员十分藐视技术工人，甚至拒绝跟他们一同参加聚会。在与金钱密切相关的银行业中，这种状况则更为严重。金碧辉煌如同宫殿般的装饰风格，最大限度地满足了银行职员虚幻的阶级想象，致使他们认为自己就是掌管资产阶级门廊的卫士，因而对无产者的光顾从来都是不屑一顾的。

> 即便是最低等级的职员群体都认为自己天生就比无产阶级要高贵许多。例如，一个商业企业中的职员总认为自己的地位远高于那些从事搬运工作的同事。而实际上她的工作职责不过是保证公司与提货点之间的常规联系而已。与此类似，在办公室工作的文员也总认为，自己所获得的尊重要比生产线上的女

① Richard Woldt, *Die Lebenswelt des Industriearbeiters*, Leipzig: Quelle & Meyer, 1926, S. 35.

② Siegfried Kracauer, *Die Angestellten*, *Aus dem neuesten Deutschland*, Suhrkamp Verlag, Frankfurt am Main, 1971, S. 82.

> 工多得多。而实际上，她们所享受的这种尊重，不过就是一声毫无意义的“女士”称谓而已。①

职员阶层与产业工人之间的这种矛盾冲突，还突出地反映在婚姻家庭的领域中。对此，克拉考尔在书中举了一个生动的例子：

> 一个女售货员对我讲述了她与一个工人之间的感情故事。这个女孩的父亲在法院工作，更确切地说，在法院的门房工作。但是，他却无法容忍在自己的家庭中出现一个工人。于是，这个女孩的男友不得不辞去原本收入不错的工厂熟练工的工作，找了一家银行，当起了一名银行的低级职员。但是这么做所换来的回报是，他如愿成为了这个女孩的未婚夫。②

这个例子非常典型地揭示了职员阶层的意识倾向。他们仍旧沉浸在旧有的阶级梦幻之中，根本无法洞见已经发生变化的物质条件。这种落差产生的原因是其无产阶级的物质存在与资产阶级的身份意识之间不可克服的矛盾。但从本质上来说，除却意识形态上的区分之外，这两者在收入水平和工作时间上几无差异，甚至无产阶级还要更胜一筹。只是，出于对竞争的恐惧以及惯有的自我尊崇，他们总是想用生活方式与文化消费方式上的差别来标志自身区别于无产阶级的身份。一旦理性化的未来希望宣告幻灭，他们就将陷入精神与物质的全面破产。

（二）无家可归者的文化避难营

如前所述，虚幻的资产阶级意识与衰败的物质经济基础，使得职员成为了魏玛后期的矛盾存在。与之相比，普通工人不仅在物质上，就是在精神层面上都要略胜一筹。因为，在他们的无产者生活之上，至少还有一层马克思主义的理念作为屋顶，指导他们所应该扮演的社会角色。而职员阶层的真实精神空间，却是荒芜的。正因

① Siegfried Kracauer, *Die Angestellten*, *Aus dem neuesten Deutschland*, Suhrkamp Verlag, Frankfurt am Main, 1971, S. 82.

② Ebenda, S. 83.

为如此，克拉考尔才说：

> 当下，职员大众和工人无产者的区分在于，他们是一些精神上的无家可归者。①

确实，由于经济地基的陷落，职员阶层已被此前寄居的资产阶级寓所驱逐。现在，他们除了应对不确知的恐惧之外，无法再追逐什么终极目标。职员杂志也只能通过各种“文化需求”的呈现，为这群无家可归者勾画出“家”的概念：

> 钢笔、白色牙齿、恢复年轻方法、在熟人间兜售咖啡、录音机、用分期付款购买高级钢琴……②

从这一点来看，与普通工人相比，职员阶层追逐更高的“文化需求”。除了保健、礼物、娱乐之外，这些“文化需求”还包括其他一些花费，例如烟草制品、饭店消费以及其他的精神和社交的活动等。他们在这些“文化需求”上的花费远远高于其居所费（包括取暖和照明）、服装费以及交通费的总和。但是，克拉考尔认为这种空虚的“文化需求”的满足，其实根本不能改变他们的精神状况，也起不到任何对自身存在之反思作用，更谈不上利用这些文化产品来对当下进行批判，反倒让他们更加深刻地卷入合理化的浪潮，成为现代社会标准化的生产部件。尽管如此，魏玛时代的职员大众非但没有停止对各种文化产品的追逐，反而以更大的热情投入其中，甚至在20世纪20年代末期的柏林，引领了一股“消遣的狂热”（Kult der Zerstreuung）。在克拉考尔看来，这种“消遣的狂热”，究其本质而言，不过是职员阶层借以暂时逃脱自身命运的文化想象。对此，克拉考尔在书中写道：

---

① Siegfried Kracauer, *Die Angestellten*, *Aus dem neuesten Deutschland*, Suhrkamp Verlag, Frankfurt am Main, 1971, S. 91.

② Ebenda.

> 许多职员都出生于比较寒微的家庭。可能他们的住所大都窄小，而室内灯光也比较昏暗；可能他们在私人领域中所接触的人大都没有受过良好的教育。而在百货商店以及与之类似的大众消费场所中，职员们整天都待在十分华丽、灯光辉煌的房间里，与那些出身高贵并且教养良好的顾客打交道。这给他们带来了更多幻想的空间与逃避的可能。①

可以说，商场中辉煌的灯光不仅刺激了购买者的消费欲，同时也刺激了身处其中的职员，诱惑着他们，将自己狭窄、昏暗的出生地彻底忘却。与其说这灯光照亮了他们，不如说让他们变得更加盲目。因为它虽然让他们看到一个美轮美奂的戏剧舞台，却无法保证他们能够正式登上舞台，过上真正意义上的体面生活。在此，职员阶层的幻想与他们想要追求的更高等级的生活，以一种空虚而奇特的方式交织在了一起。

> 在一个大百货公司的橱窗里，穿着便宜成衣的时装模特们矗立在梦幻般的兰花丛中，Luna 公园里又安置了一条汽车跑道。这就足够给那些低收入的职员带来一种想象的空间——在他们的想象中，仿佛他们就是那身着华衣的汽车驾驶者，在那美丽的公园中兜风。②

可以说，来自于资产阶级世界中的任何一丝不经意的气息，都足以令职员阶层心驰神往。当然，除了这些优美的姿态以及表面的物象之外，柏林这座 20 世纪的现代大都市，还给他们搭建起了更为真切、更为具体的文化空间，以满足其虚无的资产阶级精神向往。酒吧、电影宫、博彩厅、歌舞院……一切所能想到的娱乐业与文化消遣的场所，全都向他们敞开了大门。这就是克拉考尔在书中反复提及的——精神上的“无家可归者”的文化避难营。

---

① Siegfried Kracauer, *Die Angestellten*, *Aus dem neuesten Deutschland*, Suhrkamp Verlag, Frankfurt am Main, 1971, S. 93.

② Ebenda, S. 94.

在这里你不需要花多少钱就能呼吸一口广阔世界的空气。波茨坦广场上的餐厅“祖国之家”（the haus Vaterland）主要用于招徕各省的游客；而 Resi（Residenz-Kasino）则盘算着能多接待一些高收入的人群。Moka-Efti 公司以及与之类似的公司全都联合起来，以应对大都市人群不断高涨的娱乐和消遣的需求。他们没有说出口的格言是，来到这里尽情消费吧。[1]

就在各个企业进行合理化的同时，这些文化避难营也开始对职员阶层的娱乐消遣实施合理化工程。仅以主题酒吧为例，标准化的旅行风景如同流水作业平台上的产品，被装饰到了不同包间中。金碧辉煌的环境给了他们置身于高层次生活的幻觉。

（在这里），可以看到维也纳美妙夜色的远景——高耸在璀璨的星空之下的斯蒂芬大教堂使得一切都黯然失色……莱茵河正缓缓流过，熠熠生辉的金色河流慢慢延伸隐没……艾泊湖（Eibsee）映衬着楚格峰—阿尔卑斯山的雪—巴伐利亚 schuhplattler 歌舞[2]……靠近大西洋的北美大草原—亚利桑那—大牧场—舞蹈—牛仔歌曲—黑人和爵士乐队—跃动的舞台……[3]

尽管这些套餐式的风景模板单调乏味，缺乏文化的温度，但依旧成功地吸引了无数职员前来消费。对于他们来说，工作日越是无聊，就越是要在休息日的夜晚远离工作，逃往别处。主题酒吧所构建的幻象舞台，恰恰给了他们逃离的机会——只需将绚丽的布景灯光轻轻扭亮，职员大众就能逃脱工作日的琐碎庸常，进入到他们梦

① Siegfried Kracauer, *Die Angestellten*, *Aus dem neuesten Deutschland*, Suhrkamp Verlag, Frankfurt am Main, 1971, S. 96.

② 这是德国巴伐利亚地区的一种民族歌舞，名叫“击鞋舞”，姑娘们穿着碎花长裙，头戴花冠，甩着长辫子，小伙子穿着皮短裤，还有长袜子，互相交错舞步，同时击打鞋子，发出欢快的声音。

③ Siegfried Kracauer, *Die Angestellten*, *Aus dem neuesten Deutschland*, Suhrkamp Verlag, Frankfurt am Main, 1971, S. 97.

寐以求的资产阶级的文化世界中。如果再加上酒精的力量，这种不可思议的时空穿越会让他们更加迷狂沉醉。不过，一旦侍者将灯熄灭，高层次生活的幻觉亦将随之幻灭，他们只能继续在机械化的工作中等待下一次灯光亮起的时刻。对此，克拉考尔在《职员》中写道：

> 在Luna公园的夜晚，喷泉时不时就会被信号灯照亮。红色、黄色和绿色的锥形灯光不停地发生变化，彼此交替，而后消失在黑暗之中。如果这一壮观的景象消失了，我们就发现，那不过就是一些丑陋、柔软的小水管而已。这个喷泉就像是许多职员的生活。他们出生寒微，却竭力逃往高层次的娱乐消遣。仿佛只要华丽的灯光亮起，就可以忘却出身，融入夜夜笙歌的资产阶级生活。①

在克拉考尔看来，灯光的明灭起伏，真实映照出了职员空虚匮乏的精神世界。这些文化避难营，除了满足他们虚幻的阶级意识之外，根本无助于现实问题的解决。更进一步来说，在文化避难营中的自我麻痹与自我沉醉，最终只能将职员们捆绑到统治阶层希望他们待的位置上，彻底远离社会抗争与社会批判。

> 基本上所有的工业产品都要通过遮掩其弊端的方式为现存秩序的合法性服务。他们也一样，他们给普通大众喂下文化魔幻药，就好像催眠师用一些闪耀的东西来让他的对象沉入睡眠一样……以此，让所有人都跌入没有图像的遗忘的深渊。②

总而言之，在克拉考尔笔下，职员阶层一方面是现代资本主义合理化的产物，另一方面又是其牺牲品。在被合理化进程不断碾压的过程中，他们原有的经济基础与社会地位被不断削弱，甚至被挤

---

① Siegfried Kracauer, *Die Angestellten, Aus dem neuesten Deutschland*, Suhrkamp Verlag, Frankfurt am Main, 1971, S. 101.

② Ebenda, S. 99.

入了无产阶级的行列。物质存在层面的无产阶级化与精神意识层面的资产阶级化，导致了职员群体的分裂与混乱。在混乱之中，他们逃进了资本主义文化工业所提供的“避难营”，希望从中获取已经消失的阶层地位的满足。不过，这样的文化幻象，只能暂时掩盖他们现实的生存困境，加剧他们对自我的精神麻醉。甚至会以一种无意识压制的方式，将他们推入忘却“反抗”与“革命”的深渊。其后不久，一场世界性的经济大危机爆发，职员阶层不仅遭受了物质基础的全面崩溃，更遭受了精神幻影的彻底破灭，最终走向了国家社会主义的阵营。

从根本上来说，克拉考尔对职员阶层的考察，采用了其在《作为科学的社会学》中提及的“唯物主义社会学”（materiale Soziologie）的研究手法。意即通过微观描绘与总体建构相结合的方式，揭示社会现实的真相。在他看来，真理性的认识，恰恰建基于具体而微的生活现象之上。

> 现实是一种构造。我们必须观察生活，以期寻到真实。但是，我们却不能指望从那些或多或少有些随意的报道中找到真实。毋宁说，我们只可能在理解的基础上，通过那些散落的碎片化现象去寻找真实。报道复制了生活，而那些文化碎片才真正展示了生活的本质。①

因此，克拉考尔的研究，并不想通过那种脱离具体内容的概念化语言来形成观点。相反地，他想要通过种种具体而微的材料来建构事实。当《职员》在1930年出版的时候，几乎没有一个批评家能够抵挡住克拉考尔式叙述的吸引力。恩斯特·布洛赫十分推崇克拉考尔的语言风格，称其在熟悉的事物上洒下了浓墨重彩的一笔；本雅明则十分赞赏克拉考尔的“讽刺精神”，认为在克拉考尔的分析中，可以找到那些早已从政治讽刺小报中消失的极致栩栩如生的

① Siegfried Kracauer, *Die Angestellten*, *Aus dem neuesten Deutschland*, Suhrkamp Verlag, Frankfurt am Main, 1971, S. 16.

讽刺。经济学家汉斯·施派尔（Hans Speier）[①] 则认为克拉考尔不仅描绘出了“职员生活的社会空间”，更惟妙惟肖地刻画出了“这些职员所呼吸的空气”，[②] 描绘出了那种最不可捉摸的真实因素。

正是这种对抽象性理论的摒弃和对日常生活体验的强调，激励着克拉考尔将批判的棱镜从概念转移到了具体的文化现象领域。他的现代性批判之核心，指向了现代社会中意义的匮乏、目的的匮乏，以及真理的匮乏，但是他的解决方法却是彻底的反抽象和反形而上。因此，克拉考尔对职员阶层的研究，标志着他的文化批判理论的转向——抛弃了各种哲学反思式的“崇高叙事”（grand récit），转向了对平凡事件、通俗文化甚或是都市空间的批判性解读。克拉考尔认为，在一个宗教已经被掏空了意义，理论已经急速堕落的时代中，“想要获取真实只能通过世俗的方式”，甚至可以说，“世俗是通往真理的唯一道路”。[③] 而这恰恰指向了当今文化理论论争的核心议题。

---

① 汉斯·施派尔（Hans Speier），社会经济学家，他的代表作是《面临纳粹的职员们，关于德国社会阶层的理解》（Die Angestellten vor dem Nationalsozialismus : ein Beitrag zum Verständnis der deutschen Sozialstruktur），这篇文章将中间阶层与纳粹之间的关系分析得十分透彻。

② Hans Speier, “Die Angestellten vor dem Nationalsozialismus: ein Beitrag zum Verständnis der deutschen Sozialstruktur”, in: *Magazin der Wirtschaft*, No. 6, 1930, p. 602.

③ Siegfried Kracauer, “Die Bibel auf Deutsch. Zur Übersetzung von Martin Buber und Franz Rosenzweig”, in: *Das Ornament der Masse. Essays*, Frankfurt a. M.: Suhrkamp Verlag, 1977, S. 176.

第四章

物质救赎意义
——克拉考尔的大众文化批判

通过前面两章的分析，一个重要的问题横亘在我们面前。在弥赛亚救世主义与资本主义理性新神话之间，是否还有一条通往真理的道路？克拉考尔将希望放在了物质现实之上。在他看来，弥赛亚救世主义与资本主义之间的共通点在于——抽象性。能够与抽象性对抗的物质现实，就是那些逃脱了普遍概念的束缚，转瞬即逝且不易被人察觉的具体、真实、可感的现象。他将其命名为“并不引人注目的表面现象”（unscheinbare Oberflächenäußerungen）①。对他来说，这些在物质世界的边缘地带、在严整的社会现实的缝隙之间生成的碎片化的文化“表面现象”，是一种直接经验到的现实，不受任何意识形态污染、不带任何意识形态偏见，因而是一种最为彻底的真实。它们虽则毫不起眼，却隐藏着某种探明时代本质的东西：

> （她们）试图寻找一个洞悉时代隐秘原则的切入口，以一种打破习惯视角的震惊，将（真理性的意义）从其约定俗成的背景及其虚假的不证自明性中解放出来。②

换言之，这些现代社会的碎片化意象，虽则微小、琐碎、易被忽视，却恰恰使得久被压抑的人性与真理之光得以存留。在此意义上，

---

① Siegfried Kracauer, “Das Ornament der Masse”, in: *Das Ornament der Masse. Essays*, Frankfurt a. M.: Suhrkamp Verlag, 1977, S. 50.

② Inka Mülder Bach, *Erfahrends Denken. Zu den Schriften Siegfried Kracauer vom Ersten Weltkrieg bis zum Ender der Weimar Republik*, Diss. Tübingen Universität, 1984, S. 50.

他们的穿透力与神秘性远远胜过那些宏大之物。通过对大众文化“表面现象”的批判性解析，不仅能够突破现代性困境，而且能够为碎片化时代的意义重建提供可能路径——将那些被拘禁在日常生活中的无意识真理解放出来，让它们重获生机。

第一节　为大众文化正名

我们知道，克拉考尔在1925年前后对马克思的作品，尤其是青年马克思的作品，进行了较为深入的阅读和研究。受其影响，克拉考尔的理论立场从早期的文化悲观主义的现代性诊断，转变成了一种基于“唯物主义历史哲学”的文化批判。[①] 这一唯物主义转向让克拉考尔远离了抽象化的理论世界，转而关注真实的物质世界，并在此基础上形成了独具特色的唯物主义文化批判理论。恰在此时，克拉考尔成为《法兰克福报》的正式编辑。因此，他将这份报纸的副刊视为一个可以充分实践其理论构想的平台。在1921年到1931年这十年间，克拉考尔投入到了魏玛现代社会的各个领域——照相、电影、广播、流行乐、畅销书、体育、歌舞剧，城市、街道、拱廊街、火车站、商店……写下了两千多篇的社会文化评论。在其中，他分析了图书市场如何在竞争压力下升级转型；他探讨了社会交往的新形式如何在发生变化的经济背景下得以构建；他发掘了一大批娱乐中心（Vergnügungspaläste）和酒店大堂（Hotelhalle），并将其视为对抗空虚的大众文化的生产车间；此外，他还对公共生活的代表性空间进行了细致研究：其中包括城市和街道、拱廊街和火车站、饭店和商店，劳动局和救济处等。

可以说，这个时期的克拉考尔进一步推进了他在《等待者》、《侦探小说》以及《职员》中初现端倪的救赎计划：重新回到真实的物质世界中去。当然，他的研究兴趣并非整体的物质现实，而是

---

① 克拉考尔在1926年5月27日写给布洛赫的一封信中使用了这一概念，参见 Ernst Bloch, *Briefe*, Vol. 1, S. 274。

那些钻过了理论体系的铁丝网、躲过了普遍概念范畴的各种转瞬即逝、不易被人察觉的碎片化的文化现象。也就是克拉考尔十分著名的那个术语“并不引人注目的表面现象”。在他看来，“表面现象”一方面与诚挚、深刻、持久高雅文化形成了鲜明对比；另一方面又忠实反映了现代性本身的特质：琐碎、短暂、肤浅。如果说，克拉考尔在其早期作品中，将现代性历史视为一种对先前丰富可靠之“意义”的背离。那么，在他现在的历史观念中，现代性的历史是一个对自然以及各种绝对性力量的“去神话化”过程。就此而言，历史在本质上是一个去统一性、去实体化的过程。因此，克拉考尔特别强调他的“去神话化”① 概念中所固有的消亡与更新的双重内涵。在他看来，对旧有神话的拆解，切断了人类与自然之间的有机联系，从而为真理的进入提供了可能，意即获取了“真理的突破”（Durchbruchs der Wahrheit）②。正如其在《大众装饰》中所言：

> 这些革命一举清算了缠绕于世间的教堂、君主制以及封建制上的自然暴力。无论如何，对这种或者那种神话关联的拆解是理性的福祉。③

当然，克拉考尔也非常清楚，资本主义意义上的理性（Ratio）④ 并不等同于真正的理性（Vernunft）。它虽然将人类从自然力的束缚中解放出来，但是，伴随着资本主义生产关系的不断确立，抽象的形式主义、科学主义大行其道，使得理性内部原有的反思性、批判性、革命性的力量逐渐耗散，从而导致了理性的僵化，真理的不可获取。意即，在资本主义体系中，“错误的抽象性”取代了旧有神

---

① Siegfried Kracauer, “Das Ornament der Masse”, in: *Das Ornament der Masse. Essays*, Frankfurt a. M.: Suhrkamp Verlag, 1977, S. 56.

② Ebenda.

③ Ebenda.

④ 克拉考尔在此所用的 Ratio 这个拉丁词汇，是从金钱可计算性以及技术效率的层面上来讲的，以此与追求真理的理性（Vernunft）区分开来。

话“错误的具体性”。[①] 然而，矛盾的是，取得胜利的抽象性，却承继了神话的特点，变成了空虚而没有内在意义的形式，将“对自然整体进行控制和使用”[②] 视为自身发展的唯一目的，甚至将历史的发展进程——资本主义生产和社会关系——视为一个永恒不变的自然基础，将其“再度神话化”（Remythologisierung）了。正因为如此，克拉考尔认为，“去神话化”的历史进程并没有完结。

不过，与阿多诺以及霍克海默对资本主义的激进批判不同，克拉考尔并没有放弃对历史进步可能性的信念——或者更准确地说，他并没有放弃“真理的突破”，没有放弃“空虚”最终变为“完满存在”的可能性。[③] 正如他在《大众装饰》中所言，资本主义时代“并不是理性化过头了，而是压根没有足够理性化”[④]。因此，对资本主义理性的批判，并非对理性的全盘否定，或者对“去神话化”历史成果的背弃，而应该抓住其根本性的缺陷——作为资本主义理性主要特征的抽象性。如果不能洞穿资本主义理性的本质缺陷，对其进行彻底变革，那么，理性就将永远受制于资本主义经济体系的运行。换言之，只有破除资本主义抽象性的新“神话”，才能释放出理性的真实力量。与抽象思维方式相对立的，就是对真实现象的具体观察，对实际内容的具体把握。

正因为如此，克拉考尔将目光投向了魏玛时代的大众文化——那些被抽象性所遮蔽的世俗生活的具体而直观的表达。他期望通过对其进行的批判性解读，与空虚的抽象性对抗，从而释放出资本主义生产关系背后的革命性潜能。只有这样，资本主义时代才能终结于自身之手，真理性的意义才能最终得以显现。当然，要推进这一计划的实现，必须要从无意义的原子化世界中脱离出来，到一个被大众文化的“表面现象”所包围的具体而真实世界当中。对此，克

---

① Siegfried Kracauer, “Das Ornament der Masse”, in: *Das Ornament der Masse. Essays*, Frankfurt a. M.: Suhrkamp Verlag, 1977, S. 57.

② Ebenda, S. 58.

③ Siegfried Kracauer, “Die Denkflaeche”, in: *Schrifen* 5, 1, 1926, S. 371.

④ Siegfried Kracauer, “Das Ornament der Masse”, in: *Das Ornament der Masse. Essays*, Frankfurt a. M.: Suhrkamp Verlag, 1977, S. 57.

拉考尔在其重要作品《大众装饰》的开篇如此说道：

> 要确定一个时代在历史进程中所占据的位置，分析不起眼的表面现象（Oberflächenäußerungen），比那个时代的自我判断来得更加可靠。由于这些判断只是针对某一特定的时代趋势而发，因此也就无法为整全的时代提供最终的可靠证明。然而，表面现象却能够借由其无意识的特点，打开一条直接通往事物本质存在（Grundgehalt des Bestehenden）的非中介的道路。甚至可以说，想要获取一个时代的知识，就必须依赖于对其表面现象的阐释。一个时代的本质存在与其不易为人所察觉的内在冲动，这两者之间相互照亮、相互阐明。①

正如引文所言，与“时代的自我评价”比较起来，这些“不起眼的表面现象”，诞生于意识形态控制较为薄弱的社会边缘地带，是无心为之且无拘无束的。事物存在的本质以一种无意识的方式封存在他们所呈现的微不足道的外在面相之中。只要对其外在面相进行成功解码，其内在的本质意涵，就可以通过一种不加意识形态歪曲、不加意识介入地直接呈现出来。从这里可以看出，克拉考尔对“表面现象”的强调是因为它与无意识之间的紧密联系。借由这一无意识的特点，它为我们打开了一条通往真理的道路。

正像克拉考尔研究专家卡斯滕·维特（Karsten Witte，1944—1995）所说：

> 克拉考尔的重要贡献在于，他对主流文化边缘地带的考察，以及他致力于大众文化表面现象的考察。电影荧幕、体育运动、Revue 歌舞剧、广告宣传、酒吧、马戏团等等无所不包。在他的早期作品和晚期作品间架起一道桥梁的关键所在，就是

① Siegfried Kracauer, “Das Ornament der Masse”, in: *Das Ornament der Masse. Essays*, Frankfurt a. M.: Suhrkamp Verlag, 1977, S. 50.

他能够从稍纵即逝的文化现象背后，解码出社会的基本状况。①

在这一点上，克拉考尔与当时许多坚守高雅文化立场的知识分子有很大的不同。这些知识分子认为，只有完整、深刻、隽永的高雅文化才具有独特的"灵晕"，才能将人从庸俗的物质世界当中拯救出来，去往真正属于艺术的理想王国。

大众文化不过是一种浅薄、鄙陋、机械化的娱乐消遣。但是，在克拉考尔看来，他们所抱持的不过是"一种过时的贵族情趣"②，根本无力揭示和解释当下的现实。伴随着现代社会而生的大众文化，虽然没有内在的深刻价值，却以其空虚的表象，真实反映了时代的现实运作，展现了一种毫不伪装的时代精神。与此同时，它们也给民众提供了休闲娱乐，令其暂时从沉重的生活中解脱出来。因此，与陈腐的高雅艺术相比，它们拥有更大的活力与革命性的潜能。在这些貌似无关紧要、空洞无物的大众文化"表面现象"之中，其实隐藏着能够破译时代困境的密码。

从这一点来看，那些知识分子对旧有意义完满时代的向往，和对高雅文化的眷恋，从根本上来说，忽视了当下的具体历史语境，非但无法突破意义空虚的时代困境，甚至有可能重新遁入一度被启蒙理性所抛弃的"神话"世界。

> 这种意欲从大众存在中超脱出来达到更高生活的无望尝试……根植于一种长期以来对资本主义理性进行批判的浪漫主义……他们认为，如果想要进入一种更高的意义存在领域，就必须遁入意义的神话结构。他们的命运无疑是不切实际的……因为即便是最崇高的神话实体都无可避免地走向死亡。无视我们的历史语境，并试图重构一种备受当下思潮怀疑，且早已不存在的建立在虚幻理念之上的新国家形式、共同体形式或者艺

---

① Karsten Witte, "Introduction to Siegfried Kracauer's 'The Mass Ornament' ", in: *New German Critique*, No. 5, 1975, p. 60.

② Siegfried Kracauer, "Das Ornament der Masse", in: *Das Ornament der Masse. Essays*, Frankfurt a. M.: Suhrkamp Verlag, 1977, S. 55.

术创造形式的尝试毫无意义。①

因此，想要突破现代性困境、重寻意义，不应当在那些已经成为化石的往昔时代的高雅艺术中流连，而应当俯身对那些不起眼的大众文化的"表面现象"进行探究。在《畅销书及其读者》（Über erfolgsbücher und ihr Publikum）一文中，克拉考尔进一步推进了对这些逃避主义知识分子的批判。克拉考尔认为，他们对大众文化的拒斥，其实是受到威胁的资产阶级为了维护自身利益而采取的抵抗策略：

> 他们非但没有因为精神上的空虚，而去挣脱资产阶级意识形态的围栏；相反地，他们却要使用所有可能的方式来维持自身的这种意识。他们这么做并非出于真正的信仰，而只是出于一种恐惧——恐惧被无产阶级拖下尊位，恐惧自己精神上的降格，恐惧将要失去文化与教育上的主导权。②

但是，问题的关键在于，支撑这些资产阶级知识分子艺术品位与精神需求的物质基础，在魏玛时代的经济大危机中，已经被击垮了。他们荣光的地位已经成为过去时。在当下这个被大众文化产品、大众文化消费，以及大众文化交往重新塑造的时代中，逃避现实，顽固地拥护旧有的艺术形式，借以维持早已失落的阶级特权，是徒劳无益的。在克拉考尔看来，他们所维护的不过是一种虚假的阶级幻觉，一种已经丧失了所指的概念。当其内涵和根基已随着时代的变迁而消失散佚之时，一味强调其能指，将不可避免地导向无意义的迷狂。真理存在于当下的现实，而非旧日的神话。正是在此意义上，克拉考尔克服了浪漫主义的怀乡病，将其理论之根牢牢扎在了大众文化的"表面现象"之上。

---

① Siegfried Kracauer, "Das Ornament der Masse", in: *Das Ornament der Masse. Essays*, Frankfurt a. M.: Suhrkamp Verlag, 1977, S. 62.

② Siegfried Kracauer, "Über erfolgsbücher und ihr Publikum", in: *Das Ornament der Masse. Essays*, Frankfurt a. M.: Suhrkamp Verlag, 1977, S. 70.

对克拉考尔来说，大众文化的“表面现象”——不论是歌舞剧、畅销书、流行音乐还是电影、旅行、舞蹈……都只是一些破裂、碎片化、肤浅，失去了更高统一意义的东西，但正是由于这种无足轻重性，才让它们成为了反映这个社会之浅薄本质最有效、最理想的手段。换言之，它们在彰显魏玛现代性空虚、匮乏之典型症候的同时，极为真实地展现了那一时代的内在本质。正像托马斯·列文在其所翻译的《大众装饰》之前言中所说：

> 这些毫无意义的人工制品，成为了一种可靠的指引，或者是一种可靠的症候，让我们得以发现和分析这个时代所处的特殊历史状况。①

对其所进行的分析与诊断，将有助于探明时代的真实面相，找寻进一步超越的方法。对此，他在《畅销书及其读者》中这样写道：

> 如果谁想要改变当下，他就必须先知道哪些东西需要进行改变。我发表这一系列文章的用意在于能够对社会现实进行一定的干预。②

第二节　大众文化：社会无意识的“表面现象”

大众文化的“表面现象”诞生于严肃、宏大的“文化边缘以及不起眼的空间”③。他们对于自身的存在并没有专门的自觉，也尚未

---

① Thomas Levin, “The Introduction”, in: Siegfried Kracauer, *The Mass Ornament, Weimar Essays*, ed. and trans. Thomas Y. Levin, Cambridge: Harvard University Press, 1995, p. 15.

② Siegfried Kracauer, “Über erfolgsbücher und ihr Publikum”, in: *Das Ornament der Masse. Essays*, Frankfurt a. M.: Suhrkamp Verlag, 1977, S. 64.

③ Miriam Hansen, “Decentric Perspectives: Kracauer's Early Writings on Film and Mass Culture”, in: *New German Critique*, No. 54, 1991, p. 51.

被纳入主流社会的意识框架之中，而是如同梦境般，生存于社会无意识的“洁净状况”之中。这就为其提供了逃脱资本主义意识形态收编的可能性，同时也为我们照亮了社会夹缝中那些备受压抑或者已经消逝的人性和真理的痕迹。正因为如此，克拉考尔抛弃了主流知识分子对于高雅文化的迷恋，投入到对各种流行娱乐文化——电影、爵士乐、舞蹈、旅行……的考察。在此过程中，他发现了在这些美国文化工业的产品背后所隐藏的时代真实面相，及其通过一种无意识的方式所透露出来的救赎可能。

一　电影

克拉考尔坚信，电影作为一种视觉媒体的本质意义在于——“电影向自身做了表露”①。在他看来，电影是一种对于现实的再现，因为再现了现实，也就以此获取了自身的意义。

> 电影是唯一能够将物理现实再现出来以及揭露出来的方式……而这里所指的唯一的现实，指的是那种真正存在着的，物理的现实。②

作为一种能够凝固最细微意义的载体，电影不仅仅局限于美学领域，它还反映着不同的历史阶段及其所对应的具体的社会生活领域。为此，克拉考尔将魏玛时期的电影区分为两种类型，一种是逃避主义的纪实电影，另外一种是意识形态的社会电影。所谓逃避主义的纪实电影就是一些勾画异国想象、自然冒险、异域文化等题材的电影。他们总是小心翼翼地避开与当下社会现实的任何交集，而是努力将视角向外扩张：扩张到遥远而原始的非洲部落，扩张到冰天雪地里的爱斯基摩人、扩张到广阔无垠的动物世界当中。如此一来，来自异乡的丰富信息，一下子填满了人们空虚的日常生活，也就转移了他们对于当下问题的关切与干涉。

---

① Siegfried Kracauer, *Theory of Film. The Redemption of Physical Reality*, New York: Oxford University Press, 1960, p. 371.

② Ibid., p. 55.

> 各种壮伟雄奇的自然景观、具有毁灭性的森林山火、满是孩童与动物的田园牧歌式的美丽景象……虽然也传达了一些外在的新鲜事物的信息，但是这些信息看过一遍就够，并不真正值得我们一看再看。这些大杂烩所带来的单调琐碎，所对应的正是都市生活无所不在的空虚与匮乏……①

在克拉考尔看来，这些制作精良的“逃避主义”纪实电影，虽然给人们带来了世界各地的丰富信息，但是，摘除了所有猎奇意味之后，它们所剩下的只是单调、琐碎和空虚的镜头。这种类型的电影，还常常运用一些特殊的技巧，对一些无关紧要的细节与场景进行放大与强调，从而模糊真正应当描绘的社会现实。换言之，这些电影借助客观性与可靠性的镜头语言，将千里之外的自然景观，或者充满异国风情的文化景观拉近到人们面前，为的是将人们的注意力从当下现实的具体问题中转移开来。

> 它们切断了我们与真实生活的联系，而实际上只有真实的生活才是我们所关心的东西。它们用大量非现实的观察和无关紧要的细节来淹没观众，这样就会让观众对那些真正重要的东西变得漠然和毫不关心。②

克拉考尔在《电影1928》（Film 1928）中进一步指出：

> 所有的平庸的电影产品，不论是在有意识还是无意识之间都是一种逃避的策略……总有一天，它们会让观众彻底失明，彻底盲视！③

① Siegfried Kracauer, “Film 1928”, in: *Das Ornament der Masse. Essays*, Frankfurt a. M.: Suhrkamp Verlag, 1977, S. 299.

② Ebenda, S. 300.

③ Ebenda, S. 301.

当然，从另外一个方面来看，克拉考尔非常清楚，电影作为一种大众文化的“表面现象”，与其他文化工业产品一样，自其诞生之日起，就是一种消遣娱乐的方式，或者说一种逃避现实的方式。虽然这些逃避主义电影将人们的视角从真正的日常生活中移开，投入到广阔的异域镜像之中，放弃了对当下现实的批判性反思，但是克拉考尔并没有对其进行全盘否定。他认为，这种“单纯地将人们从现实中抽离出来，将他们引向遥远情境”[①] 的电影在某种意义上还是真诚的。他们努力将观看者带往那些不可能存在的、稀奇古怪的冒险境遇，或者将他们带入一个精心编织的案件侦查的过程，目的是为了让他们享受短暂的超越日常生活的瞬间。其手法虽然愚蠢而拙劣，但至少，他们是无害的。[②] 在他们二维的电影幕布背后并没有潜伏什么秘密的代理机构，他们亦没有用什么险恶的用心来伪装自己——宣扬自己能够引导和启发电影观看者找到一个更高的意义存在。和其他一些大众文化产品一样，它们本身并不带有任何宣教或者道德的意味。在此意义上，“逃避主义电影”与那些自命不凡的充满意识形态意味的“社会电影”并不相同。

“社会电影”是克拉考尔着力批判的类型。他在《电影 1928》中对此有过这么一段论述：

> 那些穷苦的人们被安抚，因为上帝之国属于他们……这就是 Zille[③] 电影中最基本的逻辑策略。在他的影片中，无产阶级的生活状况如同地狱一般恐怖。当他们被拯救出来，所要来到的就是社会。这个社会在电影中呈现出天堂般圣洁明亮的光芒，仿佛中世纪的绘画一般。这个社会中的成员过着安稳而富足的生活。他们大都身着成套的晚礼服，或者簇新的运动套装，

---

① Siegfried Kracauer, “Film 1928”, in: *Das Ornament der Masse. Essays*, Frankfurt a. M.: Suhrkamp Verlag, 1977, S. 301.

② Ebenda, S. 296.

③ 海因里希·齐勒（Heinrich Zille, 1858—1929），德国著名插画家、摄影师，他的作品——《柏林的普通人》，为其赢得了声誉，但显然，克拉考尔认为其作品中有一层意识形态意味，因而对其加以批判。

> 在柏林、巴黎这样的大都市中忙忙碌碌。他们的婚姻无不沾染着金钱的色彩，就连度假也都去往洒满阳光的里维埃拉……①

因此，克拉考尔认为，这样的电影之中存在着非常明显的意识形态编织的痕迹。

> 这种类型的电影背后，有着一套特定意义的意识形态建构。其目的就是为了加强和巩固当下社会的价值观，维持这一社会形态的稳定。这样做的结果，使得魏玛时期最主要的电影观众，也就是那些中下层的职员，对资产阶级的物质文化生活有了更加强烈的向往。这种虚无的向往与他们日益趋同于无产阶级的物质生活条件之间产生了更加尖锐的矛盾，进一步加剧了他们分裂与混乱的生存困境。②

由于洞悉了社会电影中的意识形态意图，克拉考尔非常关注这一电影类型的观看群体，即那些“小职员”。在他对“愚蠢”、“欺骗”、“卑鄙”的德国社会电影③进行尖锐批判的同时，他对进入电影院的中下层职员充满了悲悯之情。在他看来，社会电影中充满恶意的意识形态建构，即通过电影荧幕塑造出虚幻的“个人成功传奇……以及各种对于名望、地位与金钱的狂热追逐”④，对整个社会的政治、经济、文化等领域都产生了十分不良的影响。尤其是对那些已经丧失了原有经济地位的职员来说，这种电影类型进一步加剧了他们现实的物质存在与资产阶级幻想之间的矛盾。就像米莲姆·汉森（Miriam Hansen）所说，这种电影的目的就是为了虚构资产阶级美妙的生活蓝图，借此来维持和巩固当下社会状况的稳定。

---

① Siegfried Kracauer, “Film 1928”, in: *Das Ornament der Masse. Essays*, Frankfurt a. M.: Suhrkamp Verlag, 1977, S. 298.

② Ebenda, S. 301.

③ Ebenda, S. 295.

④ Miriam Hansen, “Decentric Perspectives: Kracauer's Early Writings on Film and Mass Culture”, in: *New German Critique*, No. 54, 1991, p. 60.

在这层虚假的意识形态面纱的影响下，现代性危机的程度将会日益加深：

> ……在这电影荧幕之上的社会现实是蒸发脱水的，是石化变形的……原本应当展现的东西已经被抹去，充斥其中的只是一些诱骗我们无视自身存在的虚假图景。①

这些电影名为“社会电影”，实际上所表现的只是“被编织出来的社会”。② 因此，在这些电影的画面之中，充斥着资本主义社会的意识形态，而非真正的社会现实。就在几年之后，克拉考尔对“社会电影”发展的极致——高山电影（Bergfilm）③ 进行了更加尖锐的批判。在“高山电影”中，雄伟壮丽的阿尔卑斯山全景占据了屏幕的所有画面——“其雄伟的顶峰蔑视着一切的沮丧与卑微”④。克拉考尔认为，与逃避主义电影或者社会电影相比，这种类型的电影有着更加阴暗和恐怖的用意：那就是借用最为极端的电影符号来介入现代性危机的解决。他们的解决方案是重新复苏“反现代”的标志性元素，也就是那些宣传自然和民族之伟力的文化符号。比如，阿尔卑斯山、莱茵河、尼伯龙根的指环、古老的维也纳和普鲁士……⑤在这样一种宣传模式中，旧有的、被资本主义/工业化体系

---

① Siegfried Kracauer, “Film 1928”, in: *Das Ornament der Masse. Essays*, Frankfurt a. M.: Suhrkamp Verlag, 1977, S. 296.

② Miriam Hansen, “Decentric Perspectives: Kracauer's Early Writings on Film and Mass Culture”, in: *New German Critique*, No. 54, 1991, p. 61.

③ “高山电影”是德国在魏玛共和国时期的一种特殊的电影类型。最初是由一个狂热的阿尔卑斯登山者阿诺德·范克博士所开创，当时与他合作的演员有莱尼·里芬斯塔尔（Leni Riefenstahl）、路易斯·特伦克（Luis Trenker）以及摄影师西普·阿盖尔（Sepp Allgeier），前面的两个人，后来也成为“高山电影”的重要导演，里芬斯塔尔的主要作品有《蓝光》和备受诟病的纳粹纪录片《意志的胜利》。

④ Miriam Hansen, America, Paris, “The Alps: Kracauer (and Benjamin) on Cinema and Modernity”, in: *Cinema and the Invention of Modern Life*, edited by Leo Charney and Vanessa Schwartz, Berkeley: University of California Press, 1995, p. 388.

⑤ 参见 Eric Rentschler, “Mountains and Modernity, Relocating the Bergfilm”, in: *New German Critique*, No. 51, 1990, pp. 137-161。

造就出来的“美国”现代性[1]，因其所带来的重重危机，将要被一种全新的、同时更加令人恐怖的“德国现代性”所替代。这种现代性虽然也采用先进的技术和大众文化工业流水线，但是它这么做的唯一目的在于，想要通过这些现代生产方式的使用，进一步巩固和加强传统、权威、自然、种族、血统等重要概念。应该说，在对“高山”电影的批判性分析中，克拉考尔已经嗅到了某种恐怖气息。这一点可以在他流亡美国之后的著作《从卡利加里到希特勒》中找到。在这部作品中，克拉考尔指出：

> 在弗里茨·朗（Friz Lang）1924年的《尼伯龙根》（*Nibelungen*）和莱尼·里芬斯塔尔1934年的《意志的胜利》（*Triumph des Willens*）之间存在一种内在的关联——凸显命运之不可战胜。在《意志的胜利》中所出现的各种人群聚集的宏大场景以及整齐划一的装饰图形，全都是为了彰显独裁者的力量而存在的。可以说，这部影片对纳粹集会与行动的刻画，在某种意义上都是从《尼伯龙根》中得到启发的。[2]

克拉考尔在对魏玛时代的电影进行考察的过程中，洞察到了其中所可能蕴含的极端民族主义的风险——出于对现代性危机的恐惧，倡导血缘、种族、传统上的非理性回归，将整个社会重新引入反启蒙的深渊。在克拉考尔看来，现代性危机的出现，并非是启蒙理性出了问题，而是资本主义时代对抽象性的狂热所造成的历史后果。因而，想要克服现代性危机，就必须在捍卫启蒙成果的基础上，以具体性对抗抽象性。这种具体性，就是真实的物质世界当中所呈现出来的大众文化的“表面现象”。这些“表面现象”是时代

---

① 在当时许多人眼里，美国化的现代性表现为福特制、泰勒制、大众消费、机械化、标准化、电影、爵士乐、摩天大厦……当魏玛的现代生活逐步走向碎片化、浅薄化、空虚化之时，越来越多的人将罪责归于美国现代性。在此基础上，重建德国现代性的呼声也就越来越高。

② Siegfried Kracauer, *From Caligari to Hitler*, Princeton, N. J.: Princeton University Press, 1968, pp. 94-95.

真理的无意识表达。通过纯粹消遣娱乐的方式，他们将人与那种孩童般、未被扭曲的现实联系在一起，让人在不经意间窥见一缕真理的微光。对于克拉考尔而言，只有对大众文化的“表面现象”展开批判性解读，才能从中找到突破口，为处于现代性困境中的人们寻到可能的出路。

二　踢乐女孩（Tiller Girls）

克拉考尔对大众文化“表面现象”的重视，在于它们逃脱了意识形态的收编，以某种无意识的方式呈现了时代的真实状貌。因此，他认为，在这些免除了意识形态束缚的文化现象当中，蕴含着真正具有启发意义的东西。

1927年6月9—10日，克拉考尔在《法兰克福报》的副刊发表了一篇长文《大众装饰》。在其中，克拉考尔详细考察了魏玛时代最为典型的文化现象——“踢乐女孩”。这是一个来自美国的舞蹈团体。在魏玛共和国建立不久，他们就登上了柏林的海军上将剧院（Admiralspalast）的舞台，参与了赫尔曼·哈勒（Hermann Haller，1909—1985）和埃里克·查尔（Eric Charell，1894—1974）的歌舞剧表演，并且在1931年通过歌舞电影《议会之舞》（Der Kongress tanzt）获得了第一舞蹈团体的称谓。即便是在马克思·莱因哈特（Max Reinhardt，1873—1943）[①] 大剧院中也有“踢乐女孩”的表演：

> 在战后时期，一切都昭示着一幅繁荣景象，人们根本就没有预感到失业的可能。就在那时，美国的姑娘们都化起妆来，成批成批地来到欧洲。她们不仅仅是美国文化的产品，同时还表明了美国工业化大生产的特点。我还可以十分清晰地回忆起这群美国姑娘表演时候的盛况。她们排成一条长龙，上上下下舞动着，构成了一支光芒四射的跃动行列。当她们用同样的速度踏着步子时，听起来就像是：商业，商业；当她们在高声歌

---

① 马克思·莱因哈特，奥地利著名戏剧家。

> 唱，将自己的大腿如数字般精确地抬到同一高度时，就仿佛在兴高采烈地歌颂理性化的进步；当她们一次又一次重复着同样的动作，并且毫不打乱舞蹈的秩序时，人们仿佛可以看到在其内部有一个从不间断的机器链条，从工厂的厂房一直延伸到世界各处，我们不得不相信，这一美好的场景似乎永远不会断绝。①

“踢乐女孩”是“那个工业时代最核心的艺术意象”②，著名影评人皮特·沃伦（Peter Wollen）在其文章《电影、美国主义、机器人》（Cinema/Americanism/The Robot）当中这样写道。可以说，这一来自美国娱乐工厂（Zerstreuungsfabrik）的产品，已经不再是一些单独的少女，而成了一个彼此联结、无法分离的少女集合。她们的运动实际上变成了一种数学般的展示，变成了整齐划一、精致准确的几何图形。不论是在澳洲，还是在印度，都能够看到她们的身影，当然，美洲就更不例外了。即便是在一些她们的足迹未曾遍及的小乡村中，人们依旧可以在每周的报讯或是电视屏幕上看到她们的身影——成百上千个身着统一服饰的姑娘。从外表看来，她们几乎没有任何的区别。每当她们构成一个新的图形，台下的观众就会发出排山倒海般的欢呼。而这些观众，其实自身也形成了一个层层相套的阵列图形。台上台下彼此交相辉映。当她们变成一种固定范式的表演模式之后，不仅占据了世界各地的表演舞台，更成为了现代社会新的美学焦点。

只是，在克拉考尔看来，这样一种新时代的美学装饰的承载者是大众（Masse），而非人民（Volk）。作为活生生的人，她们拥有独特的面相、独立的人格与灵魂。但是，一旦被整合进宏大的装饰图案之中，她们就变成了丧失独特性的组成部件，变成了化学周期表上的面目模糊的基本元素，或者是组成建筑构造的砖墙瓦块。从

---

① Siegfried Kracauer, “Girls und Krise”, in: *FZ* 27. 5, 1931.

② Peter Wollen, “Cinema/Americanism/The Robot”, in: *Modernity and Mass Culture*, James Naremore and Patrick Brantlinger (eds.), Bloomingotn: Indiana University Press, 1991, p. 59.

根本上说，图案的构成并不取决于她们的个性，而仅仅取决于她们同一化的外形以及集合起来的数量。因而，她们只能把自己视为大众中的一员，而非一个能够内在形塑、内在确信的个体。每一个具体现实的个人，都变成了一个个抽象虚无的人形碎片。如此一来，踢乐女孩实际上已经无法再被归之于人类的行列。她们的身体运动不再由完满充分的人类躯体所展现，而只剩下胳膊、大腿以及身体的其他部位在舞动。因此，克拉考尔在《大众装饰》中深刻地指出，“踢乐女孩”机械化、同步化的运动表演所形成的大众装饰，从本质上来说，是对以福特/泰勒制生产线为代表的资本主义经济体系的精确反映：

> ……工业化生产的过程将其所有的秘密展示在公众面前。每一个在流水线上操纵手柄的工人，无论男女，其实都只是在行使整个生产过程中的一小部分功能而已，根本无法认识整全的过程。踢乐女孩也一样，这一巨型装饰图案的组织设计者根本不会让其构成者看到自身所形成的总体面貌，而只是让她们遵循数学般精确的理性，进行排列组合而已。在这其中，所谓的泰勒体系(Talor System）几乎可以算是一个与她们遥相应对的例子。工厂流水线上的手，其实就表征着踢乐女孩的腿。其效率，大大超越了传统的手工劳动。因此，大众装饰就是对当下追求合理性(Rationalität）的主流经济体系的一种美学上的反映。①

由此而言，作为经济合理化体系之美学映射的大众装饰，不再奉行任何具体的生命意旨，而只是为了构造一个无限完满的空间意象，以获取令人震惊的视觉效果而已。它的内部结构忠实反映了当下时代的总体状况（Gesamtsituation)。我们知道，资本主义的生产过程所体现的并非单纯的自然原则，其运作的前提，是要把那些被其视为障碍或者阻力的自然有机体全部消灭掉。也就是通过同一化

① Siegfried Kracauer, “Das Ornament der Masse”, in: *Das Ornament der Masse. Essays*, Frankfurt a. M.: Suhrkamp Verlag, 1977, S. 54.

的过程，把一切与机器运作格格不入的个性、特点全都加以磨平，从而塑造出标准化的生产者。换言之，只有当个体变成机械化生产大众中的一员，他才能畅通无阻地爬上高位或者操纵机器。因此，在这个冷漠的体系中根本不存在什么个性上的差异，而只有标准化与同一性。与此同时，这个消解了一切形式差异的系统，模糊了不同民族的个性，造就了一个能够受雇于世界任何一个角落的无差别的工人群体。他们所生产出来的产品，压根不是出于具体的生命热情，而只是出于赤裸裸的营利目的。利润的增长和整个企业的发展壮大紧密相关。作为生产链条中的一个环节，工人们完全成为了企业营利的工具，由活生生的人变成了机械化生产线上的零部件——“毫无生命气息的无意义生产，在他们的手中永无止息地流转”①。正像葛兰西曾经指出的那样，这种经济理性的支配从工厂蔓延到了整个社会。更为残酷的事实是，这样的社会整合，并不需要使用任何形式的暴力。因此，“踢乐女孩”这样的大众文化产品，恰恰印证了魏玛时代资本主义生产体系所蔓延出来的无处不在的整合性力量：机械化和标准化几乎已经渗透到了社会存在的每一个层面——即便是那些看起来不可战胜的东西——那些美学和思想的领域也概莫能外。

资本主义在利润与经济效率层面的合理化力量，不仅成为了生产领域的主导，而且成为了整个现代社会的主导。当社会的理性化达到极限之时，“日常生活的平面化”② 也就成为了不争的事实。在这样的日常生活领域中，人的“内在精神层面”，以及指向更高意义存在的力量已经完全被压制。统治整个经济运行的原则已经渗透到了整个现代社会、文化的内在领域之中，并且占据了统治地位。对此，克拉考尔在《旅行与舞蹈》（Die Reise und der Tanz）中这样写道：

① Peter Wollen, “Cinema/Americanism/The Robot”, in: *Modernity and Mass Culture*, James Naremore and Patrick Brantlinger (eds.), Bloomingotn: Indiana University Press, 1991, p. 80.

② Siegfried Kracauer, “Die Reise und der Tanz”, in: *Das Ornament der Masse. Essays*, Frankfurt a. M.: Suhrkamp Verlag, 1977, S. 44.

> ……技术变成了自身的终结，整个世界都在高扬这一价值，它所追求的除了实现事物最大可能的机械化外，别无他物。理智、电报，以及其他类似的东西——每一种理性化幻想的产物都只服务于唯一的一个目标：用计算的维度来重新建构那已经堕落的时代……①

不过，当人们越是使用机械化、计算性的方式来处理日常事务之时，他们就越是会变成一堆毫无生命的空洞数字符号。其具体性的生存，就越是会被分裂成一系列用以支持机械运转与数字计算的固定程序。换言之，泰勒制的推行，非但没有将人变成机器的主人，反倒将人变成了机械化的组成部件。与之类似，大众装饰的承载者，每一个具体的个人，非但没有成为这一装饰图案的主宰者，反倒变成了无名无姓，不再拥有独立完整人格的图形碎片。这种被剥离了实质内容的空洞形式，最终会以对抽象性的狂热崇拜，让人陷入新的理性神话。那些充当了大众装饰的个体，完全被淹没在总体性的活动之中，根本无法洞察到蕴藏在其中的危险。

> 身体的操练夺走了人类的生命热情，而大众装饰的生产以及不必动脑的消费模式，让人们不再关注对于统治秩序的变革这一时代的迫切性。被掏空了所有具体的意义之后，大众装饰所呈现出来的就是一种充满理性同时又极为空虚的狂热（Kult）。当大众全都屈服于神隐时代的狂热所造就的视觉奇观之时，理性要想找到进入的门径，将是难上加难。这种新的狂热，与罗马时代的那些受掌权者资助的斗兽表演，在社会意义上几乎一致。因此，这就为我们证明了一种重新复归到神话世界的趋势。它表现得如此剧烈，以至于我们几乎无法想象其界限。相应地，这种固态复萌再一次透露出了资本主义理性

① Siegfried Kracauer, "Die Reise und der Tanz", in: *Das Ornament der Masse. Essays*, Frankfurt a. M.: Suhrkamp Verlag, 1977, S. 45.

（Ratio）出离理性所达到的程度。[①]

克拉考尔在“踢乐女孩”这样的大众装饰中，看到了资本主义生产逻辑的美学映射，同时也看到了这一空洞的美学形式对于抽象理性的狂热崇拜。当这一新时代的理性崇拜发展到极致之时，一种新的理性神话便在现代社会的肌体中成长起来。而这，从历史发展的角度而言，不得不说是一个巨大的倒退。克拉考尔最为忧虑的“再度神话化”的时代悲剧，也恰恰在这样的大众文化“表面现象”中得以展现：德国民众最终在这种新的神话中，走向了历史的深渊。对此，卡斯滕·维特曾经这样写道：

> 如果说对装饰阵型的大规模消费，转移了人们对改造现行社会的注意力，那么也就可以理解，为何在稍后的1933年，法西斯主义分子能够动员起那么巨大的能量。以至于盲目的大众竟从纽伦堡大会中的那些妄自尊大、极度做作和高度军事化的景观中，宣称他们目睹了意志的胜利。[②]

因此，在魏玛时代，生产领域的泰勒化（Taylorisierung）[③]不仅带来了经济领域的合理化，同时也引发了文化价值领域的合理化。大众文化成为了工业生产链条中的一个环节，也就是霍克海默和阿多诺在《启蒙辩证法》中所说的“文化工业”（Kulturindustrie）。故而，以“踢乐女孩”为代表的大众文化的“表面现象”，不仅通过无意识的方式，展示了资本主义时代的内在逻辑，同时也以其对于抽象理性的真实呈现，见证了新的理性神话的诞生，以及现代社

---

① Siegfried Kracauer, “Das Ornament der Masse”, in: *Das Ornament der Masse. Essays*, Frankfurt a. M.: Suhrkamp Verlag, 1977, S. 62.

② Karsten Witte, “Introduction to Siegfried Kracauer's ‘The Mass Ornament’”, in: *New German Critique*, No. 5, 1975, p. 66，转引自戴维·弗里斯比《现代性的碎片》，卢晖临等译，商务印书馆2003年版，第202—203页。

③ 由美国企业家泰勒（Frederick Winslow Taylor, 1856—1915）所创立的一种现代科学管理与机器生产的模式，这里指的是在文化休闲领域也采用这么一种标准化、工业化的生产和管理流程。

会堕入“再度神话化”的恐怖前景。

第三节　大众文化：空虚时代的救赎力量

一　大众文化的双重内涵

在《大众装饰》中，克拉考尔将人类历史的进程描绘为一个“去神话化”（Entmythologisierung）[①] 的过程。克拉考尔认为，自从神祇式微之后，那个曾经对人类发号施令的自然逐渐失去了其统治力量。脱胎于自然根基的神话（Mythologie），实际上是对自然能力的一种确证。伴随着自然力弱化的过程，神话也逐渐失去了其意义疆界。在这个历史发展进程中，与掌控神话世界中的土地与天空的自然力（Naturmächt）相抗衡的是不断发展壮大的理性。

> 随着真理的诞生，历史进程就变成了一个“去神话化”的过程。它所推进的，就是对自然重新侵占之领地的拆解与收复。在此，法国启蒙运动就是一个很好的例子，它彰显了理性与那侵占了宗教与政治领域的神话之间的激烈对抗。这样一场战争还在持续进行着，随着历史的演进，自然将会被不断剥去魔力的外衣，亦将不断向理性屈服。[②]

在克拉考尔看来，资本主义时期正是一个不断祛魅（Entzauberung）的历史阶段，亦可被称为是一个“去神话化”的历史过程。凭借资产阶级革命与启蒙理性的强大力量，人类战胜了千年来统摄世界的自然力，这在此前任何一个时代都是不可能的。其决定性因素在于，它切断了人类与自然之间的有机联系，从而为真理的进入提供了可能。正如其在《大众装饰》中所言：

---

① Siegfried Kracauer, “Das Ornament der Masse”, in: *Das Ornament der Masse. Essays*, Frankfurt a. M.: Suhrkamp Verlag, 1977, S. 56.

② Ebenda.

> 要感激过去这150年中所爆发的资产阶级革命。这些革命一举清算了缠绕于世间的教堂、君主制以及封建制上的自然暴力。无论如何，对这种或者那种神话关联的拆解是理性的福祉。因为只有在自然共同体被彻底拆毁之后，童话（Märchen）才有可能变成现实。①

当然，克拉考尔也非常清楚，资本主义意义上的理性（Ratio）并不等同于真正的理性（Vernunft）。资本主义理性只包含部分的真理，因为它并没有考虑到人的因素，亦没有把人的生存与发展视为生产的根本目的。在资本主义体系中，劳动不再是人的本质力量的表达，劳动者变成了生产线上的零部件、一种形式化的存在，丧失了内在的价值与意义。而内里的空虚，恰恰反映了现代性困境的基本状貌。但是，与阿多诺以及霍克海默对资本主义的激进批判不同，克拉考尔并没有放弃对历史进步可能性的信念，或者更准确地说，他并没有放弃启蒙理性的进步意义——毕竟正是由于资产阶级革命以及相应的启蒙运动，才最终将人类从自然神话的束缚中解救出来。因此，在他看来，对资本主义理性的批判，并非对理性的全盘否定，或者对“去神话化”历史成果的背弃，而应该抓住其根本性的缺陷——抽象性（Abstraktheit）。抽象性是启蒙理性战胜自然力之后的自我僵化。由于丧失了内在的反思性、批判性的革命性力量，理性就成为了一种空虚而没有内在意义的形式。随着资本主义生产关系的不断确立，这一僵化的理性形式成为了社会的统治性力量，它要求将一切的具体性，或者说特殊性转化为平面化、可计算的普遍性。在此意义上，那些被打败的自然暴力、自然神话开始以另外一种绝对化的方式在抽象理性的内部重生——这就是新的理性神话的诞生。

> 从神话范式的角度来看，抽象化的过程是一场合理性

① Siegfried Kracauer, “Das Ornament der Masse”, in: *Das Ornament der Masse. Essays*, Frankfurt a. M.: Suhrkamp Verlag, 1977, S. 56.

> (Rationalität) 的胜利，因为它减损了自然之物的辉煌。然而，从理性 (Vernunft) 的视角来看，同样的抽象化过程，却是被自然所决定的 (naturbedingt)；它在一种空虚的形式主义中迷失了方向，而在这形式主义的外观之下，自然却能够畅行无阻，因为它屏蔽了那些能够与自然抗衡的理性洞见。[①]

资本主义经济体系的持续存在导致了抽象性思想的持续存在。换句话说，未被加以反思的资本主义体系的发展，孕育了未被加以反思的抽象性思想的产生。抽象性思想越是得到巩固，人类就越是会被抛弃于理性无法统领的境地。如果人类的思想在半道上误入了抽象性的歧途，那么，知识的真理性内容将无法产生，而人类将再一次落入自然暴力的奴役。因此，克拉考尔认为，"去神话化"过程并没有终结，意即启蒙的任务并没有最终完成。如果不能对资本主义时代的抽象性进行深入反思，理性就无法超越其所设置的重重障碍，也就无法获取继续向前推进的力量。当然，克拉考尔所采取的方式并非强力压制此种趋势，而是要将视角转移到被抽象性遮蔽的大众文化的"表面现象"之上，借此焕发出理性内部的革命性力量。

对克拉考尔而言，对大众文化"表面现象"的解读，必须注意它在两个不同层面的意义——

一方面，作为资本主义体系的内在原则——合理性 (Rationalität) 的美学反映，大众文化也不可避免地走向抽象化。具体而言，舞蹈、旅行、歌舞剧、畅销书、电影、广告……几乎所有的大众文化领域，都被单面化的资本主义理性 (Ratio) 所渗透。这种理性就是克拉考尔所说的被剥夺了内容的"形式"。它非但无法给"这个世界带来意义"[②]，甚至会因其对抽象化的崇拜，陷入新的神话。以上文提及的魏玛时代最有名的"踢乐女孩"为例，她们在舞蹈中平行跃动的大腿，其实已经不再是她们身体的一部分，而变成了抽象的线条、比例和角度；她们构成图案的原则虽然是合乎理性的，但是

---

① Siegfried Kracauer, "Das Ornament der Masse", in: *Das Ornament der Masse. Essays*, Frankfurt a. M.: Suhrkamp Verlag, 1977, S. 57.

② Ebenda, S. 56.

作为图案的每一个构造者，却不产生任何的价值。在这样的大众文化形式中，作为生命有机体的个人消失了，剩下的只是一些构成装饰图案的人形碎片。意即大众文化的构成者在组成装饰图案的过程中，被融进了一个“整体性”之中。这种“整体性”建构出了宏伟壮丽的文化景观，但是其参与者，却远离了繁茂多汁的生命沃土，转而沦落于匿名性的王国。

> 在中国古老的山水画中，有机的生命体验已经被移除，那些树木、水池、山岭只是一些用墨汁绘出的稀稀疏疏的装饰符号而已。它所依据的只是一种代表着形式爆炸（Gestaltsprengend）的理性原则，而不是那种能够保存人之有机整体性的原则。就此而言，构成大众装饰的人本身也是如此。①

因此，如果从真正的理性角度来考察大众文化的话，就会发现，它其实是一种陷入抽象性的“神话狂热”（Mytholigischer Kult）。大众文化与理性的一致性其实只是一种幻觉。实际上，它只是对抽象性的忠实反映。资本主义的理性（Ratio）越是决然地与真正的理性（Vernunft）划清界限，越是决然地忽视人性，并彻底消失于抽象性的世界，低等的抽象神话就越是可以自由自在地发荣滋长。如同资本主义理性对抽象性的狂热一样，大众文化也体现出了对于空虚形式与抽象性的狂热。

但是，大众文化的这种浅薄、抽象、无关宏旨的特点，恰恰又极为精准、深刻地描绘出了魏玛时代，或者说现代社会的本质特征——丧失了更高意义的空虚与匮乏。因此，大众文化不仅映照出了资本主义生产体系的真实状貌，同时也映照出了整个现代世界的真实景观。更进一步来说，当大众文化将一切虚构的有机联系打碎，将一切虚假的意识形态撕裂的时候，就意味着，资本主义合理性的链条在那一瞬间松脱了，由此才能让我们在一个不附加任何意

① Siegfried Kracauer, "Das Ornament der Masse", in: *Das Ornament der Masse. Essays*, Frankfurt a. M.: Suhrkamp Verlag, 1977, S. 59.

识形态建构的真空中找到不虚伪的真相。故此，克拉考尔在其重要作品《大众装饰》的开篇，就肯定了大众文化“表面现象”的历史功用。

> 要确定一个时代在历史进程中所占据的位置，分析不起眼的表面现象，比那个时代的自我判断来得更加可靠。由于这些判断只是针对某一特定的时代趋势而发，因此也就无法为整全的时代提供最终的可靠证明。然而，表面现象却能够借由其无意识的特点，打开一条直接通往事物本质存在的非中介的道路。①

正如引文所言，这些大众文化的“表面现象”是对时代总体状况的忠实描绘，也是通往事物本质的可靠路径。打开这一可能性的，正是大众文化所带来的丰富而庞杂的意象。它们为整个社会绘制了一幅白日梦境，人人沉醉其中。隐藏在梦境之中的，正是被资本主义生产关系所压制的社会真实的内在冲动。借由大众文化梦境般转瞬即逝的无意识表达，现实社会关系的链条得以暂时松脱，一种剥离了有害先见的“洁净状况”，如同洛克所说的那种白板状态②得以呈现。在克拉考尔看来，作为这么一种诞生于“文化边缘以及不起眼的空间中”③的崭新文化形式，大众文化尚未被纳入主流社会的意识框架之中，而是如同梦境般，生存于社会无意识的“洁净状况”之中。这就为其提供了逃脱资本主义意识形态收编的可能

---

① Siegfried Kracauer, “Das Ornament der Masse”, in: *Das Ornament der Masse. Essays*, Frankfurt a. M.: Suhrkamp Verlag, 1977, S. 50.

② 这里需要对克拉考尔与洛克的观点进行一定的辨析。洛克想要创建一个哲学体系，以此解决哲学中最重要的问题。但是克拉考尔却持反体系性的思想。此外，他认为思想只有在被包括在物质世界当中的时候才真正有意义。为了获取真理，必须首先放弃原有的那些陈见，以此来保证思想建立在可靠的基础上。因此，“去神话化”就是克拉考尔最重要的方法论术语；对克拉考尔来说，大众文化的表面现象，只是现实的客观反映，没有添加任何意识形态的偏见，可以通过一种完全空白的“洁净状况”，启动真实意义的探寻之旅。

③ Miriam Hansen, “Decentric Perspectives: Kracauer's Early Writings on Film and Mass Culture”, in: *New German Critique*, No. 54, 1991, p. 51.

性，同时也为我们照亮了社会夹缝中，那些备受压抑或者已经消逝的人性和真理的痕迹。

不过，值得我们注意的是，克拉考尔强调，在大众文化中，这一层面的意涵并不那么鲜明深刻，甚至有些无声无息。虽然它能以一种无意识的方式在日常生活的夹缝中显露出隐匿的真理之光；但是，它的力量又显得太过微弱，不足以完全唤醒大众的批判意识。这是因为，上文已经提到，作为资本主义体系的美学反映，大众文化不可避免地被各种抽象化的力量收编，不得不屈服于合理性（Rationalität）的权柄，也不得不运用各种抽象符号来表现自身。在此意义上，隐藏在其内部的革命性潜能无法得到充分的扩展生发。因而，我们必须对大众文化的解放性力量的有限性具备清醒的认识。

二　大众文化的救赎之旅

通过对大众文化“表面现象”双重内涵的解析，克拉考尔指出，大众文化虽然是资本主义合理性的产物，但是这些沉落在严整的生活规范缝隙间的微小、肤浅、破碎的意象，却映照出了现代性的普遍症候。通过对其无意识面相的解析，其后所隐藏的真理性内涵，便能挣脱资本主义合理性的链条，得以真实呈现。意即，克拉考尔在大众文化之中，看到了走出现代性困境的解放性潜能，或者说一种救赎的希望。

那么，如何认识这一救赎性的希望呢？克拉考尔在《旅行与舞蹈》（Die Reise und der Tanz）以及《照相》（Die Photographie）这两篇文章中，对此有比较具体的论述。

（一）旅行与舞蹈

克拉考尔首先选取的是魏玛现代生活中的两种最为典型的文化形式——旅行和舞蹈。

在《旅行与舞蹈》一文中，克拉考尔首先审视了这两种文化现象的当下特征。他认为，在魏玛时代的社会中，这两种活动已经不可避免地被资本主义合理化的模式所蚕食，丧失了其原初的意义，成为了空虚化时代中的空虚化存在。以旅行为例——

> 现代社会中的旅行已经不再重视其目的地，而只是关注是否能去往一个新的地方。因而，人们所要探寻的不再是特定的具有意义的景观，而只是一种逃离当下的异乡之疏离感。①

因此，现代人的旅行，只是想要去一个特殊的场域，用以逃离他们所熟悉的日常生活，获得所谓的异乡感。不过，在克拉考尔看来，异乡感的获取已经变得越来越困难。一方面，汽车、飞机、电影以及各种各样的旅行杂志把整个世界缩小了。另一方面，资本主义机械化、标准化的生产链条早已越出了单个国度的范围，逐渐扩展到了世界的不同角落。无差别的生产者，创造出了无差别的产品。现代世界正以惊人的速度推进着同一化的进程。旅行的意义变得越来越空虚——所有的酒店都变得大同小异，所有的城市都变得面目一致，所有的景点也都变得整齐划一。

> 用不了多久，那些无可救药的浪漫主义者们就要开始焦虑了。因为他们所能看到的自然风景将会越来越少，人工制造的风景将会越来越多。他们所热切期望体验的幻想国度将不会有真正出现的可能。他们就算去加尔各答也无法寻到任何的浪漫。②

异乡感逐步消退的背后，是具体性和特殊性的萎缩，是抽象性与普遍性的扩张，更是现代性危机下意义真空的不断生成。在此意义上，旅行的真实体验感被不断降低，最终变成了一种短暂的空间转移。

如果说，“旅行已经变成了一种纯粹的空间转移”③，那么同样

---

① Siegfried Kracauer, “Die Reise und der Tanz”, in: *Das Ornament der Masse. Essays*, Frankfurt a. M.: Suhrkamp Verlag, 1977, S. 40.

② Ebenda, S. 41.

③ Ebenda.

的，舞蹈就变成了一种“纯粹的时间转移”①。在克拉考尔看来，旋律一直是舞蹈中最为重要的组成元素。在过去，不同的舞蹈旋律表达着舞者真实的内在情感——不论是忸怩的、享受的、欢欣的，或是忧愁的——而到了现在，旋律却变成了无规则、无意义的节奏。如此一来，过去的那种由内在的意义所激发出来的真实情感的表达，就变成了仅供消磨时光的空洞舞步。但是，从另一个方面来看，这种舞蹈，尤其是美国的爵士乐舞蹈，虽然丧失了传统的意义生成与情感表达模式，但是，其无规则的随性舞步背后，却隐藏着某种独特的个性与不容忽视的解放性力量。

> 舞蹈偏离了原有那种指向意义的活动，转而变成了一种自我指涉的活动……当下的旋律是一种自足自为的现象，他们想要将自身完全从意义的束缚中解放出来。②

因此，在克拉考尔看来，这两种文化形式貌似已经完全将意义排除在外，但他们并没有真正地屈从于空虚的抽象理性的独裁。即便是被降低为最无根基、最为空虚的形式，他们仍旧想要去超越平庸乏味的当下。在现代世界中，宗教和其他的意义给予模式已经被解除了神话色彩，而这些貌似空洞的娱乐消遣，尽管是出于无意识的动机，仍旧为我们打开了一个去往意义彼岸的可能路径：

> “文明化”的人们……在旅行和舞蹈中发现了一个他们此前无法去往的意义空间。因为，通过旅行和舞蹈，他们不必局限在特定的空间和时间之中，而是能够从特定的空间和时间中解放出来，即便十分短暂。③

---

① Siegfried Kracauer, “Die Reise und der Tanz”, in: *Das Ornament der Masse. Essays*, Frankfurt a. M.: Suhrkamp Verlag, 1977, S. 41.

② Ebenda.

③ Ebenda, S. 42.

从这个角度来看，旅行和舞蹈虽然体现了现代性内部典型的空虚症候，但他们却以无目的、无指向的自在表达，逃脱了资本主义意识形态的束缚，为人们指出了打破日常生活藩篱的可能途径。借由这两种方式，生活在受到抽象理性所支配的现代社会中的人，得以获取超越当下的短暂体验，并借此窥到了一丝来自真理世界的亮光。可以说，旅行和舞蹈成为了一种探寻意义的无意识实践，也成为了克拉考尔用以阐释大众文化矛盾性本质的重要工具。一方面，他们展示了自身受资本主义合理化生产模式所影响的同一化、机械化和空虚化的特点；另一方面，他们也展示了在其貌似无意义的“表面现象”之下所隐藏的超越这一合理化进程的革命性潜能。

不过，克拉考尔非常清楚，尽管在旅行和舞蹈身上隐藏着某种解放性的潜能，但是，他们所提供的只是一种有限的解决方案。毕竟，他们自身就是现代性空虚症候的典型表达，并没有足够的能力彻底解除合理性的束缚，为这个世界重新赋予真实的意义。就像酒店大堂虽然能够否定昔日教堂的功能，却无法真正取代其为社会所提供的意义一样，这些消遣性的大众文化形式也只能指出人们心中对于意义的渴望，而无法提供意义以彻底满足他们的渴望。

总体而言，虽然魏玛时代的资本主义合理化进程几乎已经蔓延到了社会的每一个角落。但是，

> 一个真正的人，一个没有成为工业化奴隶的人，尽管他生活在意义空虚的此岸，但他在此岸所进行的批判性反思，将会带领他不断超越此岸生活，去往拥有真实意义的彼岸。①

克拉考尔自身的批判性实践，就表明了他作为这么一种未被现代性困境所束缚的真正的人的存在。他最典型的特点是，始终没有用单一化的原则对现代性危机进行固化，而是秉持开放多元的立场，对现代社会以及各种大众文化现象进行充满辩证意味的考察，

---

① Siegfried Kracauer, “Die Reise und der Tanz”, in: *Das Ornament der Masse. Essays*, Frankfurt a. M.: Suhrkamp Verlag, 1977, S. 43.

从而避免了落入一元主义圈套的命运。

（二）以《照相》为例

在《照相》这篇文章中，克拉考尔更加详尽地论述了大众文化身上的矛盾性与解放性的潜能。

在他看来，照片本身是资本主义生产体系制造出来的可复制、碎片化、机械化的产品。尽管它在某种程度上与那些旧有的视觉艺术有着亲缘关系，与人类的记忆模式也有着相近之处，但是，它与这些记录形式之间仍旧存在着根本性的区别。① 对克拉考尔而言，一张照片中包含了“某一特殊时刻中整个物质空间的表象”②。他想说的是，尽管照片只是一种非主体性的平面化表达，但是它却能够完整、充分、真切地复制一个特定时空中的所有物质表象。克里斯托弗·艾什伍德（Christopher Isherwood）在其《柏林故事》也曾提出过类似的观点：

> 我是一架开着镜头的照相机，我非常被动地记录，但是我并不思考。③

照相与记忆都拥有记录功能。不过，同记忆相比，照相的精确度更高，它能够在瞬间记录下整个事件的空间面貌与时间面貌。而记忆却无法像照片那样如实记录对象的每一个细节。因为不论是出于有意还是无意，记忆在履行记录功能之时，总是会带入个人的情感因素，从而造成对事物的扭曲和篡改。照相抓住的是事物在空间或者时间上的客观连续性；而记忆所保留的不过是对个体来说相对重要的东西。这种“重要”，并非客观意义上的“重要性”，而是一些与人的情感好恶，人生遭际紧密相连的“重要意义”，因而充

---

① 关于照片的审美价值是当时论争的重点，但是对克拉考尔来说，他并不想论证照片作为艺术形式的合法性。他之所以对照片产生兴趣，是因为他认为照片是特殊社会状况的物质表达。他的关注点在于它们所呈现的社会现实。

② Siegfried Kracauer, “Die Photographie”, in: *Das Ornament der Masse. Essays*, Frankfurt a. M.: Suhrkamp Verlag, 1977, S. 26.

③ Christopher Isherwood, *The Berlin Stories*, New York: New Directions Publishing Corporation, 1963.

满了主观性与随意性。不过，这种与个人情感际遇高度关联的“重要”，在某种意义上能够保证记忆的内容以一种特殊的形式超越时间，而这一点是受限于时间的照片所无法达到的。

> 从照相的视角来看，记忆的图像是不确切的，照相并不会包含图像背后的意义，以及与图像相关的人际联系；同样地，从记忆的视角来看，照片只不过是一个装满了垃圾和碎片的大杂烩而已。①

换言之，记忆与个人情感以及人生际遇的紧密联系，使得它天然地拥有一种恶魔般的永恒性。虽然记忆所显示的图像没有照片那般精确，但是在这些不完美、有缺憾的图像下面却演绎着生动的历史。而在照片之中，这种活生生的历史却完全被精确性遮盖了起来。在这一点上，艺术作品与照片之间也存在着类似的不可通约性。克拉考尔在《照相》一文中举了这么一个例子：

当时有一个人想请求画家为他绘制一幅画像，并希望画家能够在画像中忠实地画出他脸上的每一道皱纹。听到这话，画家马上非常生气地指着窗户对他说：

> 请您过去，您可以到外面随便找一个照相师。如果您想分毫不差地呈现自己脸上的每一道皱纹的话，请您去找他，他会把所有东西都放在画面中。至于我，我所画的是历史！②

不难看出，这个例子想要强调的是：

> 艺术作品的内涵大大超出了其所展示的对象的表面外观。在这个意义上，艺术作品能够超越时间。因为，艺术作品的意义来源于不同的碎片，又高于这些碎片；而照相的意义不过就

① Siegfried Kracauer, “Die Photographie”, in: *Das Ornament der Masse. Essays*, Frankfurt a. M.: Suhrkamp Verlag, 1977, S. 25.

② Ebenda, S. 26.

是无数碎片的空间呈现。①

确实，与这种探究对象内在历史、内在意义的艺术作品相比，照相在本质上只是一个再现的工具。但是，作为一种再现工具，照相却拥有一种它们所无法企及的能力——那就是捕捉真实的能力。虽然没有一种媒介能够完全彻底地捕捉到“真实”，但是照相却能够在转瞬即逝间为我们切实地映照出广阔物质世界的表象。由于曝光时间的变化以及镜头锐度的区别，照相所捕捉到的画面大大超越了人类自身有限的感觉、视觉和知觉的范围。正如克拉考尔在文中所说：

> 照片在历史上第一次为我们照亮了整个的自然构造：广阔的外在世界第一次在不依赖人类的情况下得以完全呈现。只需通过轻轻一点，照片就为我们展示了所有的空间景象，并轻松地将其装入小小的影集中。②

不过，就像上文所提及的，恰恰由于这种超越人类感知能力的精确性，使得照片无法真正传达意义。因为意义的生成与主体的心灵感受密切相关，在太过精确的表现中，心灵的呈现能力反而变得苍白，而意义也便在此种苍白中逐渐散佚。例如，一幅绘画作品可能无法忠实地呈现自然现实，但是它并不需要如此。因为它所传达的是一个被艺术家的视角和洞见所渗透的物体。而照片所传达的，就是这个客观物体本身。

> 在艺术作品中，客观对象的意义呈现在空间中，而在照片中，一个物体的空间呈现就是它的意义。③

① Siegfried Kracauer, “Die Photographie”, in: *Das Ornament der Masse. Essays*, Frankfurt a. M.: Suhrkamp Verlag, 1977, S. 27.

② Ebenda, S. 38.

③ Ebenda, S. 28.

阻碍意义呈现的，就是照相太过机械化的精确性。如果非要探究照片的意义所在的话，那就是它能够在特定时刻将物质世界忠实地呈现于空间之中。关于照相的“意义”，我们不妨设想一下，如果观看者将照片与其所对应的客体之间的时间联系猛然抽掉，那么我们就会发现，此时的照片就只剩下无序的空间呈现，其仅有的“意义”也都消失殆尽。正因为如此，我们说观看者赋予照片的并非其本身固有的意义，而是他在某一特殊时刻对其进行的情感投射。换言之，照片所产生的意义，不过是观看者在特定的时空中对其所进行的重新建构。克拉考尔在这里所提出的大胆想法，与后来一些法国先锋派理论家在20世纪60年代所提出的“作者之死”的观点有着惊人的相似。① 对克拉考尔而言，随着时间的流逝，照片的无意义将会逐渐显露出来。因为在现实生活中，时间如同沙漏一般缓缓流逝，在此过程中，照片与原有对象之间的联系也将会慢慢消失。如此，它的意义便会随着与对象之间联系的消失而消失。为了说明这种关联，克拉考尔在《照相》的一开头，用了一个十分有趣的例子来描绘照片意义消失的过程。他在文中写道：

> 这是一个电影明星。她只有24岁。在一份画报的封面上，我们可以看到她正站在意大利威尼斯丽都（Lido）海滩边的精益酒店（Excelsior Hotel）前。当时是九月份。如果可以透过一面放大镜来看的话，我们就可以看到其精细的纹理，看到由无数个点所构成的这个电影明星、海浪以及酒店。但是，这幅照片所指涉的并非这些小点，而是这个站在丽都海滩前活生生的电影明星。时间：当下……她的刘海，她的头稍稍前倾的姿势，以及一左一右的长长睫毛——所有这一切都被照相机以其完美无缺的方式忠实展现了出来。一看到这张照片，人们马上就能把她认出来，这就是她在电影荧幕上的样子。正是由于此

---

① 1967年法国结构主义思想家罗兰·巴特提出了“作者之死”的概念。他认为，不管作者写作的本意如何，读者通过阅读创造了自己的意义。因此，在他看来，作品本身没有固定不变、连贯的意义。克拉考尔对照片的认识也是如此。他认为照片并没有固有的意义，随着时间的流逝，原有的特殊语境下的意义也就散逸了。

> 种真切性，没有人会把她和别人混为一谈，即便她是同质化的踢乐女孩队伍中的一员。她梦幻般地站立在精益酒店的前方，沐浴在璀璨的阳光下——一个有血有肉、栩栩如生的充满恶魔般魅力的电影明星，24岁，在威尼斯丽都海滩之前，时间是九月份。①

在这里，克拉考尔毫不吝惜笔墨，为我们详尽地描绘了一个站立在丽都海滩前的电影明星的姿态，其用意在于展示照相机的镜头所能达到的细致入微的程度。借助镜头，这个明星看不见的风采似乎都凝聚在了那组成其图像的无数微粒之中，给人无比真实的感觉。她那充满诱惑的姿态与神情似乎也能穿透镜头，直达人们目前。不过，在60年之后，当这张照片被她的孙子从家族相册中翻出来之后，他们却不无惊异地问道："这是我们的祖母吗?"② 在他们眼中，这张照片上的女人似乎与自己的祖母没有任何关联。他们甚至会被照片中的明星身上那样式陈旧的服饰逗乐，因为现在再也没有人会穿这样的衣服了。对此，克拉考尔不无感伤地说道：

> 一旦拍摄照片的时间已过，其与对象之间的指涉关系就不再存在了。一个亡者的躯干与他活着的时候相比要小得多。同样的，一张老照片不过是当下照片的缩水版。当时光流逝，老照片的意义也随之被抽空，所剩下的只是空洞的无所指。就此而言，老照片不过是曾经生活过的事件的沉渣，它的符号学价值在时间的长河中，被抛入了历史；它所抓住的不过是已经被历史抛弃的遗物。③

克拉考尔所举的这个例子，表达了随着时间的流逝，照片身上

① Siegfried Kracauer, "Die Photographie", in: *Das Ornament der Masse. Essays*, Frankfurt a. M.: Suhrkamp Verlag, 1977, S. 21.

② Ebenda, S. 22.

③ Ebenda, S. 29.

“严格”意义的不断流失。[①] 初看起来，这似乎暗含着一丝对意义散佚后的感伤与怀旧，甚至有某种逃向形而上的意味。但实际上，在克拉考尔眼中，正是由于照片在意义传达上的某种缺失，使得它能够暂时挣脱整严的资本主义机械化生产的链条，显露出物质现实未被意识形态污染过的本来面目。这种在刹那之间的显露，给予了照片一种揭示事物本质的解放性潜能。这种解放性潜能的实现依赖两个具体的条件：一方面，有赖于技术的进步所带来的不断提升的精确性，照相帮助人们看到了一个广阔的、“此前根本无法看到的真实世界”[②]；一个全新的、此前根本无法体验到的经验领域。这就大大拓展了我们对客观世界与社会关系的认识，以及对其进行分析和探索的可能。另一方面，有赖于照片空虚化的呈现，它在为人们展示外在世界的表象之时，不会附带任何具体的意识形态建构，以遮蔽其所反映的物质现实本身。此外，由于它在拍摄时所凝固的时空距离，使得人们在观看之时，得以获取客观分析所必需的“陌生化”效果。可以说，正是由于“无意义”的照相所创造的消除了意识形态偏见的“洁净状况”，以及它所带来的重新认识外在世界的强大“陌生化”力量，使得人们可以用一种全新的视角，来考察这个从神话和各种欺骗性的绝对性中解放出来的物质世界，进而探索真实意义之所在。

正是因为如此，克拉考尔认为，照相是一个能够分析当下社会内在状况的有效工具，是“一部记录社会本质的档案”，是“一个独立于人类世界的储藏室”。[③] 更进一步来说，照相之中蕴含着一种产生于资本主义生产链条，同时又能洞穿资本主义生产体系奥秘的

---

① 克拉考尔在这里所说的，照片没有意义，是指照片缺乏一种特指的意义，因此是充满阐释潜能的。

② 克拉考尔认为，照片为人所呈现的“此前根本无法看到的真实世界”，是基于技术层面上的客观呈现，是就超越人的视力范畴的清晰度而言，并非像科学那样，通过抽象综合归纳的方式来对世界进行全新的把握。这里主要是为了强调照相无涉意识形态的客观真实性。参见 Siegfried Kracauer, *Theory of Film. The Redemption of Physical Reality*, New York: Oxford University Press, 1960, p. 299。

③ Siegfried Kracauer, “Die Photographie”, in: *Das Ornament der Masse. Essays*, Frankfurt a. M.: Suhrkamp Verlag, 1977, S. 37.

革命性潜能。当然，克拉考尔非常清楚，只有在明晰其作用有限性的前提下，照相才可能发挥其革命性的潜能。也就是说，只有在对大众文化的有限性进行深刻了解和明确认识的前提下，我们才有可能从中获得启发性的洞见。以照相为例，它虽则清白无辜地反映了物质现实的面貌，但是如果不加批判地接受它，就会成为其狡诈策略的受害者。意即，如果不能对照相所呈现的图像保持一种远距离的客观审视，就会卷入其带有催眠意味的表象，继而跌入虚幻的意义王国。在此意义上，图像越是清晰完满，其所蕴含的催眠性技巧就越是高超，对其所进行的反思批判就越是艰难，启蒙理性的继续推进就越是不可实现，甚至还将让人陷入新的图像“神话”。如此一来，现代性内部的矛盾张力就会趋于消解，“去神话化”的历史过程就将面临再度中断的风险。不过，现代社会的发展在某种意义上，恰恰走入了克拉考尔所担忧的境地：

> 在社会的发展进程中，画报的发明，是一种摧毁人类理解力的最强大的武器。它使用照片将整个世界以图像化的方式进行了重构……准确无误、清晰明了的照片为我们的认知设置了一个基础框架。人们不再需要依靠自身的能力去思考，一切都有了具体的展示，只需要被动接受就可以了……狂暴的照片之海已经冲决了人类思考的大坝。①

在克拉考尔看来，这股图像狂潮的力量如此之大，甚至威胁到了现实的物质存在本身。就像艺术作品由于机械复制的大量涌现而被逼到墙角一样，人类的自我认知、自我思考以及自我反思的能力正在遭受照片的巨大威胁。在照片中，人类虽然可以无所遮拦地看到整个世界的样貌，但是这种观看，只是纯粹的相机视角的代劳，而没有人的主体性参与其中。对此，克拉考尔在《照相》中写出了这么一段发人深省的话：

---

① Siegfried Kracauer, “Die Photographie”, in: *Das Ornament der Masse. Essays*, Frankfurt a. M.: Suhrkamp Verlag, 1977, S. 34.

> 人们从来没有在任何一个时代对自身如此了解，如果说了解意味一种照片意义上的认识……那么，也从来没有在任何一个时代对自身如此一无所知。①

从根本上来说，照相术与其他大众文化样式一样，映照着资本主义经济生产体系的合理化逻辑。照相术的不断提高，也必须借力于资本主义时代不断发展的技术手段，这是资本主义生产模式的秘密所在。如果人们一味沉溺于技术所带来的狂欢，享受各种科技成果所带来的便捷，虽然能够拥抱知识与体验的几何级增长，却很可能因此丧失了主体性的批判原则，变成了工业时代的盲目者。就像尼尔·波茨曼（Neil Postman，1931—2003）在《娱乐至死》中所说的：

> 奥威尔害怕的是那些强行禁书的人，赫胥黎担心的是失去任何禁书的理由，因为再也没有人愿意读书；奥威尔害怕的是那些剥夺我们信息的人，赫胥黎担心的是人们在汪洋如海的信息中日益变得被动和自私；奥威尔害怕的是真理被隐瞒，赫胥黎担心的是真理被淹没在无聊烦琐的世事中；奥威尔害怕的是我们的文化成为受制文化，赫胥黎担心的是我们的文化成为充满感官刺激、欲望和无规则游戏的庸俗文化……在《一九八四年》中，人们受制于痛苦，而在《美丽新世界》中，人们由于享乐失去了自由。简而言之，奥威尔担心我们憎恨的东西会毁掉我们，而赫胥黎担心的是，我们将毁于我们热爱的东西。②

波茨曼所提到的赫胥黎在《美丽新世界》（*Brave New World*）一书中，为我们描绘了一个从出生到死亡都被加以严格控制的社

① Siegfried Kracauer，“Die Photographie”，in：*Das Ornament der Masse. Essays*，Frankfurt a. M.：Suhrkamp Verlag，1977，S. 34.

② 尼尔·波茨曼：《娱乐至死》，章艳译，广西师范大学出版社 2004 年版，第 2 页。

会，在这个社会中一切都被福特式的流水线所精密设定，人类可以无止境地享受科技的成果，彻底杜绝了痛苦与真实的情感，一切都显得完美和谐：

> 而现在——这就是进步了——老年人照样工作，照样性交，寻欢作乐，没有空闲，没有丝毫的时间坐下来思考。或者，即使由于某种不幸的偶然，在他们的娱乐消遣里出现了空当，也永远会有解忧丸，美味的解忧丸，半克就是半个假日，一克就是一个周末，两克就是一次辉煌的东方旅游。三克解忧丸就是一次月球上昏昏沉沉的永恒。从那儿回来的时候他们会发现自己已经越过了空当，每天脚踏实地、安安稳稳地工作和娱乐，看完一部感官片又赶下一部感官片，从一个有灵气的姑娘到另一个有灵气的姑娘……沉醉于忘忧的海洋，就如同沉醉于一片平庸、琐碎、心不在焉的文化之海。人们在这里，只可能找到一些感觉的替代物，一种狂欢后的宿醉，以及一些离心的牌戏而已。①

但是，全书的真正意旨在于揭示，人类社会如果真的完全沉浸于没有痛苦的天堂之中，并不会获得幸福。相反的，在这样的天堂中，人类将彻底丧失人之为人的根本。从资本主义工业化生产的角度来看，大众文化产品并非为了满足人们对真理的追求，而是为了满足人们肤浅、空虚的感官需要而生。如果仅仅止步于它空虚的形式表达，陶醉于它所带来的心神涣散的娱乐效果，人类所获得的将只是昏昧、混沌的快感，非但无以反思社会，更会沦为大众文化的俘虏，甚至被消耗殆尽。正像克拉考尔在一篇名为《厌倦》(Langeweile) 的文章中所说：

> 电影中放映着不同的场景：他们忽而变成了假冒的中国人叼着假冒的鸦片烟；忽而变成了一只受到训练的狗，用非常聪

① 阿道司·赫胥黎：《美丽新世界》，王波译，重庆出版社2005年版，第19页。

明的表演来取悦一个电影女明星；忽而又仿佛一群登山者，在一场风暴中攀登高峰……怎样才能阻止这些光怪陆离的生活呢？疯狂的电影海报急速地冲向精神已经不再光顾的空虚空间，把他们都拽到屏幕之前。开播之前的荧幕如同空荡荡的宫殿一般贫瘠。一旦影像开始接二连三出现之时，这个世界上所留下的，除了这些转瞬即逝的影像之外，别无他物。当人们直愣愣地盯着屏幕之时，他也就完全忘记了自己……这生活的幻觉不属于任何人，却要将每一个人耗尽。①

因此，沃伦曾在《电影，美国主义以及机器人》一文中提到：

针对大众文化，克拉考尔倡导一种超越本雅明和赫胥黎之间的对立道路，他认为大众文化就是资本主义体系中的一个最为基本的功能要素。②

在这一点上，沃伦是正确的。本雅明曾公开表示，大众文化是理性在现代社会的全新表现形式。他认为，现代性在人们的思想中放置了一套全新的任务和可能性。想要理解这些任务和可能性，就需要借用一套完全不同于传统理性模式和认知模式的激进工具。他找到了大众文化。并且认为大众文化是一种最为有效的，推进现代性认识能力的工具。借助这一工具，人们就能对这种全新的、令人头昏目眩的现代性状况进行解读。不过，克拉考尔对大众文化的态度并没有如此乐观。就像上文所提及的，对他来说，大众文化是一柄双刃剑。一方面他承认，与旧有的文化样式相比，当下的大众文化确实更加适合把握现代社会碎片化的特点。它自身意义无涉的特点，为人们提供了从资本主义合理化进程中暂时解脱出来的革命性

---

① Siegfried Kracauer, "Die Photographie", in: *Das Ornament der Masse. Essays*, Frankfurt a. M.: Suhrkamp Verlag, 1977, S. 322.

② Peter Wollen, "Cinema/Americanism/The Robot", in: *Modernity and Mass Culture*, James Naremore and Patrick Brantlinger (eds.), Bloomingotn: Indiana University Press, 1991, p. 60.

潜能。这一潜能有可能成为新的启蒙工具，成为照亮现代性世界空虚之境的启明灯，引领人们继续探索更高的意义。但是，另一方面，克拉考尔认为，作为资本主义合理性产物的大众文化虽然提供了通往真理道路的可能，其力量却是非常有限的。如果不加批判地拥抱大众文化的外在表达，必然会沉溺于其所带来的泛娱乐化的狂潮，阻碍我们获取其内在的真实洞见。

可以说，正是由于克拉考尔对大众文化双重内涵的深刻洞悉，使得他采取了一种历史“中断”的方式，意即一种拉开时空距离的辩证批判的态度，来面对大众文化。不过，并不是所有人都能真正理解大众文化之上的这一双重性。以魏玛时代的许多坚守旧日信条的人为例。面对意义空虚的现代社会，他们本能地选择了逃避的方式，宣扬要回到过去那个“意义充盈”的神话时代。甚至不惜余力地在人群中散播这一浪漫主义的主张。他们嘲讽和鄙视包括照相在内的所有大众文化现象，认为这些庸俗的文化形式只能进一步加剧时代的空虚症候。这种对于大众文化全盘否定的态度，使得他们丧失了接近时代真相的可能，也使得他们丧失了探索其内在革命性潜能的机会。失落的时代真理，不可能向他们敞开大门。与之相反，另外一些人非常热衷于以照相为代表的大众文化所带来的娱乐化风潮，甚至陷入了某种“消遣的狂热”。他们的问题在于，完全被资本主义社会的抽象理性原则同化了，丧失了应有的批判性与反思性。故而，他们根本无法洞穿大众文化内在的有限性与虚无性，完全堕入了这些文化工业产品所构建出来的光怪陆离的现代文化景观。

无论如何，克拉考尔虽然洞穿了大众文化的双重内涵，尤其是清醒地意识到了大众文化所诞生的资本主义合理化的生产逻辑，及其所可能带来的心神涣散的去主体性的效果，但是他仍旧对其所隐藏的革命性潜能怀抱希望。因而，正像沃伦所认为的那样，克拉考尔想要超越一般的围绕大众文化所产生的对立，从一种更加富有辩证意味的角度展开对大众文化的批判性反思。这就使得他避免了对现代性危机的简单化断言，而能充分地保持其本身的张力和矛盾。这种活泼泼的张力赋予了大众文化一种他所强调的

“道德意义”：

> 只有当其尚未终结之时，它才能拥有道德意义。这种潜在的道德意义，让大众文化在成千上万的眼睛前面，真实而不加任何意识形态偏向地传达和展示着现代社会的失序状貌——而这恰恰是一种能够激起他们对此进行激进变革的前提条件。①

总之，通过对大众文化“表面现象”的分析，克拉考尔愈加清晰地表明了自身对魏玛现代性的批判性介入和理解。他并非一个通过理论之路探索真理的哲学家，而是一个积极投身于社会现实展开文化批判的实践者。克拉考尔在《法兰克福报》的编辑工作，为他的文化现代性批判提供了平台。在这里，他不必拘泥于严格的哲学体系的束缚，而是能够利用灵活多变的写作手法与文体风格来展现其对具体的社会文化现象的批判性反思。这种打破了科学、社会学、文学与哲学等各门学科之藩篱的碎片化研究手法，恰恰适合对碎片化的现代性状况进行考察。可以说，克拉考尔对日常世界与大众文化“表面现象”的分析表明，原有的较高意义的领域，已经从威权的高位上退下，转而寄居在那些在表面看来非常琐碎的事物之中。换言之，它隐身于日常生活的表象之中。它们貌似无声无息，甚至不被人关注，但是这并不意味着他们停止了对整个社会的呈现。与之相反，在这种碎片化、漫不经心的呈现中，可以让人脱下意识形态的重重武装，转而在不经意间窥探到隐藏在其表面之下的各种秘密原则。这些原则与社会的真实紧密相关。因此，在这种外表的琐碎和内在的重要性之间的错位中，表面现象为我们保留了真实内涵的空间。当然，克拉考尔对社会文化表面现象的关注，绝不仅仅停留在拼凑碎片的行动中，其根本目的在于通过对现象的精心考察，来洞悉其下所潜藏的革命性力量。在他看来，时代的真理性内涵，以一种扭曲的方式隐没在那些微不足道的大众文化现象之

① Siegfried Kracauer, “Die Photographie”, in: *Das Ornament der Masse. Essays*, Frankfurt a. M.: Suhrkamp Verlag, 1977, S. 316.

中，随之以一种栩栩如生的白日梦的方式向我们展现出来。唯有低下头，屏息凝神地分析每一个具体梦境的构成，才能准确地诊断出这一时代的症候所在，进而接近时代的真理性内涵。就此而言，魏玛时代的大众文化一方面以其碎片化的表象映射了整个资本主义生产体系的合理性因素；而另一方面又以其无意识的内在表达，映射了进一步推进启蒙，获取真正理性的革命性潜能。通过对大众文化双重性与革命性潜能的深入剖析，克拉考尔展开了对魏玛现代社会的文化批判。这样一种从细微表象挖掘内在意义的批判路径，在文化研究，尤其是唯物主义文化批判尚未形成风潮的时代中，有其独特的理论解释能力。正如德国评论家黑尔姆斯（Hans Günter Helms）所说：

> 克拉考尔的现代性批判，将各种事实编织起来，彼此对立，相互比照。通过这样的方式，这些事实慢慢溢出自身局限的范畴，从而能够揭示出隐藏在其背后的真相。①

当然，克拉考尔对于大众文化所可能带来的消极后果，并非没有洞察。在他看来，沉溺在声光形色的娱乐潮流，不仅会使人丧失主体性、批判性，甚至可能将人重新带入现代神话世界，彻底迷失方向。因而，大众文化解放性潜能的实现，必须仰仗客观理性的分析判断，以及对于真理孜孜不倦的探求。

① H. G. Helms, "Vom proletkult zum Bio - Interview", in：Hübner und E. Schtz (Hrsg.), *Literatur als Praxis Aktualität und Tradition operativen Schreiben*, Opladen：Westdeutscher Verlag, 1976, S. 93.

第五章

未完结的问题
——克拉考尔作品的开放性

克拉考尔的文化现代性批判将立足点放在了大众文化的双重本质，特别是其“表面现象”背后的解放性潜能之上。但是，他对大众文化的态度是复杂而审慎的，并没有对此轻易给出一个带有终结色彩的断言。他始终强调的是，只有在一种充满批判性反思的内在紧张之中，才有可能找到那种解放性的救赎潜能。从这个意义上来看，克拉考尔魏玛时期的作品呈现出了一种开放性的特点。

第一节　尚在途中——关于意义的找寻

通过对魏玛现代性危机的诊断，克拉考尔展开了对弥赛亚救世主义与资本主义的批判，并为我们指出了大众文化双重本质之中所可能蕴含的解放性潜能。不过，克拉考尔并未就如何开启这一潜能以探寻时代真理做出确切的阐述。[①] 综观其魏玛时期的作品，我们所能看到的就是一个不断寻求突破的文化批判者。他深入到魏玛时代各个并不引人注意的文化角落，对现代性危机内部的复杂状貌进行了深刻分析。通过这些努力，他把我们带到了一个充满启发意味的空间——“中间领域”。就像他在《等待者》当中所提及的，这

① 当然，这里并不涉及他在美国时期的作品。应该说，他在美国时期的作品中带着明确的目的和教义推行了自己的救赎计划，因而常常被人诟病说这些作品违背了其一贯的非教条主义本质，甚至是将其救赎计划推行得太过头了。

个“中间领域”是现代性危机得以充分展示的领域，也是超越现代性困境的重要领域。在这里，人们必须勇敢地承受现代性风暴的洗礼，以坚定的信念重新开启意义探寻之旅。只是，在这个“中间领域”中，人们究竟如何运用大众文化的解放性潜能以重获意义呢？克拉考尔对此着墨不多。这是否意味着他所提供的答案，只是一个“并不存在的真理”[①]？又或者说，这是一个更具开放性的选择？

针对这一问题，我们首先需要关注的是，克拉考尔的魏玛作品所诞生的历史语境。克里斯托弗·艾什伍德的《柏林故事》中有这么一句话，“实际上，每一个人都是一个参与者……”[②] 克拉考尔正是那一时代无可逃脱的参与者。在《小说理论》中，卢卡奇运用了“浪漫的反资本主义”一词，用以描绘一战结束之后，欧洲知识分子对工业化与合理化浪潮所带来的悲剧性后果的不满。一方面，他们对“美国”化的现代工业所造成的无灵魂的世界充满了憎恨；另一方面他们对“意义充盈”的过去时代怀抱哀伤的乡愁。因此，对机械化、物质化、浅薄化社会的拒斥成为了那一时代知识分子的共有信念。而这，正是促使克拉考尔展开魏玛现代性批判的原因所在。在他看来，“去神话化”之后的现代世界，成为了工具理性与抽象理性一统天下的世界。在这里，人类丧失了活泼泼的个体性与主体性，变成了无灵魂的生产工具。若想超越这一世界，就必须先对其展开细致剖析。就此，克拉考尔一头扎进了魏玛时代大众文化的“表面现象”之中，试图寻到通往真实世界的可能途径。正像他在 1925 年的一篇题为“这个时代的艺术家”（Der Künstler in dieser Zeit）的文章中所说：

只有在完全彻底地了解并且洞悉其内部原理之后，美国才

---

① Miriam Hansen, “Decentric Perspectives: Kracauer's Early Writings on Film and Mass Culture”, in: *New German Critique*, No. 54, 1991, p. 62.

② Christopher Isherwood, *The Berlin Stories*, New York: New Directions Publishing Corporation, 1963, p. 26.

会真正消失。①

当然，这里的美国并非地理意义上的国家，而是资本主义合理性社会的表征。这一点深刻表明了克拉考尔文化现代性批判的方法论，即一种实践性的参与。正如卡斯滕·维特（Karsten Witte）所言：

> 克拉考尔积极投身现实、参与改变的立场，多多少少应和了青年马克思的那句倡导实践的名言——批判的武器不能代替武器的批判。②

然而，就在魏玛时代尾声，资本主义世界的固有矛盾急剧爆发，一场世界性的经济大危机横扫欧陆和美洲。巨大的恐慌在岌岌可危的魏玛共和国内部引发了强烈的震荡和一股反现代化的思潮。以“美国”为代表的现代性，慢慢退下了历史的高位。不过，这股强劲的反现代化思潮却让德国陷入了更大的危机，人类历史上最为黑暗的年代——也就是克拉考尔一直深为忧虑的纳粹的“再度神话化”时代即将来临。对于频遭动荡、流离失所的民众来说，他们是如此渴望一个“千年王国”的承诺以及一个当代弥赛亚的降临。所以，那些“经过包装后的传统、权威、国家、自然和种族的概念”③才可能在这样一个思想土壤中得以重获生机乃至形成蔚然之势。虽然克拉考尔在对魏玛时期的各种弥赛亚救世主义的批判中，一再对此发出警告，却无法阻挡这一激进民族主义、种族主义的“神话”思潮的发荣滋长。它一方面暗合了此前欧洲知识分子对有机共同体的怀恋，另一方面又充分满足了民众对乱世中救世主来临的渴望。

① Siegfried Kracauer, “Der Künstler in dieser Zeit”, in: *Schriften* 5. 1, Hrsg. von Karsten Witte, Frankfurt a. M: Suhrkamp Verlag, 1971ff, S. 300-308.

② Karsten Witte, “Light Sorrow, Siegfried Kracauer as Literary Critic”, in: *New German Critique*, No. 54, Fall 1991, p. 82.

③ Miriam Hansen, America, Paris, “The Alps: Kracauer (and Benjamin) on Cinema and Modernity”, in: *Cinema and the Invention of Modern Life*, edited by Leo Charney and Vanessa Schwartz, Berkeley: University of California Press, 1995, p. 389.

这一野心勃勃、所向披靡的“帝国神话”在魏玛共和国末期，几乎占领了所有阵地——甚至包括此前由资本主义文化工业所占领的角落。原本寄托着克拉考尔无限希望的具备解放性潜能的大众文化产品，亦开始迎合甚至支持这股强劲的极右思潮。电影、戏剧、音乐……无不被各种极端民族主义、纳粹主义的文化符号所俘虏。

面对这一系列不断涌现出来的政治和文化现象，以及大量丧失了自我立场的大众媒体[①]，克拉考尔不得不对大众文化进行重新审视。此前，他对资本主义社会大众文化的“表面现象”是怀抱希望的，就如米莲姆·汉森（Miriam Hansen）在《美国、巴黎、阿尔卑斯山》中所言：

> 不管当下的流行文化多么平庸、肤浅、不充分，但最起码，不论是对克拉考尔还是对其他那些为了存在而抗争的人们来说，这些文化符号仍旧在无意识的呈现中，透露出了资本主义合理化存在的本质，同时也为其指明了通往真实意义的可能道路。[②]

但是，随着纳粹风潮的崛起，大众文化中的这种启发性潜能转变成了极权主义宣传的工具，其解放性的力量亦就此湮灭。因而，对此时的克拉考尔来说，他不得不调整原有的现代性批判方案，将重点从对资本主义的批判转移到对极权主义的“再度神话化”的批判上来。那些站立在“中间领域”勉力前行，寻求超越的人们，只能无望地站立在那片行将被纳粹罪行笼罩的欧陆中心，等待意义救

---

① 这里比较有代表性的例子是，原本以鲜明自由民主立场著称的《法兰克福报》，在1932年被法尔本公司（I. G. Farben）收购了将近49.5%的股权后，开始了内部重组。就此，这份报纸的政治立场发生了转向，甚至为纳粹的“驯服”观念张目。这就导致克拉考尔与报纸领导层之间产生了日益升级的摩擦。最终克拉考尔被《法兰克福报》解雇。

② Miriam Hansen, America, Paris, “The Alps: Kracauer (and Benjamin) on Cinema and Modernity”, in: *Cinema and the Invention of Modern Life*, edited by Leo Charney and Vanessa Schwartz, Berkeley: University of California Press, 1995, p. 387.

赎之光的再度来临。

可以说，纳粹在魏玛共和国肌体上的滋生，一方面打断了德国知识分子对“美国式”合理化进程的批判；另一方面又激发了他们对启蒙理性推进过程中的“再度神话化”趋势的反思。正是因为如此，克拉考尔将批判的矛头从资本主义时代的大众文化转向了纳粹主义。毕竟，此时更为紧迫的任务是要将人们拉出新的绝对化的泥潭。理清了这一历史线索，我们就能更好地理解，为何克拉考尔没有持续推进对大众文化救赎性潜能的挖掘，以探寻更高意义的实现。（当然，在克拉考尔 1940 年流亡美国之后，和当时的许多流亡知识分子一样，他将美国视为战前德国的延续，并在此基础上继续推进了对于资本主义合理化、工具化的批判。）

由此可知，在克拉考尔思想发展的过程中，历史语境的影响作用不容小觑。当然，这并非形成克拉考尔现代性批判理论之未完成面相的根本原因。实际上，对克拉考尔而言，任何一种简单直白的答案，或者任何一条绝对性的道路，都违背了他对真理的理解：

> 真理不可能通过知识的形式来传达，因为它必须被体验……体验者的洞见将映照出这一真理的形态。①

在此意义上，克拉考尔属于坚定的非正统知识分子。他对任何一种绝对性思想模式的怀疑，是因为他明白，即便是最富独创性的思想都有转化成新的理论“神话”的危险。因此，克拉考尔并没有直截了当地告诉我们，如何运用大众文化的救赎潜能来实现真理，而只是告诉我们它具备这一潜能，且在其得以实现之前，必须时刻保持批判性反思的态度。这一反绝对主义、反精英主义、反体系性的立场，正是克拉考尔魏玛作品的典型特征。阿多诺的文章《好奇的现实主义者》，是对克拉考尔这一特点的深入阐述。

---

① Siegfried Kracauer, “Die Wartenden”, in: *Das Ornament der Masse. Essays*, Frankfurt a. M.: Suhrkamp Verlag, 1977, S. 118.

第二节　《好奇的现实主义者》——与阿多诺之论争

1964年，为了庆祝克拉考尔75周岁的生日，阿多诺写了一篇题为“好奇的现实主义者”（The Curious Realist）的文章。克拉考尔对此篇文章的看法前后不一。起初，他认为文章言辞恳切，较为真实。而后，却对其多有不满，甚至要求阿多诺在修改之后才能加以发表。应该说，阿多诺在这篇文章中对克拉考尔的评价——一个“不成熟的思想家”、一个抛弃了“自我批判”的“散漫者”、一个“安于享受美国资本主义社会生活的人”的说法，不免存在偏颇之处。只是，奇怪的是，这样的评价并非出自一个对克拉考尔毫无了解之人，而恰恰出自一个对克拉考尔的“整体精神特质”有着深刻理解的朋友之手。因此，对这二人围绕这篇文章而产生的论争进行批判性解读，可以帮助我们进一步理清克拉考尔思想的独特性及其文化现代性批判理论的先锋性。

这两个思想家之间贯穿一生的亲密而复杂的关系，要从其初次结识说起。1918年7月10日，克拉考尔的父亲去世，克拉考尔从奥斯纳布吕克返回法兰克福奔丧，并在此休息了数月。在此期间，恰逢与他相交甚密的叔叔从学校退休，克拉考尔便和母亲与叔叔婶婶一家搬到了法兰克福北部共同居住。其间，克拉考尔结识了年仅15岁的阿多诺（Theodor W. Adorno，1903—1969），由此结下了长达一生同时又充满矛盾的友情。据阿多诺回忆，他父母的一个朋友，同时也是克拉考尔叔叔的学生罗茜·斯特恩（Rosie Stern）将他们二人共同邀请到家里做客，这才促成了这两位著名思想家的结识。从那时起的几年间，克拉考尔和阿多诺在每周六下午都要一同阅读康德的《纯粹理性批判》。对阿多诺来说，比他年长15岁的克拉考尔应该算是他在哲学上的第一位重要导师。对此，阿多诺本人曾这样说道：

毫不夸张地说，我从克拉考尔那里得到的教导远远胜过我

> 真正学术上的导师。正是由于他充满天赋的教育才能，我才能如此深入地学习康德的思想。在他的指导下，我将康德的《纯粹理性批判》视为一部充满符码意义的作品，通过对其进行解码，重现理性的历史状况。当时，我还带着这么一种模糊的期待，那就是希望通过这样的方式寻找到纯粹的真理。不过，克拉考尔对我说，康德的批判哲学并非仅仅是一个先验的唯心主义体系，在其中，客观本体论与主观唯心主义相互交织、彼此争战。这部作品中那些充满雄辩意味的片段恰恰是这二者的矛盾冲突遗留在理论中的伤口。从某种意义上来说，哲学中的瑕疵与漏洞相较于那些被大多数哲学家所强调的意义连续性而言，具有更加深刻的意义。①

可以说，在这段共同探讨《纯粹理性批判》的时光中，阿多诺从克拉考尔那里获益良多。克拉考尔对康德认识论富有启发性的解读，不仅打开了阿多诺哲学思考的视野，同时也展现了自身非连续性、非体系性的哲学特质。克拉考尔所要探讨的命题，并非传统哲学意义上的理论之连续性，而恰恰是各种理论在相互厮杀中留下的“伤口”，这些“伤口”为克拉考尔的深入研究提供了可能。正因为如此，在《好奇的现实主义者》这篇文章的起始，阿多诺并没有隐瞒对克拉考尔独特理论路径的赞许之情：

> 克拉考尔作为一名自学者，可以获得一种相对的自由，也可以不必遵从一些惯例方法。这免除了他经受专业哲学训练所花费的时间，也免除了他对那些学院原则、专家原则的盲从。总的来说，他从来没有受制于任何学科规范的束缚，不论是在哲学还是在社会学领域。他思想的媒介就是经验，但是这种经验并非经验主义者或者实证主义者意义上的——通过蒸馏经验的方式来获取普遍意义上的规范并对其加以运用。他所追求的是一

① Theodor W. Adorno, “The Curious Realist: On Siegfried Kracauer, trans. Shierry Weber Nicholsen”, in: *New German Critique*, No. 54, 1991, p. 160.

> 种独特的知识分子经验，是一种个人化的，且能够运用材料事实来加以填充的体验，是一些能被他具体化为现实中的人与事物的东西。这就在他的思想中开创了一种指向内容的趋势，从而与当时主流的新康德主义的形式主义者区分开来。①

在这段引文中，我们不难看出，阿多诺对克拉考尔的哲学研究路径十分熟悉。在他看来，正是由于克拉考尔没有接受过正统、严格的学院派哲学训练，才使得他能以一种独特的方式切入哲学思考——打破学科之间的各种规范束缚，以充满个体化特点的具体经验，直接进入理论研究所不及的领域。可以说，克拉考尔对具有真实性内涵的物质现实经验的关注，与当时的新康德主义者纯粹概念化、形式化的唯心主义研究形成了鲜明的对比。在他看来，新康德主义的形式主义者过分注重理念形式的绝对性，而恰恰忽视了具体内容的鲜活性。此外，20 世纪 20 年代后期，在德国风靡一时的新客观性，也反映出了对现代城市经验日益增长的冷漠，以及对现实情感冷冰冰的拒绝。他们更倾向于从技术崇拜的角度来把握这个世界。而在克拉考尔的理论实践中，具体性是他用来对抗抽象唯心主义和概念形式主义的重要武器。因此，阿多诺认为，克拉考尔的研究具有某种“独立于常规方法之外”的解放性特质。这种特质，不但使他突破了专业化哲学范畴的限制，而且使他突破了“理论的整体性与体系的连续性”，从而把握到不同理论的断裂处所可能蕴含的丰富阐释潜能。因此，克拉考尔格外重视理论边缘、社会边缘、文化边缘的独特意义。对他来说，这些长期被人忽视、不受关注的边缘理论观念、边缘文化现象，正是展开现代性批判的绝佳切入点。就此而言，克拉考尔的文化现代性批判是其反体系性、反连续性、反整体性哲学批判的具体实践。对此，阿多诺在文中提到：

---

① Theodor W. Adorno, “The Curious Realist: On Siegfried Kracauer, trans. Shierry Weber Nicholsen”, in: *New German Critique*, No. 54, 1991, p. 162.

在克拉考尔的帮助下，我第一次发现，哲学的血液就在于多种紧张关系的缠绕，而非僵死的严密性。①

由此可见，传统哲学中建构宏大理论体系的专断性，并没有对克拉考尔产生影响。甚至可以说，克拉考尔对传统哲学的体系性与绝对性充满厌恶之情。这一点，导致其魏玛时期的作品也充溢着浓厚的“非同一性思维”的特点。故此，本雅明曾在1923年将其戏称为“哲学之敌”。不过，克拉考尔对体系性的厌恶并不代表着他缺乏基本的哲学逻辑能力。与此相反，克拉考尔所做的，是超越抽象的逻辑思维演绎，直接探及传统哲学中长期被压制甚至被忽视的——不同理论逻辑的矛盾冲撞处所遗留下来的理论“伤口”。对他来说，只有进入这些理论的“伤口”处，才能进入未被理论所扭曲的保持其全然性的真实理念之中。可以说，这一论断集中反映了克拉考尔魏玛写作的基本特点。在他看来，现代性肌体上的多重矛盾与紧张关系是形塑现代性诸多问题的关键所在，只有努力进入这些矛盾与紧张关系的内部，才可能穿透纷繁复杂的“表面现象”而找到隐藏其下的真理。一味逃避或者简化矛盾，并非解决之道。就此而言，作为一个现代性病症的诊断者，克拉考尔非常清楚自己所选择的并非一条坦途，甚至可能承受巨大的理论痛苦。毕竟，隐藏在社会无意识“表面现象”之下的那未被意识形态扭曲的真理，必须借靠格外清醒的批判性意识，与持续不断的批判实践，才有得以揭示的可能。阿多诺对此非常了解，因此，他在文中写道：

克拉考尔非常乐于称呼自己是一个没有逻辑的人。对这样一个使用概念、判断以及结论进入哲学思考的人来说，这一表达是充满矛盾的，我对此仍旧疑惑不解。对他来说，哲学表达完全就是无止境的痛苦折磨：他必须充满痛苦地进入各种理论

① Theodor W. Adorno, “The Curious Realist: On Siegfried Kracauer, trans. Shierry Weber Nicholsen”, in: *New German Critique*, No. 54, 1991, pp. 160-161.

交相冲撞的战场，以探寻那种未被扭曲的真实理念。甚至可以说，“痛苦”这个词就是通往克拉考尔第一部作品的关键词。①

克拉考尔的“反体系性”让他变成了“哲学之敌”。不过，他自己从未试图甩掉这顶帽子，甚至还乐于被称为一个“缺乏逻辑的人”。从本质上来说，克拉考尔并不想进行纯粹的哲学研究，因而他在魏玛时期的写作，融合了社会学、心理学、哲学、文学、建筑学等多种不同的学科视角，形成了一种自由自在、无拘无束的风格。

在上面的一系列引文中，我们可以看到阿多诺一直将克拉考尔视为自己的精神导师和哲学启蒙者，并对克拉考尔的反体系性思想与跨学科的研究手法，具有相当程度的理解。但是，这并不意味着他对克拉考尔持完全赞同的态度。在行文过程中，阿多诺不时表露出对克拉考尔的不满：

> 他（克拉考尔）的作品显示出了一种业余者的迅捷思维，在很多地方不免有些懈怠。就仿佛他已经在游戏般的快乐中放弃了自我批判，因而缺乏必要的严格与客观性。②

此外，他在法兰克福社会学研究所的同事霍克海默也始终认为：

> 尽管方法论上的差异可能是一个内在分歧的信号，但是，这么一种迥然不同的方法路径，显示出了他对指向普遍本质的普遍理论意图的背离。③

对于他们二人的评价，克拉考尔并不认可。对他来说，严格、

① Theodor W. Adorno, “The Curious Realist: On Siegfried Kracauer, trans. Shierry Weber Nicholsen”, in: *New German Critique*, No. 54, 1991, pp. 160-161.

② Ibid., p. 162.

③ Max Horkheimer, *Between Philosophy and Social Science, Selected Early Writings*, Cambridge: MIT Press, 1993, p. 93.

整全、普遍的理论范式是值得怀疑的。这样的理论建构很可能是"一种理性的自大与傲慢，它恰恰忘记了自身类似自然的本质。纯粹的理论很可能变成一种统治方式"①。因此，克拉考尔拒绝采用纯粹的理论作为其文化批判的工具，而是利用各种具体的现实经验来指导他的思想实践。但是，值得注意的是，克拉考尔对经验的强调，并不是想要将其普遍化，或者降低化为一种指导批判实践的抽象原则，而是要保留其具体而丰富的个体化特点。在他看来，只有在鲜活而具体的个体经验中才能窥见其背后所隐含的真实。如果将经验加以普遍化，就将失落经验身上所具有的革命性的启发潜能。然而，克拉考尔对具体经验的重视和使用，却促使阿多诺对其展开了更加严厉的批判：

> ……他（克拉考尔）总是利用一些巧妙的言语和洞见，去寻求一种游戏般的快乐……他的思想中更多的只是一种悬想而非真正的思考。②

就像米莲姆·汉森所指出的，阿多诺对克拉考尔的这一评价，只是基于克拉考尔作品的外在表象与对意识形态的拒绝而做出的判断。阿多诺并没有看出，克拉考尔对日常生活现实所进行的无拘无束的考察是一种"对物质现实的深入探索"。这种物质现实恰恰是阿多诺所不愿意涉及的"堕落的世界"③。不过，当阿多诺继续推进其批判之时，却在无意中从反面证实了克拉考尔非体系性、非同一性的理论特质：

> ……他（克拉考尔）对任何形式的统一以及任何形式的绝对都持反对态度。因此，他重申了自己对事物非同一性的认识，以及这一概念所带来的方法：从一些不听话的材料中得出

① Theodor W. Adorno, "The Curious Realist: On Siegfried Kracauer, trans. Shierry Weber Nicholsen", in: *New German Critique*, No. 54, 1991, p. 165.

② Ibid., pp. 162-163.

③ Miriam Hansen, "Decentric Perspectives: Kracauer's Early Writings on Film and Mass Culture", in: *New German Critique*, No. 54, 1991, p. 71.

观点，从特殊性中推导出一般性。他自己乐于使用具体事物进行研究……正是由于采取了此种立场，他保证了现实是其所是的模样……如此一样，他自己就将永远束缚于一些偶然的东西之上，并且吹嘘说，他这样做的原因，只是为了避免对这个伟大的世界进行歌功颂德。①

这段引文虽然表明了阿多诺对克拉考尔的批判——认为他缺乏必要的逻辑性，认为他对具体现实以及日常生活偶然现象的关注，使其抛弃了更加严格的理论沉思的范式。但是，这一批判恰恰为我们揭示了克拉考尔的独特之处。他所关注的确实都是正统哲学研究不会涉及的领域，但是，这些碎片化的“表面现象”，却因其长期不为人所关注，而具备了逃脱社会意识形态整合与收编的可能，进而如实呈现出物质世界的原本面貌来——也就是阿多诺在文中所说的“现实是其所是的样子”。从最根本上来说，阿多诺对理论始终心存偏好，对大众文化的具体现象充满厌恶。因此，他无法赞同克拉考尔全心全意投入到没有根基的物质现实的做法，认为他对现实的接受缺乏最起码的“对具体化的愤怒”②。同样地，他也无法接受克拉考尔始终以不加约束的主观性对经验对象展开分析的研究方法。在他看来，“克拉考尔一直都在用这种方式来置换理论”③。这种置换的本质就是一种对于理论的自我抛弃。

在后文中，阿多诺又指出，克拉考尔所进行的文化批判，在某种程度上只是孩童般的玩乐，涉及虽广，但几乎都是蜻蜓点水，不带任何批判色彩。这在他眼中就丧失了救赎在本质上的意涵。对他来说，如果要进行现代性的救赎，就必须要对当下社会进行最为彻底的批判。阿多诺对克拉考尔文化批判缺乏救赎意味的指责，其实谬之甚矣。因为从本质上来说，克拉考尔的魏玛作品，甚至可以

① Theodor W. Adorno, “The Curious Realist: On Siegfried Kracauer, trans. Shierry Weber Nicholsen”, in: *New German Critique*, No. 54, 1991, p. 165.

② Ibid., p. 177.

③ Ibid., p. 167.

说，他所有的作品，全都指向了一种对于“末世堕落”[①]之批判。从这个意义来看，阿多诺并没有真正理解克拉考尔。克拉考尔在对魏玛时期形形色色的弥赛亚救世主义的批判以及对魏玛时期资本主义合理化进程的批判，无不表明他洞穿了这个内在意义匮乏的现代世界所陷入的困境。对他来说，在这个异化的世界中，能够真正带来救赎希望的并非唯心主义的形而上学或者抽象的资本主义理性，而是隐藏在社会文化边缘地带、展示了时代无意识内在精神的大众文化“表面现象”。在这些“表面现象”之中，其实隐藏着久被压抑的真理与人性的微光。只有将其作为指导，才能真正走上一条通往真理的救赎之路。

那么，这是否证明克拉考尔对大众文化毫无批判意识呢？并非如此，从一方面来看，克拉考尔确实非常反对理论，反对传统哲学中体系性的僵化思维方式，而更注重具有现实生命力的物质对象。但是，从另一个方面来看，他也反对个人被大众文化的空虚迷离的表象所蒙蔽，陷入到一种心神涣散的被催眠状态中。因此，克拉考尔虽然选择要退出带有神圣唯心主义色彩的德国启蒙计划，逃避其专横的抽象理性之统治，但是他仍旧还是一个坚信理性力量的人，他相信理性能够最终“克服其自身的不足并将自身从理智的石化作用中解放出来”[②]。就像弗里斯比和汉森所阐述的那样，克拉考尔一直坚持高度的经验主义和人文主义的启蒙路径，这一取向与德国的启蒙计划很不相同，因而在某种程度上直接反映了法国启蒙精神的精髓。

> 法国的启蒙精神与德国启蒙精神的共同点在于，将理性视为人类知识和进步的关键所在，但是，法国启蒙所追求的启蒙向度非常具体同时又非常具有人道主义情怀，这一点与德国的

---

① Miriam Hansen, “Decentric Perspectives: Kracauer's Early Writings on Film and Mass Culture”, in: *New German Critique*, No. 54, 1991, p. 53.

② Thomas Levin, “The Introduction”, in: Siegfried Kracauer, *The Mass Ornament, Weimar Essays*, ed. and trans. Thomas Y. Levin, Cambridge: Harvard University Press, 1995, p. 19.

> 启蒙路径很不相同。通过比较卢梭和莱布尼茨以及康德的作品就可以很明显地看出这两者之间的重要区别。当然，克拉考尔在很大程度上认同康德的观点，但是，他的批判方式实际上与法国启蒙路径有着更加深刻的一致性：例如他主要从经验的维度对社会文化现象进行考察，而非从理论的抽象维度展开；又比如他对资本主义时代的抽象形而上话语持一种反对态度，认为这种体系并没有将人的因素包含在内。①

由此可见，阿多诺之所以会对克拉考尔的文化批判做出如此糟糕的评价，其根本原因在于，他并没有看出克拉考尔身上的这种经验主义与人文主义的启蒙向度。正如汉森所说，阿多诺的批判中没有关注到的是，克拉考尔之所以要将自己完全投入到这个被阿多诺视为“堕落世界”的广阔现实中，是为了能够从内部促成其解放性的变革。这一点可以从克拉考尔写作的双重特点看出——即他对自身所观察的现象同时保持“接受”和“有所距离”的态度。就像汉森所说，克拉考尔试图将第三者视角与参与者视角结合在一起。这种视角转变所体现出的修辞上的转变，一方面能够让克拉考尔借助非个人化的客观距离，进行冷静的反思与批判；另一方面又能借助切实生动的个人体验，组织起有效的认同与参与。具体而言，《旅行和舞蹈》可以视为这一视角转换的经典文本。克拉考尔在文章的开头采用了第三者视角的疏远修辞，以强调其批判性：

> 今天，这个被称为“资本主义”的社会已经沉入了对旅行和舞蹈的渴望之中，这种热望要比此前任何一个时代都要强烈……这些人必须间歇性地从一个地方游荡到另外一个地方……作为旅行者，他们将自身与他们的出生地隔绝开来……

① Miriam Hansen, America, Paris, “The Alps: Kracauer (and Benjamin) on Cinema and Modernity”, in: *Cinema and the Invention of Modern Life*, edited by Leo Charney and Vanessa Schwartz, Berkeley: University of California Press, 1995, p. 375.

但是这些人对自己生活的有限性并不了解。①

当其要从批判性的审视转换为启发性的指示之时，他运用了一种语法上的转换，那就是将第三人称转化为第一人称，意即从第三者视角转变为参与者视角。

> 当我们旅行的时候，我们就像孩子一样，游戏般生存着……我们为自己这种能够将所有空间纳入其中的能力而倾倒……不过，我们就像西班牙的征服者一样，还没有足够的时间来反思自己所征服的意义。②

如此一来，他的整篇文章就显示出了一种入乎其内，出乎其外的通透灵活，给人以极大的启发。因此，这种“参与者观察”的分析模式，就克拉考尔而言是一种有意为之的选择，而并不是一种方法论上的缺憾。关于这一点，我们可以将他在1929年创作的《职员》一书视为典型案例。此书最初在《法兰克福报》上以连载的形式刊发，在1930年结集出版，影响很大。在《职员》中，克拉考尔所采用的研究方法，并非严格意义上的理论论证或者抽样调查，而正是投身其中的“参与者观察”。因此，他在书中采纳了多种类型的对话、交流、访谈的片段，以及各种被正统哲学研究所摒弃的碎片化材料，诸如报纸、分类广告、私人信件等。对此，汉森评价说，克拉考尔之所以要扮演参与观察者的角色，是因为他本能地意识到，自己与这些职员之间存在着“一种无法割裂的联系”③。克拉考尔在书中提及，职员阶层的物质生活与精神需求已经与整个现代

① Siegfried Kracauer, “Die Reise und der Tanz”, in: *Das Ornament der Masse. Essays*, Frankfurt a. M.: Suhrkamp Verlag, 1977, S. 40-45.

② Ebenda, S. 48.

③ Miriam Hansen, “Decentric Perspectives: Kracauer's Early Writings on Film and Mass Culture”, in: *New German Critique*, No. 54, 1991, p. 73. 在其中，汉森指出克拉考尔坚持将自己视为大众文化不可分割的一个组成部分，认为自己就是这种文化形式的产物。其实，克拉考尔在《等待者》的第二节，以及《大众装饰》的第四节当中都阐发过这一观点。

社会紧密地联系在了一起，大众文化的流行趋势已经成为形塑整个职员阶层的重要力量。在这样一个时代中，与职员一样，知识分子的精英立场已经丧失了物质基础，因而不可能再用所谓的知识分子的优势身份，来遮蔽其真实社会境况中的阶级地位。因此，克拉考尔在对职员阶层进行考察的时候，自觉地将自身放置在与之相同的大众文化的消费圈中。他这样做的目的，并非为了逃避批判的责任，而是希望借此更深入地介入这些文化现象，并切实地展开批判性的分析。在他看来，一个现代社会中的消费者，在本质上既可能成为大众文化的接受者，也可能成为对其进行反思的批判者。

> 如果消费者在大部分的实践过程中具备一定的思考能力的话，他们在本质上与批判性知识分子之间的障碍就不是固定不变的，而是相对且具有通约性的。①

可以说，克拉考尔出其不意地潜入到职员大众的世界之中，以犀利的视角为我们戏剧般地揭示出了在文化消费者身上所具备的革命性潜能。对他来说，深入一种文化的最有效途径就是了解这种文化中的消费者。在某种意义上，此时的克拉考尔，仿佛是在用自身的方式重新复现耶稣的行迹，义无反顾地投身于世俗之罪，以牺牲自我的方式来启发救赎的希望。就像朔勒姆的一行诗句所言：

> 救赎批判必须是公共和普遍的，否则它就不是一种真正的救赎。②

因此，克拉考尔通过“参与者观察”的方式，为我们提供了理解现代性的“双重意识”。就像汉森所说，克拉考尔对大众文化的

---

① Miriam Hansen, “Decentric Perspectives: Kracauer’s Early Writings on Film and Mass Culture”, in: *New German Critique*, No. 54, 1991, p. 73.

② Gershom Scholem, “The Messianic Idea in Judaism”, in: *The Messianic Idea in Judaism and Other Essays on Jewish Spirituality*, New York: Schocken, 1972, p. 16.

评价，乃至对大众文化消费者的态度，“是让他与阿多诺以及霍克海默为代表的专家们区分开来的重要标志”①。相较而言，在克拉考尔身上，我们看不到一丝一毫的理论家的僵化，而毋宁说充满了践行者的热情和执着。正因为如此，他对现代性的理解和阐释才避免了单一化与绝对化的倾向。就此而言，阿多诺认为克拉考尔堕落到庸俗世界的判断，在某种意义上是有失偏颇的。他没有能够看清克拉考尔在这种“堕落”之中所寄寓的救赎希望。

麦克卢汉在20世纪50年代也道出了和克拉考尔一样的心声：

> 有许多年，直到我写《机器新娘》，我对一切新环境都抱着极端的道德判断的态度。我讨厌机器，厌恶城市，把工业革命与原罪画上等号，把大众传媒与堕落画上等号。简言之，我几乎拒斥现代生活的一切成分，赞成卢梭式的乌托邦。但是我逐渐感觉到这种态度是多么的无益无用。我开始意识到20世纪的艺术家——济慈、庞德、乔伊斯、艾略特等人——发现了一种迥然不同的方法，这个方法建立在认知过程和创造过程合而为一的基础上。我意识到，艺术创作是普通经验的回放（playback）——从垃圾到宝贝。从此，我不再担任卫道士，而是成了小学生。②

由此可以看出，麦克卢汉对大众媒介与大众文化的态度同克拉考尔一样，都是矛盾而复杂的。他认为人类社会发展过程中所出现的新的技术或者工具，是人类身体感官的一种延伸。这种延伸或者通过对某一感官功能的强化，或者通过对其进行虚拟化的方式得以实现。这样一来，人类的感知能力就得到了扩展和放大，甚至可以根据技术的变化，形成新的感知方式。如此一来，旧有的行为模式与认知模式也会随之发生变化。一方面，人们通过自身的智慧创造出了新的技术与工具；另一方面，新的技术与工具又反过来对人的

---

① Miriam Hansen, “Decentric Perspectives: Kracauer's Early Writings on Film and Mass Culture”, in: *New German Critique*, No. 54, 1991, p. 75.

② 《麦克卢汉精粹》，何道宽译，南京大学出版社2000年版，第389页。

思维、心理与认知产生影响。例如，在 20 世纪 90 年代网络技术刚刚兴起之时，对人们来说，这不过就是一种新的通讯方式，但是就在这短短 10 年间，网络几乎变成了勾连人们日常生活的一个必不可少的工具。与此同时，由网络所带来的新的交往与认知方式一下子剥除了传统方式对我们的束缚，轻而易举地改变了我们旧有的习惯，成为了我们生活中的必备因素，甚至变成了现代生活本身。但是，形形色色的新媒介与文化形式在带给人类全新生活方式和感知方式的同时，也促使人类不得不面对一个内在的终极问题——随着科技的进步，人类似乎能够跨越所有的障碍，似乎不再有什么能够阻拦人类前进的步伐，所有的未知都已经被解答或者正在被解答，而关于人类的内心世界，却是一个永远无法得出最终答案的荒凉领域。在这样一个心灵的困境中，人类惶恐地发现了自身永远无法克服的局限性——我们内心的这片丛林无法用科技的法则进行阐发。因此，我们不得不再次面对自诞生之初就必须面对的问题，我是谁？我来自何方？我将去往何处？

面对这一问题，麦克卢汉和克拉考尔一样陷入了思索。他最终选择让自身向大众媒介文化开放：从最初的厌弃与否定，转而对其进行参与式的反思。当他摆脱了原有的排斥态度之后，可以更加清楚地看到媒介（或者说是技术）将人类所引向的绝境。正是这种无法逃避的绝境才迫使他进行了更进一步的思考——高速发展的媒介文化在帮助我们拓展认知领域，带给我们日益丰富的物质世界的同时，究竟要如何才能保持人的主体性。对于这一点，他从爱伦·坡的作品《大漩涡》中得到了启发：

> 爱伦·坡笔下的水手逃生的办法，是研究漩涡的作用并顺势而行；同样，本书不准备去攻击那些由报纸、广播、电影和广告等机器的替身在我们周围制造的巨大潮流和压力。然而，本书准备让读者置身这个漩涡的中心，让他钻进去观察事态的作用，去观察演变之中、人人卷入的情景。我们希望，在分析这个戏剧性情景的过程中，许多具体的谋略能够自然而然地浮

现出来。[1]

在这段文字中，我们不难发现麦克卢汉与克拉考尔的相似之处。他们二人都侧重于对大众文化现象进行研究，也都没有简单地将其视为一种低俗与堕落的文化工业产物，而是潜心钻入这个文化迷宫之中，试图让人们通过他们的内部研究，找到脱离这个令人头晕目眩的文化“大漩涡”的道路，从而最终找到意义之所在。对他们来说，只有卷入其中，才能真正找到出路，这是两者在实践中的共通之处。

不过，与麦克卢汉不同的是，面对现代性困境，克拉考尔所提供的并非一个能够彻底解决现代性危机的方案，而毋宁说是一个不断彰显现代性之矛盾本质的方案。在汉森看来，这种对矛盾的彰显，是驱使克拉考尔“在那些看起来最为矛盾、模糊以及短暂的现象中寻求真实的原因所在”[2]。关于这一点，阿多诺也有同样的看法：

> 克拉考尔终其一生都在尝试着用其非体系性的方式，去平衡经验主义的需求与意义本质的需求之间的矛盾……克拉考尔全部作品的核心——就是非同一性，而这恰恰是哲学中一再出现的关键问题。[3]

可以说，尽管阿多诺对克拉考尔进行了诸多批判，但是他始终非常了解克拉考尔作品的根本性特征，即非同一性。这种非同一性不仅体现在克拉考尔的写作中，同时体现在其哲学理念的基本矛盾中。

> 对克拉考尔而言，经验与理论之间的冲突不可能被这一方

---

① 马歇尔·麦克卢汉：《机器新娘——工业人的民俗》，何道宽译，中国人民大学出版社 2004 年版，第 1 页。

② Miriam Hansen, “Decentric Perspectives: Kracauer's Early Writings on Film and Mass Culture”, in: *New German Critique*, No. 54, 1991, p. 75.

③ Theodor W. Adorno, “The Curious Realist: On Siegfried Kracauer, trans. Shierry Weber Nicholsen”, in: *New German Critique*, No. 54, 1991, pp. 163-164.

> 或者那一方最终解决，这就是--种二律背反，他们只可能以一种方式共存，那就是这两种相互矛盾的因素彼此之间互相阐释。①

无疑，克拉考尔所希望的理论与经验之间以矛盾方式共存的理想状况是非常难以实现的。在通常情况下，这种对于矛盾的持存，会激怒对理论充满偏执的人，例如阿多诺。因此，阿多诺与克拉考尔始终处于相互理解但是又彼此对立的矛盾关系中。如果说，有谁能充分理解克拉考尔身上的这种矛盾性存在的话，不得不提及他在《法兰克福报》的同事约瑟夫·罗特（Joseph Roth）。他在文章中，将克拉考尔称为一名“哲学诗人”②。对此，卡斯滕·维特在《轻微的忧伤——作为文学批评家的克拉考尔》（Light Sorrow, Siegfried Kracauer au Literary Critic）一文中如此说道：

> 罗特非常了解克拉考尔身上所体现出来的矛盾性：他将克拉考尔视为一个文学批评家。就如同艺术遇到了更加体系化的哲学理论一样，克拉考尔的批判方法也产生了一些额外的东西，这些东西是诗歌和哲学都不能单独生产出来的。③

具体说来，克拉考尔身上的矛盾性表现为，想用一种主观的洞见来产生一些客观的真理。他所使用的方法，可以被定义为一种特殊的经验主义。其意图是要规避那些由僵死的理论所生产出来的标准化的东西。对他来说，固化就意味着僵死，唯有在具体、生动、活泼的经验之中，才有可能挖掘出充满启发意味的解放性潜能。当然，克拉考尔也在尽力避免那种缺乏批判色彩的盲目主观主义。因

① Theodor W. Adorno, “The Curious Realist: On Siegfried Kracauer, trans. Shierry Weber Nicholsen”, in: *New German Critique*, No. 54, 1991, p. 165.

② Ingrid Belke/ Irina Renz, *Siegfried Kracauer* 1889-1966, Marbach am Neckar: Deutsche Schillergesellschaft, 1988, S. 43.

③ Karsten Witte, “Light Sorrow, Siegfried Kracauer au Literary Critic”, in: *New German Critique*, No. 54, Fall 1991, p: 79.

此，在克拉考尔的作品中反复出现的隐喻——“等待”、“中间领域”、“无家可归”、“信仰跳跃”……无不表明了他对主观经验的强调，以及对于任何一种确定无疑的解决方案的拒斥。

格尔图特·科赫（Gertrud Koch）在《无处为家——克拉考尔历史概念中的流亡、记忆和形象》（Not yet accepted anywhere：Exile，Memory and Image in Kracauer's Conception of History）一文中，阐发了她对克拉考尔的这种矛盾性的深刻理解。她写道：

> 克拉考尔作品的核心就是不可解决，而正是因为如此，真理才能成为一种可能。①

尽管克拉考尔作品中具备这种不可解决性，甚至可以说，我们在他的作品中极难找到通往真理的坦途，但是克拉考尔还是告诉我们，应该要继续寻求。在他看来，这种不断寻求、不断探索的努力才是其作品背后的价值。因此，从根本上来说，克拉考尔带领我们踏上的意义探寻之旅，不仅充满了艰辛苦痛，同时也指向了没有尽头的方向。跟他一样生活在这个“中间领域”中的人们将面临着时刻被动荡不安所侵袭的痛苦。这种痛苦或许就是克拉考尔与生俱来的悲剧承受。因为他一直在强调，“他想要成为别人眼中的一根刺”②。关于这一点，洛文塔尔在一篇名为“我所认识的克拉考尔”（As I Remrmber Friedel）的纪念文章中亦有所提及：

> 在今天，你可能会将克拉考尔称为一个粗俗的揭发者，或者是一只牛虻，一个令人烦恼的人，但他绝对是一个清正廉洁的批评家。③

---

① Gertrud Koch，“Not yet accepted anywhere，Exile，Memory and Image in Kracauer's Conception of History”，in：*New German Critique*，No. 54，1991，pp. 107-108.

② 克拉考尔在 1924 年 4 月 12 日给洛文塔尔的信中提到这个词，参见 Leo Löwenthal，“As I Remember Friedel”，in：*New German Critique*，No. 54，1991，p. 9.

③ Leo Löwenthal，“As I Remember Friedel”，in：*New German Critique*，No. 54，1991，p. 10.

从洛文塔尔对克拉考尔的这段亲切的评价中，我们不难看出，克拉考尔对现代社会的批判性反思，忠实反映了其高度介入现实的实践性特征，也忠实反映了其作为批判型知识分子的本质性存在。

结　语

本书所进行的一系列理论梳理，其实都显示了克拉考尔并非一个传统意义上的哲学家，而是一个现代性意义上的文化哲学家。他以多重身份站立在哲学、社会学、美学与文学之间的无人地带之上，对魏玛现代性困境进行了深入剖析与批判。可以说，他所关注的并非传统意义上的哲学命题，而是一些不断让其作品保持鲜活性的当下问题，或者说“表面现象”。在他看来，日常生活中的每个隐微细节都在发生无止境的变化，进而呈现为一个丰富而真实的人类历史的过程。这些“表面现象”及其内在的复杂矛盾，实际上就是对现代社会以及现代人的基本状况的表达。因此，那些神奇般逃脱了社会意识形态束缚的大众文化“表面现象”——飘然而逝的照片、没有目的的旅行、失去旋律的舞蹈……就成为了克拉考尔展开文化现代性批判的重要介质。在他看来，整个时代未被察觉的内在运作逻辑、久被压抑的人性与真理的微光、社会与人的生活的真实意义，都以一种极为隐蔽的方式凝聚在这些“表面现象”的万千变化之中。通过一种现象学还原与无意识解码的方式，克拉考尔探入到了魏玛时代的“表面现象”之中，不断挖掘其中所可能蕴含的解放性潜能，带领人们去往充满现代性矛盾张力的“中间领域”，让其在对时代真理的仰盼中，自行体验实践并蓄势超越。

就此而言，克拉考尔的理论选择路径是独特的，他远离了那些宏大深刻的哲学命题，而是俯身来到了最不引人注目的大众文化“表面现象”的世界，以展开他的意义探寻之旅。正如德国评论家黑尔姆斯（Hans Günter Helms）所说：

> 克拉考尔的现代性批判实际上近似于一种小说家之风格，像是一种文学蒙太奇的形式……通过这种方式，各种事实被编织起来，彼此对立，相互比照。最终，各种事实慢慢溢出自身的范畴，进而显露出隐藏在其后的时代真相。①

关于这一点，本雅明在他的一篇题为“一个引人注意的局外者”（Ein Aussenseiter macht sich bemerkbar）的评论文章中有更深入的阐释：

> 这位作者就站立在那里——孤独的。他并非创造者，而是一个破坏者。如果想要细细地刻画他的话，那么，我们会看见：黎明，一个拾破烂者，用棍子串起语言的废铜烂铁，将它们扔进自己的推车上。他略带醉意，又喃喃自语，执拗而郁闷，从他的小车中，不时飘出一些褪了色的碎布条——人性、内在性、丰富——它们充满讽刺地飘散在晨曦之中。一个拂晓时分的拾破烂者——早早出现在革命来临之前的晨曦中。②

确实，克拉考尔就像是一个拾垃圾者，他拯救了那些被严肃的哲学理论所丢弃的现代性碎片，又让那些代表了时代自我评价的“高雅”事物，随风而逝。他是一个最懂得各种文化碎片价值的人。只有在他手中，这些文化碎片才能被重新加以拼接整合，进而映照出现实的真实状貌。本雅明笔下的这场即将来临的革命，正是克拉考尔在魏玛写作中不断强调的主题——抛弃僵化的唯心主义哲学和各种“再度神话化”抽象理性神话，倡导一种面对现实，返归具体

---

① H. G. Helms, “Vom proletkult zum Bio - Interview”, in: Hübner und E. Schtz (Hrsg.), *Literatur als Praxis Aktualität und Tradition operativen Schreiben*, Opladen: Westdeutscher Verlag, 1976, S. 93.

② Walter Benjamin, “Ein Aussenseiter macht sich bemerkbar”, in: Walter Benjamin, *Gesammelte Schriften*, Band 3, 英文版参见 Walter Benjamin, “An Outsider Attracts Attention, on The Salaried Masses”, in: Siegfried Kracauer, *The Salaried Masses, Duty and Distraction in Weimar Germany*, translated by: Quintin Hoare, Verso, 1998, p. 114。

的文化唯物主义立场。

一个小说家、一个文化哲学家、一个拾垃圾者……这些貌似毫无关联甚至充满矛盾的评价，反映出了克拉考尔思想的多元性。不过，这同时也招致了一些传统理论家的批评。他们认为克拉考尔的思想中存在一些“硬伤”——矛盾性、非同一性和反体系性。实际上，这些所谓的“硬伤”，正是克拉考尔文化批判理论的独特之处。他们非但没有降低克拉考尔思想的吸引力，反倒为其增添了强大的阐释能力。在一个纯粹理性的世界中，用矛盾和含糊无法论证一个观点。但是，在一个原本就充满矛盾的世界中，克拉考尔的理论就显得十分有效。甚至可以说，正是由于这种充满矛盾性、非同一性、反体系性的复杂立场，使得克拉考尔的写作没有丝毫的学院陈腐气息，也超越了将事物扁平化、抽象化处理的方法论限制，从而保持了对事物本身和真理的忠诚。所以，在他的笔下，我们可以看到一个最为真实、复杂、具体的魏玛现代社会景观。这为我们从思想史意义上重新进入那一时代的文化语境，提供了有益参考。与此同时，重新审视克拉考尔的批判理论与思想资源，对于我们理解当下时代的状况亦不无裨益。

不管我们将当下的状况称为现代、后现代、反现代或者如福山所说的，历史的终结，它与当时克拉考尔在魏玛作品中所描绘的景象，并无本质区别——宗教与哲学已经丧失了原有的权柄，科学还无法超越其界限而满足人们精神的需求，我们仍旧被剥夺了绝对性，在一个意义丧失的世界中四处飘荡。就此而言，我们的渴盼与此前魏玛时代人的渴盼亦无本质区别。我们可以在学术期刊上，在各种新出的杂志中，在电视节目以及股市报道中，在严肃的伦理讨论以及各种娱乐八卦中，无数次地遭遇意义空虚时代所生成的来自于社会、政治、经济、文化等层面的具体问题。可以说，同魏玛时代的人群一样，我们仍旧在孜孜不倦地寻求重获真理的方法。当下流行的解决方案是，简单地认为真理已经过时，甚至变成了反动、局限的代名词，故而应该采用一种更加开放的相对主义来取代已经过时的真理。这一文化相对主义思潮，确实在一定程度上遏制了极端主义势力的发展；但是，它所导致的彻底的放任自由，则不可避免地引发了克拉考尔在《等待者》中所描绘的那种状况：

> 这种对相对主义的追求已经达到了极端，这就让我们变成了毫无意义和丧失方向的漂流者，只能永无止境地漫游着。①

可以说，克拉考尔对魏玛现代性危机的诊断，仍旧是对我们当下时代状况的中肯描绘。因为，在克拉考尔去世整整半个世纪之后的今天，我们的时代状况并没有发生根本性的变革。资本主义合理性的进程仍在不断向前推进，全球化的思潮正以其不可抵抗的力量席卷整个世界；彻底的相对主义所引发的精神危机、资本主义文化工业所带来的人的异化与社会的宰制仍在不断加强。此外，克拉考尔着力批判的弥赛亚救世主义的“再度神话化”趋势仍旧在威胁着我们。一方面人们反对任何形式的“绝对化”，鄙视各种有神论，嘲笑各种宗教信仰，将其斥为愚昧与迷信；但是，另一方面，处于信仰缺失时代的人们，又在极力推崇各种“心灵哲学”、“潜能开发”、“灵性重建”、风水、星座、命理……这些神秘主义在新的时代披上了科学理性的外衣，甚至鼓吹超自然的能力，但其本质不过就是一种朝向蒙昧的复辟。在人们对手相、面相、咒语、星象的崇拜背后，其实隐藏着一种可怕的“再度神话化”的危险。我们甚至可以在这股潮流中看到一群克拉考尔意义上的新的“知识分子暴徒”的出现。只要嗅到任何一丝与意义或者救赎相关的东西，他们就会马上蜂拥而至——不论是好莱坞影片中变了味的佛教，还是犹太教经典中的神秘主义，甚至是印度传说中的大神……对他们来说，只要能从这些救赎承诺中，找到一些用以烹制“意义鸡汤”的万能药方，就足以解决他们最基本的生存焦虑。可惜的是，这些被媒体扭曲，甚至被疯狂追捧的“万能药方”，不过就是一场虚空的幻想。因而，整个现代社会呈现出了一种“科学和蒙昧”的交相缠绕。在认知物质世界的过程中，人们似乎什么都不相信；而在认知

① Siegfried Kracauer, “Die Wartenden”, in: *Das Ornament der Masse. Essays*, Frankfurt a. M.: Suhrkamp Verlag, 1977, S. 107.

意义世界的过程中，人们似乎什么都相信。可以说，克拉考尔在魏玛时期的写作中所揭示的现代社会的内在矛盾与危机，直至当下，仍旧未能得以有效化解。因而，他的那种拒绝将矛盾简化的立场，到现在也没有失去其积极意义。如果想要找到那条通往真理的道路，就必须像克拉考尔所说的那样，勇敢地迈入经受现代性矛盾风暴洗礼的“中间领域”，对各种“再度神话化”的思潮以及资本主义大众文化产品展开不间断的批判性反思。毫无疑问，这样一个意义探寻之旅，必定格外艰辛，甚至充满了动荡不安，尤其需要保持恒久的耐心与坚定的信念，而这恐怕也是每一个身处困境，却依旧向往真理的人所会做出的共同选择。

附　录

克拉考尔年表

1889　2月8日齐格弗里德·克拉考尔（Siegfried Kracauer）出生于法兰克福一个中产阶级犹太家庭，是这个家中的独生子。他的家庭位于法兰克福市北部，Elkenbachstrasse18号，父亲阿道夫·克拉考尔（Adolf Kracauer）是一家纺织公司的驻外事务代表，常年在外。克拉考尔的童年时代一直跟随母亲洛塞特·克拉考尔（Rosette Kracauer），因为天生的口吃而显得十分羞涩内向。

1898—1904　克拉考尔进入法兰克福以色列区域的“泛爱主义”（Philanthrophin）[①]学校学习，这是一所强调理性和实践主义的改革学校[②]。他的叔叔以西多·克拉考尔（Isidor Kracauer）就在这所学校担任历史教师，他是法兰克福地区非常著名的犹太史专家，其两卷本的《1150—1824年法兰克福犹太历史》（*Geschichete der*

---

① 泛爱主义教育是18世纪后期在德国兴起的一种教育思潮。因其主要代表人物J.B.巴泽多所创办的泛爱学校而得名。当时德国一些资产阶级知识分子在法国大革命的影响下，在文化领域展开了反对封建思想束缚的狂飙突进运动。泛爱主义教育的出现便是这一思潮在教育上的反映。代表人物是巴泽多。他深受卢梭自然教育思想的影响，并呼吁按照卢梭的教育原则创办新学校。1774年，巴泽多按自己的教育理想创办了一所学校，被称为“泛爱学校”，其目的是培养对社会有用的人，培养对人类的广泛的爱，泛爱主义因而得名。在巴泽多等人的思想影响下，德国各地办了很多类似的学校，一时形成一种教育风潮。

② 这是一个改革后的自由派实科中学，主要帮助促进犹太人与基督徒学生之间的交流。具有泛爱主义的传统。

Juden in Frankfurt am Main 1150-1824）至今仍是该领域的扛鼎之作。其婶母赫德维西·克拉考尔（Hedwig Kracauer）生性聪明并且乐于交际，使其家庭成为法兰克福知识阶层的著名社交圈，家中社交活动频繁，这对克拉考尔的童年以及青少年时期产生了巨大的影响。可以说，学校宽容自由的风气，以及叔叔婶婶一家的照顾，使得这段时光成为克拉考尔一生最美好的回忆。

1904 全家搬到法兰克福市 Baeckerweg 52 号。克拉考尔在完成泛爱主义学校的初中课程之后，通过考试进入法兰克福克林格高中（Klinger-Oberrealschule）学习。

1907 3 月 12 日，克拉考尔以十分出色的成绩从克林格高中毕业，其中数学、自然以及计算等科目的成绩是最优等，其德语文学的成绩也极为优秀。8 月 23 日克拉考尔在《法兰克福报》副刊专栏发表处女作《高山上的一夜》（*Ein Abend im Hochgebirge*）。8 月，进入距离法兰克福不远的达姆施特技术大学（Technische Hochschule①in Darmstadt）学习建筑。10 月 9 日克拉考尔给《法兰克福报》寄去了第一部中篇小说《一个春天里的节日》（*Das Fest im Frühling*）；10 月 11 日，又寄去小说《星期》（*Das Woche*）。

1908—1909 1908 年的夏季学期和 1909 年的冬季学期，克拉考尔在柏林技术大学（Königlich Technische Hochschule zu Berlin）继续修读建筑课程以参加 DiplomVorprüfung② 考试。

1909—1911 1909 年的夏季学期到 1912/1913 的冬季学期，克拉

① Hochschule 德国的一种大学类型，称为应用技术大学，学生在这样的学校毕业后获得 Diplom FH 学位。这类学校一般较侧重于实践应用，不过因为这类大学的学制较短，一般是四到五年，所以中国教育部认可该学位为国内的学士学位。

② Diplom 是一些欧洲国家，包括德国在内的一种学位，德国长期以来所实行的学位体制不同于其他欧美国家。德国高校的学位没有学士和硕士之分，学生们通常需要一次性面临五六年，甚至更长的学习时间，毕业后即获得该学位。DiplomVorprüfung 是德国大学工科学生毕业设计之前要参加的小型单项考试。

考尔在慕尼黑技术大学（Königlich Bayerische Technische Hochschule zu München）继续学习建筑课程。在此期间他还选择了一些哲学与社会学课程。1911 年 8 月 7 日，克拉考尔参加了 Diplom Hauptprüfung① 考试，获得了优秀的成绩。

1912　1 月 25 日，克拉考尔开始在慕尼黑西奥多·维尔（Theodor Veil）和格哈特·黑姆斯（Gerhard Herms）合办的建筑师事务所实习。另一方面，他也在着手准备博士论文《论 17 世纪到 19 世纪早期熟铁技术在柏林、波茨坦以及相关地区的发展》（*Die Entwicklung der Schmiedekunst in Berlin, Potsdam und einigen Städten der Mark vom 17. Jahrhundert bis zum Beginn des 19. Jahrhunderts*）。此外，他还一直在思考关于康德认识论哲学的问题。9 月 14 日—11 月 8 日，克拉考尔在意大利旅行。在此期间，他常常参加格奥尔格·西美尔（Georg Simmel）的哲学与社会学课程。

1913　6 月 1 日克拉考尔结束了在慕尼黑建筑师事务所的实习。

1914　6 月 29 日—7 月 10 日，克拉考尔开始在法兰克福弗里茨·伊普斯坦（Fritz Epstein）建筑师事务所实习。7 月 16 日克拉考尔在慕尼黑技术大学顺利通过考试，完成博士论文，该论文于 1915 年出版。7 月起，克拉考尔在慕尼黑建筑师赫尔曼·哈斯（Hermann Haas）事务所工作。8 月，一战爆发，克拉考尔结束工作，重新回到法兰克福。

1915　7 月，克拉考尔在建筑师马克思·泽格巴赫（Max Seckbach）事务所工作。9 月，克拉考尔的文章《论战争体验》（Vom Erleben des Kriegs）被收入《普鲁士年鉴》（*Preußische Jahrbücher*）第 16 卷，第 410—422 页。

1916　11 月 20 日，天主教哲学家和文化社会学家马克斯·舍勒（Max Scheler）在法兰克福发表演说。其后克拉考尔向他寄

① Diplom Hauptprüfung 是德国大学工科学生毕业设计之前要参加的大型综合考试，只有通过了这个考试才能进行毕业设计。

出了自己的文章《论战争体验》，得到了舍勒的热情反馈。不久，克拉考尔在法兰克福阵亡将士公墓设计比赛中所提交的设计图，为马克思·泽格巴赫建筑师事务所赢得头奖。

1917 3月8日，舍勒来到法兰克福与克拉考尔在巴塞尔火车站会面。3月15日，克拉考尔在《新德国》（*Das neues Deutschland*）上发表了一篇对舍勒的文章集《战争与建设》（*Krieg und Aufbau*，Leipzig 1916）的详细介绍。9月19日，克拉考尔离开马克思·泽格巴赫建筑师事务所，应征入伍，并随步炮兵部队前往美因茨（Mainz），不过并未参战即返家。12月中旬，格奥尔格·西美尔在法兰克福发表演讲，克拉考尔与西美尔在德国恺撒酒店（Hotel Deutscher Kaiser）见面。

1918 1月23日克拉考尔在奥斯纳布吕克市政局担任建筑师，在此期间，除了进行维持生计的工作之外，克拉考尔阅读了大量哲学作品，还进行与哲学研究相关的写作。6月10日，克拉考尔的父亲去世，克拉考尔回到法兰克福，在此期间结识了年仅15岁的阿多诺（Theodor W. Adorno）。二人由于社会批判的相同观点而走到了一起。10月6日，克拉考尔返回奥斯纳布吕克。同年，西美尔去世。

1919 由于父亲的去世和叔叔的退休，克拉考尔与母亲和叔叔婶婶一家搬到了法兰克福北部共同居住。他虽然很努力工作，但是所挣的钱不多。由于艰难的社会工作环境以及对同时代思想家作品的大量阅读，导致克拉考尔形成了对时代深刻的悲观主义判断。在此期间，克拉考尔完成了一本纪念他的老师西美尔的作品《格奥尔格·西美尔，对我们时代精神生活的意义》（*Georg Simmel. Ein Beitrag zur Deutung des geistigen Lebens unserer Zeit*）。但当时只有第一章发表于1920年的《逻各斯》（*Logos*）杂志上，其他部分则因战后纸张短缺问题未能问世。

1920 在左翼知识分子阵营的聚会点西落咖啡厅（Westend），克拉考尔结识了列奥·洛文塔尔（Leo Löwenthal）。

1921 8月克拉考尔被《法兰克福报》副刊（Feuilleton）聘任为法

兰克福地区通讯员。从这时起，这份报纸成为了他许多重要文章的诞生地。这一段时间，他主要负责报道地方及宗教事件。此时，他关注到了马克斯·舍勒、马丁·布伯等人提倡的宗教改革运动。在此期间，他还结识了拉比纳米亚·诺贝尔（Rabbi Nehemia A. Nobel）和弗兰茨·罗森茨威格（Franz Rosenzweig）等犹太知识分子。1921 年，克拉考尔完成了作品《论友谊》（*Über die Freundschaft*）。

1922　克拉考尔的作品《作为科学的社会学》（*Soziologie als Wissenschaft. Eine erkenntnistheoretische Untersuchung*）出版。随后开始创作《侦探小说》（*Der Detektiv-Roman. Ein philosophischer Traktat*）。在此期间，克拉考尔与阿多诺、洛文塔尔结伴旅行。同年，克拉考尔结识布洛赫（Ernst Bloch），但是在克拉考尔对布洛赫 1921 年完成的《作为革命神学家的托马斯·闵采尔》（*Thomas Münzer als Theology der Revolution*）一书提出了严厉批判后，二人的友谊中断了三年。

1924　11 月，克拉考尔成为《法兰克福报》的全职编辑。

1925　克拉考尔开始创作小说《京斯特》（*Ginster*）。

1926　克拉考尔结识伊丽莎白（莉莉）·埃伦赖希（Elizabeth（Lili）Ehrenreich），她后来成为克拉考尔的妻子。1924 年 6 月法兰克福社会研究所（Frankfurter Institut fuer Sozialforschung）成立之后，伊丽莎白就在此担任图书馆员。她出生于斯特拉斯堡的一个天主教家庭，曾在斯特拉斯堡和莱比锡学习音乐和艺术史。同年，克拉考尔对马丁·布伯和弗兰茨·罗森茨威格所翻译的《旧约·圣经》提出了严厉批判，这导致他的朋友圈子发生了一次重组（克拉考尔与布洛赫之间达成和解，却与马丁·布伯和玛格丽特·苏斯曼以及弗兰茨·罗森茨威格断交）。在此期间，他的第一篇电影评论在《法兰克福报》上发表。

1927　克拉考尔的两篇重要作品《大众装饰》（*Das Ornament der Masse*）以及《照相》（*Die Photographie*）在《法兰克福报》上发表。此后，克拉考尔前往巴黎和法国的其他城市旅行。

1928 小说《京斯特》出版，其片段在1928年4月的《法兰克福报》上预印，后来于年底由法兰克福费舍尔出版社（S. Fischer）出版。

1929 克拉考尔开始着手创作第二部小说《格奥尔格》（*Georg*），本书最终完成于其流亡法国期间。其中的一章在这一年发表。1929年4月起，克拉考尔暂时担任《法兰克福报》驻柏林文化编辑。1929年4月到至7月间，克拉考尔开始为其作品《职员》（*Die Angestellten*）进行社会调查，同年10月完成全书。《职员》起初于1929年12月到1930年1月期间，分12期刊载于《法兰克福报》，但引发了热烈反响。1930年1月，虽遭受报社内部重重阻力，此书最终还是由法兰克福的社会出版社（Societaets Druckerei）出版。

1930 克拉考尔和莉莉·艾恩莱希（Lili Ehrenreich）结婚，并迁往柏林，进入《法兰克福报》柏林副刊编辑部工作。

1931—1933 克拉考尔对Ufa（德国电影巨型联合公司）的电影制作进行了一系列抨击，称其制造了大量国家社会主义电影。此外，克拉考尔还对当时德国国内的政治及社会演变形式进行了尖锐批判。当时，柏林弥漫着浓厚的反犹主义气息，克拉考尔的批判性言辞让他在报社内外招致了许多不满，使得他与柏林编辑部人员之间的关系迅速恶化。他的薪酬遭到大幅缩减，经济状况愈加糟糕。1933年2月28日，在“国会纵火案”发生之后，克拉考尔受到《法兰克福报》的副刊主编本罗·莱芬贝格的保护，以“休假”的名义送往巴黎，由此开始了他长达八年的法国流亡生涯。当时，《法兰克福报》许诺给克拉考尔一个国外联络员的职位，但是，由于本罗·莱芬贝格后来被解聘，《法兰克福报》给克拉考尔的这一许诺最终并未兑现。

1933 3月，在抵达巴黎之后，克拉考尔便被告知需要另谋生计。8月，《法兰克福报》以克拉考尔在流亡杂志上针对安德烈·马尔罗（Andre Malraux）的小说《人的状况》（*La condition humaine*）所发表的书评为由，公开与之解约。在失去这份工作之后，克拉考尔在巴黎的流亡岁月十分艰辛。为了维持生计，他不得不依靠给法国和瑞士的一些报纸写文章挣钱。此外，他还必须不断向法兰克福的一些老朋友求助，以获得资助。同年，他的小说《京斯特》的法文版由伽俐玛出版社（Gallimard）出版。在这一时期，克拉考尔与本雅明结识。

1934　10 月，克拉考尔完成了他的小说《格奥尔格》。此后，他开始创作《奥芬巴赫和他时代的巴黎》（*Jacques Offenbach und das Paris seiner Zeit*）。

1935　克拉考尔完成了《奥芬巴赫》一书的写作，他在此书中所使用的研究方法后来被沿用到《从卡利加里到希特勒》一书中，用以分析电影。小说《格奥尔格》的出版计划遭到延迟。《奥芬巴赫》的法文版和德文版都于 1937 年出版，却招致了阿多诺的严厉批评。

1936—1939　这几年间，克拉考尔陆续得到了一些小的工作机会。例如，1937 年，受到阿多诺的邀请，克拉考尔开始为法兰克福社会研究所杂志撰写名为《大众与宣传》（Masse und Propagangda）的文章，只是这篇文章最终没有被社会研究所采纳。此外，克拉考尔还常为瑞士的一些报纸撰写影片评论。不久，在霍克海默的建议下，克拉考尔向纽约现代艺术博物馆（Museum of Modern Art）申请研究项目。在申请中，克拉考尔称希望能够借用纽约现代艺术博物馆丰富的电影资料资源，开展一项《德国社会发展与电影艺术之间的关系》（*Den Zusammenhang zwischen der gesellschaftlichen Entwicklung in Deutschland und der Filmkunst*）的研究。这项研究的最终成果就是后来的《从卡利加里到希特勒》。最终，电影资料馆馆长接受了这份申请，同意克拉考尔担任电影资料馆特别研究助理。由此，克拉考尔的朋友们开始极力敦促和帮助他移民美国，但是，他的美国之行，却因为此时已经过高的德国移民数量而遭受了重重波折。与此同时，克拉考尔还在努力把母亲和婶婶接来法国，但最终并没有成功，他们两人都丧生于纳粹集中营。随后，在多方努力之下，克拉考尔得到了移民担保书。然而，随着第二次世界大战的爆发，克拉考尔在巴黎附近被拘禁了将近两个月，跟他在一起的还有两个从德国来的移民。在众多友人的声讨和支持下，克拉考尔得以成功释放。移民美国显得比预想中更加困难。

1940 克拉考尔再一次被拘禁并再度被释放。一次冒险的出逃让他到达马赛，在此期间，克拉考尔夫妇终于取得了去美国的移民签证，不过，他们必须穿过法西斯西班牙取道里斯本去往美国。在这里，克拉考尔重新遇到本雅明。但是由于无法忍受痛苦折磨，本雅明最终于 9 月底在西班牙与葡萄牙边境自杀。本雅明的死亡给克拉考尔带来了沉重打击，为了排遣悲伤情绪，在此期间，克拉考尔在三个笔记本上完成了大量电影理论笔记。这为他其后《电影理论》（*Theorie des Films*）的写作奠定了重要基础。

1941 2 月 28 日，克拉考尔夫妇成功穿过西班牙到达葡萄牙，1941 年 4 月 15 日他们从里斯本出发，最终于 1941 年 4 月 25 日抵达纽约。

1941—1945 在美国期间，克拉考尔首先得到洛克菲勒基金会为期两个月的资助，借助这笔资金，克拉考尔开始了对德国电影史的深入研究。在资助到期之后，洛克菲勒基金会又为他担任现代艺术博物馆图书馆伊利斯·巴里（Iris Barry）的特别助理提供了为期两年的资助。1942 年 6 月，克拉考尔完成了《宣传和纳粹战争电影》（*Propaganda and the Nazi War Film*）。在此期间，约翰·西蒙·古根海姆基金会（John Simon Guggenheim Memorial Foundation）向克拉考尔提供了大量资助，借助这笔资金，以及前期的各项电影研究成果，克拉考尔成功完成了《从卡利加里到希特勒》（*Von*

Caligari zu Hitler. Eine psychologische Geschichte des deutschen Films）一书的写作。在古根海姆基金会资助到期后，克拉考尔成了自由作家，为美国的多家杂志写稿。

1946　克拉考尔成为美国公民。

1947　在欧文·潘诺夫斯基（Erwin Panofsky）的推荐下，普林斯顿大学出版社出版了他的《从卡利加里到希特勒》一书。

1949　克拉考尔得到“波林根基金会”（Bollingen Foundation）的资助，开始进行一项电影理论的研究（即他后期的代表作《电影理论》），并与牛津大学出版社签订出版合同。他在马赛时期写就的三大本电影笔记成为了他这项研究的重要基础。只是这项研究拖延了较长的时间。

1950　克拉考尔接受“美国之音”的一系列工作。除却电影美学之外，他开始逐步转向应用科学方面的研究。

1951　克拉考尔成为哥伦比亚大学“应用科学研究所”（Bureau of Applied Social Research）主任，与拉扎斯菲尔德（Paul F. Lazarsfeld）合作。后又作为“波林根基金会”的顾问和专家成为研究总监。为了完成他的电影理论著作，克拉考尔于1954年还获得了夏普布鲁克基金会（Chapelbrook Foundation）的资助。

1952—1955　克拉考尔一直在进行多项应用型研究并参与了各种机构的多个研究项目。

1956　克拉考尔再一次开始进行《电影理论》（*Theorie des Films. Die Errettung der äußeren Wirklichkeit*）的写作。7月至10月，克拉考尔开始已计划两年多的欧洲之行，目的地有意大利、瑞士、法国和德国。在汉堡，克拉考尔和罗沃尔特出版社（Rowohlt Verlag）谈到《卡利加里》一书德文译本的出版事宜（但是，此书在当时被删改严重）。随后，克拉考尔又在法兰克福与出版商皮特·苏卡普（Peter Suhrkamp）进行了一次愉快的会面。苏卡普出版社最终于1979年出版了《卡利加里》一书的首个完整德文译本。1958年夏天和1960年

7 月至 10 月克拉考尔再度返回欧洲。

1959　克拉考尔完成了《电影理论》。在此期间，他着手进行其他的应用研究。

1960　克拉考尔计划写一本历史哲学方面的书籍。在他生命的最后阶段，他多次回到欧洲，与许多著名的思想家、哲学家以及历史学家见面会谈。此外，他还忙于将自己分散的作品进行重新修订出版和翻译成各种语言。但他最终没有能够完成自己所计划的历史哲学著作。1969 年历史学家保罗·克里斯特勒（Paul Oskar Kristeller）和克拉考尔的妻子从其遗作中，将这部作品进行了整理并最终出版，其标题为《历史，终结之前》（*History. The Last Things Before the Last*）。

1966　在人生的最后一年中，克拉考尔在欧洲度过了他的夏日。他一回到纽约就得了重病，并最终于 11 月 26 日死于肺炎。

参考文献

一　克拉考尔著作

（一）德文著作

·作品集

《克拉考尔文集》（*Schriften*），苏卡普出版社从 1971 年开始着手编定。目前第六卷和第九卷尚未出版，按照原计划这两卷是要覆盖克拉考尔电影评论以及去世之后遗留下来的此前未出版的文章，但是现在这两卷的出版计划却在搁置之中。Kracauer，Siegfried，*Schriften*，Hrsg. von Karsten Witte. Frankfurt a. M.：Suhrkamp，1971 ff.

—Band 1：*Soziologie als Wissenschaft. Der Detektiv-Roman. Die Angestellten*，Frankfurt a. M.：Suhrkamp，1971.

—Band 2：*Von Caligari zu Hitler*，Frankfurt a. M.：Suhrkamp，1979.

—Band 3：*Theorie des Films*，Frankfurt a. M.：Suhrkamp，1979.

—Band 4：*Geschichte-Vor den letzten Dingen*，Frankfurt a. M.：Suhrkamp，1971.

—Band 5：*Aufsätze*，Hrsg. von Inka Mülder-Bach. Frankfurt a. M.：Suhrkamp，1990.

—Band 6：*Aufsätze II*（zum Film-geplant）.

—Band 7：*Ginster. Georg*，Hrsg. von Karsten Witte. Frankfurt a. M.：Suhrkamp，1973.

—Band 8：*Jacques Offenbach und das Paris seiner Zeit*，Frankfurt a. M.：Suhrkamp，1976.

—Band 9：（aus dem Nachlass-geplant）.

·单行本

1. Kracauer, Siegfried, *Das Ornament der Masse*, Essays, Frankfurt a. M.: Suhrkamp, 1963.

2. Kracauer, Siegfried, *Die Angestellten. Aus dem neuesten Deutschland*, Frankfurt a. M.: Suhrkamp, 1971.

3. Kracauer, Siegfried, *Kino. Essays, Studien, Glossen zum Film*, Hrsg. von Karsten Witte. Frankfurt a. M.: Suhrkamp, 1974.

4. Kracauer, Siegfried, *über die Freundschaft. Essays*, Hrsg. von Karsten Witte. Frankfurt a. M.: Suhrkamp, 1977.

5. Kracauer, Siegfried, *Straßen in Berlin und anderswo*, Berlin: Das Arsenal, 1987.

·重要文章

1. Kracauer, Siegfried, "Prophetentum (1922)", in: *Schriften* 5. 1, Hrsg. von Karsten Witte, Frankfurt a. M: Suhrkamp Verlag, 1971 ff.

2. Kracauer, Siegfried, "Der Künstler in dieser Zeit", in: *Schriften* 5. 1, Hrsg. von Karsten Witte, Frankfurt a. M: Suhrkamp Verlag, 1971ff.

3. Kracauer, Siegfried, "Georg von Lukacs' Romantheorie", in: *Schriften* 5. 1, Hrsg. von Karsten Witte. Frankfurt a. M.: Suhrkamp Verlag, 1971 ff.

4. Kracauer, Siegfried, "Girls und Krise", in: *FZ* 27. 5, 1931.

5. Kracauer, Siegfried, "Max Scheler. Krieg und Aufbau", in: *Das neue Deutschland* Jg. 5 (1916/17), H16 vom 15. 5, 1917.

6. Kracauer, Siegfried, "Über Arbeitsnachweise 1930", in: *Strassen in Berlin und anderswo*, Frankfurt a. M.: Suhrkamp Verlag, 1964.

7. Kracauer, Siegfried: Zwei Arten der Mitteilung. Kracauer-Nachlass, Marbach am Neckar: Deutsches Literaturarchiv, 1989.

·书信集

1. Benjamin, Walter, *Briefe an Siegfried Kracauer. Mit 4 Briefen von Siegfried Kracauer an Walter Benjamin*, Marbach am Neckar: Dt. Schillergesellschaft, 1987.

2. Jansen, Peter-Erwin (Hrsg.), *Siegfried Kracauer-Leo Löwenthal*:

In steter Freundschaft: *Briefwechsel* 1921 – 1966, Springe: zu Klampen 2003.

（二）英文著作

1. Kracauer, Siegfried, *Theory of Film*: *The Redemption of Physical Reality*, New York: Oxford University Press, 1960.

2. Kracauer, Siegfried, *From Caligari to Hitler*: *A Psychological History of the German Film*, Princeton, N. J.: Princeton University Press, 1968.

3. Kracauer, Siegfried, *History*: *The Last Things before the Last*, New York: Oxford University Press, 1969.

4. Kracauer, Siegfried, *The Mass Ornament*, *Weimar Essays*, ed. and trans. Thomas Y. Levin, Cambridge: Harvard University Press, 1995.

（三）中文译本

1. 克拉考尔：《电影的本性——物质现实的复原》，邵牧君译，江苏教育出版社 2006 年版。

2. 克拉考尔：《从卡利加里到希特勒——德国电影心理史》，黎静译，上海人民出版社 2008 年版。

二　克拉考尔研究文献

（一）德文文献

· 专著

1. Bäumer, Rolf M., *Gesellschaftskritik als Erkenntniskritik. Zu Siegfried Kracauers Sozial- und Soziologiekritk*, Unveröffentlichte Diplomarbeit. Marburg, 1981.

2. Belke, Ingrid/Renz, Irina, *Siegfried Kracauer* 1889 – 1966, Marbach am Neckar: Deutsche Schillergesellschaft, 1988 (= Marbacher Magazin, 47).

3. Beyse, Jochen, *Film und Widerspiegelung. Interpretation und Kritik der Theorie Siegfried Kracauers*, Köln: 1977.

4. Hofmann, Martin/Korta, Tobias, *Siegfried Kracauer – Fragmente einer Archäologie der Moderne*, Sinzheim: Pro-Universitate-Verlag, 1997.

5. Koch, Gertrud, *Kracauer zur Einführung*, Hamburg: Junius, 1996.

6. Korta, Tobias, *Geschichte als Projekt und Projektion: Walter Benjamin und Siegfried Kracauer zur Krise des modernen Denkens*, Frankfurt a. M., Berlin u. a.: Lang, 2001.

7. Levin, Thomas Y., *Siegfried Kracauer. Eine Bibliographie seiner Schriften*, Marbach am Neckar: Deutsche Schillergesellschaft, 1989.

8. Mülder-Bach, Inka, *Erfahrends Denken. Zu den Schriften Siegfried Kracauer vom Ersten Weltkrieg bis zum Ender der Weimar Republik*, Diss. Tübingen Universität, 1984.

9. Mülder - Bach, Inka, *Siegfried Kracauer - Grenzgänger zwischen Theorie und Literatur. Seine frühen Schriften* 1913-1933, Stuttgart u. a.: Metzler, 1985.

10. Text + Kritik. H. 68, *Siegfried Kracauer*, München: edition Text + Kritik, 1980.

11. Volk, Andreas (Hrsg.), *Siegfried Kracauer: zum Werk des Romanciers, Feuilletonisten, Architekten, Filmwissenschaftlers und Soziologen*, Zürich: Seismo, 1996.

· 论文

1. Adorno, Theodor W., "Siegfried Kracauer tot", in: *Frankfurter Allgemeine Zeitung* vom 1. 12, 1966.

2. Belke, Ingrid, "Siegfried Kracauer, ein Kritiker der Kultur der Weimarer Republik", in: Julius H. Schoeps (Hrsg.): *Juden als Träger bürgerlicher Kultur in Deutschland*. Stuttgart und Bonn: Burg - Verlag, 1989.

3. Bundschuh, Jörg, "Als dauere die Gegenwart eine Ewigkeit: Notizen zu Leben und Werk von Siegfried Kracauer", in: Christa Jordan (Hrsg.): *In Sachen Literatur: 25 Jahre Text + Kritik*. München: edition text + kritik, 1988.

4. Hackenbruch, Ulrich, "Das Geheimnis der Tillergirls: Siegfried Kracauers Ornament der Masse'", in: Jörg Sader und Anette Wärner

(Hrsg.): *überschreitungen: Dialoge zwischen Literatur– und Theaterwissenschaft, Architektur und Bildender Kunst. Festschrift für Leonhard M. Fiedler zum* 60. *Geburtstag*, Würzburg: Königshausen und Neumann 2002.

5. Köhn, Eckhardt, "Die Konkretionen des Intellekts. Zum Verhältnis von gesellschaftlicher Erfahrung und literarischer Darstellung in Kracauers Romanen", in: *Text + Kritik*. H. 68: Siegfried Kracauer. München: edition Text + Kritik, 1980.

6. Köhn, Eckhardt, "Konstruktion und Reportage. Anmerkungen zum literaturtheoretischen Hintergrund von Kracauers Untersuchung Die Angestellten (1930)", in: *Text und Kontext* 5, H. 2, 1977.

7. Levin, Thomas Y., "Der enthüllte Kracauer: Probleme einer Bibliographie", in: Michael Kessler und Thomas Y. Levin (Hrsg.): *Siegfried Kracauer: neue Interpretationen; Akten des internationalen, interdisziplinären Kracauer–Symposions Weingarten*, 2. –4. 3. 1989, Akademie der Diözese Rottenburg–Stuttgart. Tübingen: Stauffenburg–Verlag, 1989.

8. Levin, Thomas Y., "Neue Kracauer–Texte: eine bibliographische Meldung", in: *Jahrbuch der Deutschen Schillergesellschaft* 35, 1991.

9. Nagel, Josef, "Ein Detektiv des Kinos", in: *Film–dienst LI*, Nr. 18, 1998.

10. Peters, Stefan, "Die Figur des Todes bei Siegfried Kracauer und Roland Barthes", in: *Fotogeschichte* 20 (2000), Nr. 78.

11. Pralle, Uwe, "Chemiker der Zeit: zum 100. Geburtstag von Siegfried Kracauer", in: *Neue Zürcher Zeitung* Nr. 27 vom 3. 2. 89.

12. Siering, Johann, "Siegfried Kracauer: über die Freundschaft", in: *Neue deutsche Hefte*, Jg. 19, H. 2, 1972.

13. Thommen, Daniel, "Der Gesellschaftskritiker als Filmkritiker", in: Andreas Volk (Hrsg.): *Siegfried Kracauer: zum Werk des Romanciers, Feuilletonisten, Architekten, Filmwissenschaftlers und Soziologen*, Zürich: Seismo, 1996.

14. Thüna, Ulrich von, "Siegfried Kracauer: Kino–Essays", in: *Publizistik* Jg. 21, H. 4, 1976.

15. Volk, Andreas, "Literatur zum Werk Siegfried Kracauers seit 1985: eine Bibliographie", in: Andreas Volk (Hrsg.): *Siegfried Kracauer: zum Werk des Romanciers, Feuilletonisten, Architekten, Filmwissenschaftlers und Soziologen*, Zürich: Seismo, 1996.

16. Volk, Andreas, "Zur Bibliographie Siegfried Kracauers", in: *Exil* 11, N. 2, 1991.

17. Witte, Karsten, Nachwort zu Siegfried Kracauer: *Kino. Essays, Studien, Glossen zum FIlm*. Frankfurt a. M.: Suhrkamp 1974.

18. Witte, Karsten, "Nachwort zu Siegfried Kracauer", *über die Freundschaft. Essays*. Frankfurt a. M.: Suhrkamp 1977.

19. Witte, Karsten: Philosophie des Peripheren: Siegfried Kracauer zum 100. Geburtstag, in: *Die Zeit* Nr. 7 vom 10. 2. 89.

20. Witte, Karsten, "Transplantation: Outsider mit einem Blick für Zwischenräume: Siegfried Kracauer im Exil", in: *Frankfurter Rundschau* Nr. 298 vom 24. 12. 1987, Zeit und Bild.

（二）英文文献

·专著

1. Anderson, Mark M. (Hrsg.), *Special Issue on Siegfried Kracauer*, in: New German Critique: An Interdisciplinary Journal of German Studies, No. 54, 1991.

2. Barnouw, Dagmar, *Critical realism: history, photography, and the work of Siegfried Kracauer*, Baltimore u. a.: The Johns Hopkins University Press, 1994.

3. Calhoon, Kenneth (Hrsg.), *Peripheral visions: The hidden stages of Weimar cinema*, Wayne State University Press, 2001.

4. Eilers, Nancy Herrigel, *Renderings of the city: Joseph Roth, Siegfried Kracauer and the literary reportage of the Weimar Republic*, Ann Arbor: University Microfilms International, 1999.

5. Frisby, Davied, *Fragments of Modernity, Theories of Modernity in the Work of Simmel, Kracauer and Benjamin*, Polity Press, Cambridge, 1985.

· 论文

1. Adorno, Theodor W., "The Curious Realist: On Siegfried Kracauer, trans. Shierry Weber Nicholsen", in: *New German Critique*, No. 54, 1991.

2. Aitken, Ian, "Distraction and Redemption: Kracauer, Surrealism and Phenomenology", in: *Screen* 39, Nr. 2, 1998.

3. Altmann, Alexsander, "Theology in Twentieth－Century German Jewry", in: *Leo Baeck Institut Year Book* , Vol. 1, No. 1, 1956.

4. Benjamin, Walter, "An outsider attracts attention, on The Salaried Masses by Siegfried Kracauer", in: Siegfried Kracauer, *The Salaried Masses, Duty and Distraction in Weimar Germany*, translated by: Quintin Hoare, Verso 1998.

5. Hansen, Miriam, "America, Paris, the Alps: Kracauer and Benjamin on cinema and modernity", in: Alf Lüdtke u. a. (Hrsg.): *Amerikanisierung: Traum und Alptraum im Deutschland des* 20. *Jahrhunderts*. Stuttgart: Steiner 1996 (= Transatlantische historische Studien, 6).

6. Hansen, Miriam, "Decentric Perspectives: Kracauer's Early Writings on Film and Mass Culture", in: *New German Critique: An Interdisciplinary Journal of German Studies*, No. 54, 1991.

7. Hansen, Miriam, " 'With Skin and Hair': Kracauer's Theory of Film, Marseille 1940", in: *Critical Inquiry*, Vol. 19, No. 3, 1993.

8. Jay, Martin, "Adorno and Kracauer: notes on a troubled friendship", in: Jay, Martin: *Permanent exiles: essays on the intellectual migration from Germany to America*, New York: Columbia University Press, 1985.

9. Jay, Martin, "Politics of translation: Siegfried Kracauer and Walter Benjamin on the Buber–Rosenzweig Bible", in: Jay, Martin: *Permanent exiles: essays on the intellectual migration from Germany to America*, New York: Columbia University Press, 1985.

10. Jay, Martin, "The Extraterritorial Life of Siegfried Kracauer", in: *Salmagundi*. Nr. 31–32, 1975/1976.

11. Koch, Gertrud, " 'Not Yet Accepted Anywhere' : Exile, Memory, and Image in Kracauer's Conception of History", in: *New German Critique: An Interdisciplinary Journal of German Studies*, No. 54, 1991.

12. Levin, Thomas Y., "Siegfried Kracauer in English: A Bibliography", in: *New German Critique*, No. 41, Special Issue on the Critiques of the Enlightenment (Spring-Summer, 1987).

13. Levin, Thomas Y., "The English - language reception of Kracauer's work: a bibliography", in: *New German Critique*, No. 54, 1991.

14. Löwenthal, Leo, "As I Remember Friedel", in: *New German Critique*, No. 54, 1991.

15. Macrae, David, "Ruttmann, Rhythm, and 'Reality': A Response to Siegfried Kracauer's Interpretation of Berlin. The Symphony of a Great City", in: Scheunemann, Dietrich: *Expressionist Film-New Perspectives*, Rochester, NY: Camden House, 2003.

16. Mast, Gerald, "Kracauer's Two Tendencies and the Early History of Film Narrative", in: *Critical Inquiry*, No. 6, 1980.

17. Mülder-Bach, Inka, "History as autobiography: 'The last things before the last' ", in: *New German Critique*, No. 54, 1991.

18. Mülder-Bach, Inka, "Introduction", in: Siegfried Kracauer, *The Salaried Masses, Duty and Distraction in Weimar Germany*, translated by: Quintin Hoare, Verso, 1998.

19. Petro, Patrice, "Kracauer's Epistemological Shift", in: *New German Critique*, No. 54, 1991.

20. Sieg, Christian, "Beyond Realism: Siegfried Kracauer and the Ornaments of the Ordinary", in: *New German Critique*, Vol. 1109, No. 37, 2010.

21. Thomas Levin, "Introduction", in: Siegfried Kracauer, *The Mass Ornament, Weimar Essays*, ed. and trans. Thomas Y. Levin, Cambridge: Harvard University Press, 1995.

22. Witte, Karsten, "Introduction to Siegfried Kracauer's 'The Mass

Ornament' ", in: *New German Critique*, No. 5, 1975.

23. Witte, Karsten, "Light Sorrow, Siegfried Kracauer as Literary Critic", in: *New German Critique*, No. 54, 1991.

24. Wollen Peter, "Cinema Americanism the Robot", in: *Modernity and Mass Culture Critique*, No. 54, 1991.

(三) 中文文献

·专著

戴维·弗里斯比:《现代性的碎片——齐美尔、克拉考尔和本雅明作品中的现代性理论》,卢晖临、周怡、李林艳译,商务印书馆2003年版。

·论文

1. P. 尤列涅夫:《克拉考尔和他的〈电影的本性〉》,伍菡卿译,《电影研究》1984年第4期。

2. 李工真:《德意志中间等级与纳粹主义》,《世界历史》2000年第6期。

3. 肖骁:《重回克拉考尔——初探克拉考尔之现象学倾向》,《电影艺术》2008年第6期。

三 其他相关文献

(一) 专著

·外文

1. Andrew, Duddley, *The Major Film Theories: An Introduction*, New York: Oxford University Press, 1976.

2. Geertz, Clifford, *Works and Lives. The Anthropologist as Author*, Stanford: Stanford University Press, 1988.

3. Geiger, Theodor, *Die soziale Schichtung des deutschen Volkes*, Stuttgart 1932, reprinted Stuttgart 1967 and Darmstadt 1972.

4. Giese, Fritz, *Girlkultur, vergleiche zwischen amerikanischem und europaäischem rhythmus und lebensgefühl*, München: Delphin Verlag, 1925.

5. Horkheimer, Max, *Between Philosophy and Social Science, Selected*

Early Writings, Cambridge: MIT Press, 1993.

6. Horkheimer/Adorno, *Dialektik der Aufklaerung*, Frankfurt a. M: Suhrkamp Verlag, 1969.

7. Isherwood, Christopher, *The Berlin Stories*, New York: New Directions Publishing Corporation, 1963.

8. Kisch, Egon Erwin, *Der rasende Reporter*, *Kiepenheuer und Witsch*, Cologne, 1985.

9. Kocka, Juergen, *Die Angestellten in der deutschen Geschichte*, 1850–1890, Vandenhoeck und Ruprecht, Goettingen, 1981.

10. Lederer, Emil, *Die Privatangestellten in der modernen Wirtschaftsentwicklung*, Tuebingen, 1912.

11. Lindner, Rolf, *Die Entdeckung der Stadtkultur. Soziologie aus der Erfahrung der Reportage*, Frankfurt a. Main: Suhrkamp Verlag, 1990.

12. Löwenthal, Leo, *Mitmachen wollte ich nie. Ein autobilgraphisches Gescpräch mit Helmut Dubiel*, Frankfurt a. Main: Suhrkamp Verlag, 1980.

13. Lucacs, Georg, *The Theory of the Novel*, Cambridge: M. I. T. Press, 1971.

14. Nobel, N. A., *Fünf Reden*, *gehalten am Versöhnungstage undam Schlußfeste des Jahres* 5673, Frankfurt a. Main: M. Slobotzky, 1912.

15. Nobel, N. A., *Schopenhauers Theorie des Schonen in ihren Beziehungen zu Kants Kritik der ästhetischen Urteilskraft*, Diss., Köln, 1897.

16. Rosenzweig, Franz, *Der Mench und sein Werk*: *Gesammelte Schriften*, Band 3. Dordrecht: Martinus Nijhoff Publishers, 1979–1984.

17. Rosenzweig, Franz, *The Star of Redemption*, University of Notre Dame Press, 1985.

18. Scholem, Gershom, *On Jews and Judaism in Crisis*, trans. Werner Dannhauser, New York: Schocken, 1976.

19. Seligmann, Caesar, *Erinnerungen*, ed. by Erwin Seligmann, Frankfurt a. Main: Suhrkamp Verlag, 1975.

20. Speier, Hans, *Die Angestellten vor dem Nationalsozialismus. Ein Beitrag zum Verstaendnis der deutschen Sozialstruktur* 1918–1933, Goettin-

gen 1977, reprinted Frankfurt am Main: Fischer Verlag, 1989.

21. Weber, Marx, *Economy and Society. An Outline of Interpretive Sociology*, Berkeley: University of California Press, 1978.

22. Zechlin, Egmont, *Die deutsche Politik und die Juden im Ersten Weltkrieg*, Göttingen, 1969.

· 中文

1. 胡塞尔:《现象学的观念》,倪梁康译,上海译文出版社 1987 年版。

2. 海德格尔:《存在与时间》,陈嘉映等译,生活·读书·新知三联书店 1988 年版。

3. 胡塞尔:《欧洲科学危机和超验现象学》,倪梁康译,上海译文出版社 1988 年版。

4. 罗伯特·塞尔茨:《犹太的思想》,赵立行、冯玮译,上海三联书店 1994 年版。

5. 马克思:《政治经济学批判序言》,载《马克思恩格斯选集》第 2 卷,人民出版社 1995 年版。

6. 弗洛伊德:《释梦》,孙名之译,商务印书馆 1996 年版。

7. 弗洛伊德:《精神分析引论》,高觉敷译,商务印书馆 1996 年版。

8. 马丁·杰:《法兰克福学派史》,单世联译,广东人民出版社 1996 年版。

9.《麦克卢汉精粹》,何道宽译,南京大学出版社 2000 年版。

10. 初见基:《卢卡奇:物象化》,范景武译,陈应年校,河北教育出版社 2001 年版。

11. 王亚平:《基督教的神秘主义》,东方出版社 2001 年版。

12. 伽达默尔:《真理与方法——哲学诠释学的基本特征》,洪汉鼎译,译文出版社 2004 年版。

13. 马歇尔·麦克卢汉:《机器新娘——工业人的民俗》,何道宽译,中国人民大学出版社 2004 年版。

14. 尼尔·波茨曼:《娱乐至死》,章艳译,广西师范大学出版社 2004 年版。

15. 里昂耐尔·理查尔:《魏玛共和国时期的德国》,李末译,山东书画出版社 2005 年版。

16. 彼得·盖伊:《魏玛文化:一则短暂而璀璨的文化传奇》,刘森尧译,安徽教育出版社 2005 年版。

17. 阿道司·赫胥黎:《美丽新世界》,王波译,重庆出版社 2005 年版。

18. 傅有德:《犹太哲学史》下,中国人民大学出版社 2008 年版。

(二) 论文

1. Band, Henri, "Massenkultur versus Angestelltenkultur. Siegfried Kracauers Auseinandersetzung mit Phaenomenen der modernen Kultur in der Weimarer Republik", in: Norbert Krenzlin, ed., *Zwischen Angstmetapher und Terminus. Theorien der Massenkultur seit Nietzsche*, Akademie Verlag, Berlin 1992.

2. Dirks, Walter, "Zur Situation der deutschen Angestellten. Aus Anlass eines Buches", in: *Die Schildgenossen*, No. 11, 1931.

3. Gropius, Walter, "Die Entwicklung moderner Industriebaukunst", in: *Jahrbuch des deutschen Werkbundes*, 1913.

4. Helms, H. G., "Vom proletkult zum Bio-Interview", in: Hübner und E. schtz (Hrsg.), *Literatur als Praxis Aktualität und Tradition operativen Schreiben*, Opladen: Westdeutscher Verlag, 1976.

5. Kocka, Juergen, "White Collar and Industrial Society in Imperial-Germany", in: George Iggers, ed., *the Social History of Polotics. Critical Perspectives in West German Historical Writing Since* 1945, Berg Publishers, Leamington Spa, Dover and Heidelberg, 1985.

6. Mangold, Werner, "Angestelltengeschichte und Angestelltensoziologie in Deutschland, England und Frankreich", in: Juergen Kocka, ed., *Angestellten im europaeischen Vergleich. Die Herausbildung angestellter Mittelschichten seit dem spaeten* 19. *Jahrhundert*, Vandenhoeck und Ruprecht, Goettingen, 1981.

7. Rentschler, Eric, "Mountains and Modernity, Relocating the Bergfilm", in: *New German Critique*, No. 51, 1990.

8. Scholem, Gershom, "The Messianic Idea in Judaism", in: *The Messianic Idea in Judaism and Other Essays on Jewish Spirituality*, New York: Schocken, 1972.

9. Speier, Hans, "Die Angestellten", in: *Magazin der Wirtschaft*, No. 6, 1930.

后　记

"如果你想要走得更远，你的语言最好不要成为你的负担。"

克拉考尔曾经在他的书中不无感慨地写过这么一句话。而现在，当这份关于克拉考尔的研究成果即将付梓之时，我对这句话的理解又加深了几分。当然，这不仅仅是因为德语本身的艰涩难懂，更由于我在理论上的鲁钝与荒疏，导致这项研究的推进因了语言的障碍而倍显困难。由于克拉考尔魏玛时期的作品目前尚无中文译本，我在书中所使用的大都是自己的翻译，其中多有错漏误读，恐不得见于大方之家，只能作为初探克拉考尔思想理论的铺路之石，聊为参考之资。

从根本上来说，魏玛共和国所处的特殊而复杂的思想史语境，正是孕育克拉考尔文化现代性批判理论的摇篮。当下的中国，同魏玛时代的德国一样，面对着后发现代化国家的普遍焦虑——如何处理传统与现代之间的关系？如何解决物质与商品宰制下的精神与价值的缺失？如何全面推进理性的重建与社会的转型？如果带着这一系列问题重新来梳理克拉考尔的文化现代性批判理论，我们可以发现：他对魏玛现代性困境的一系列深刻审视与批判，以及对马克思主义思想资源的丰富与开拓，对于中国这样一个"新"的现代国家来说，颇具启发意义。从现代性批判的角度来看，克拉考尔运用了卢卡奇、马克思的异化理论资源，通过对启蒙理性的反思，对抽象理性"再度神话化"之辨析，为我们揭示了现代社会中的物质、商品、技术、工具之宰制，为重启社会批判、重建社会理性提供了丰富的思路。从文化批判的角度来看，在一个后世俗的现代社会中，理性层面的反思、法治层面的建构、社会层面的交往为人们划定了政治社会生活的基本界限。但是，精神信仰、心灵情感层面的问题却始终无以解决。对此，克拉考尔非常清醒地看到，重建信仰与价值体系虽是极为迫切的任务，但复苏宗教与创建新的理性神话都是盲目的选择，正确的道路是回归到一种建基于“具体性”、“现实性”的文化唯物主义立场上来。就中国而言，在目前急剧的社会转型过程中，我们不仅身处传统价值与现代价值之间的“意义真空”，同时也面临着传统马克思主义意识形态与现代西方思想文化之间的冲击。对于道德、价值、理想、信念的呼声日益急迫。克拉考尔重建历史唯物主义的理论尝试，以及将马克思的理论资源进行创造性转换的文化唯物主义立场，能够帮助我们将思考的重心从抽象、概念化的理论探讨，转移到现实政治、社会、经济、文化等领域的具体实践中来。也就是说，文化、价值、道德、规范层面的问题，并非一个脱离了历史语境、社会现实的局部问题，而是一个涉及到整全的文明建构、民族历史的大问题。因此，要想解决这一问题，必须将历史唯物主义与文化唯物主义进行有机结合，在依托历史、直面当下、放眼未来的具体实践中，稳步推进文化与价值层面的重建与更新。

这项研究起始于我的博士论文的写作。首先要感谢我的导师曹卫东教授。在北京师范大学十年的求学生涯中，曹老师严谨认真的治学态度、深刻宽广的治学理念，以及教学相长的培养方式都在无形中影响着我。从本科论文到硕士论文，再到博士论文，我的每一次成长和进步都凝聚着曹老师的辛勤教诲，也正是在这一点一滴的前进中，我才逐渐打开了视野，走上了学术研究的道路。

我也要感谢德国康斯坦茨大学德语系的 Berd Stiegler 教授，他是我博士论文的德方导师。在他博登湖畔的寓所，每周一次的会面，帮助我厘清了这项研究的总体构架与思路。在他的指导下，我完成了克拉考尔文化批判理论的重要作品《职员》和《大众装饰》的翻译整理工作，并确定了将其魏玛时期的作品作为这项研究的重要支撑。当然，在这个过程中，我也得到了内卡河畔的德国文学档案馆、路德维希港的布洛赫研究中心以及海德堡大学卡尔·雅斯贝尔斯中心的多位老师、同学的帮助。

2011年，我来到中央党校文史部工作。求学生涯中的理论问题，在教学工作的具体实践中，因面对现实问题、具体问题，尤其是面对中国当下的问题而得以不断地扩展、深化。非常感谢我的部门领导与同仁们对我的包容、肯定和帮助。在教学中，我在他们那里看到了高度的责任感和使命感，感受到了深远的思想情怀与深切的现实关怀；在学术上，我在他们那里看到了鲜明的问题意识、深厚的理论素养以及严谨的研究态度。在生活中，他们则以高远淡泊的名利观、亲切温暖的待人情深深影响着我。作为一名年轻的教师，能够身处这样一片教学、理论、研究的沃土，甚为幸运，这同时也激励着我在教学与科研相长的道路上勉力前行。

最后，我想感谢我的家人，尤其是当我的女儿降生之后，整个家庭所形成的爱的共同体，大大缓解了一个女性学人在研究道路上所必须承受的艰难。

“当我们运思于哲理时，爱，仍旧是永恒的主题。”

林雅华

2016年7月于大有庄